EHANGU
GORWELION

*Hanes Cymorth Cristnogol yng Nghymru
hyd at 1990*

ARGRAFFIADAU AC ATGOFION PERSONOL

Wynn Vittle

Cyhoeddwyd yn 2014 gan
Tom T Defis, Cymorth Cristnogol,
75 Heol Dŵr, Caerfyrddin, SA31 1PZ

ISBN 978-0-9929887-0-8

Hawlfraint ⓡ Wynn Vittle 2014 ©

Argraffwyd a rhwymwyd yng Nghymru gan
Wasg Gomer, Llandysul, Ceredigion.

Cynnwys

Cydnabod

Gan nad oedd neb wedi rhoi ar gof a chadw hanes Cymorth Cristnogol yng Nghymru bu nifer yn pwyso arnaf dros y blynyddoedd i groniclo'r stori mewn cyfrol. Mae'n stori gyffrous wrth olrhain cyfraniad yr elusen i ddatblygiad ecwmeniaeth yn ein gwlad, ac yn benodol y modd yr estynnodd pobol Cymru 'ddwylo dros y môr'. Wedi hir bendroni, euthum ati i geisio crynhoi yr hyn a gredwn oedd yn bwysig a diddorol, a hynny fel aelod o staff Cymorth Cristnogol am bron deunaw mlynedd.

Er mwyn gwireddu'r gorchwyl a chyhoeddi'r hanes mewn llyfr, dyledwr ydwyf i nifer o bobol. Yn sicr, heb eu gwahanol gymwynasau ni fyddai'r gyfrol wedi ei chyhoeddi. Ymhlith y rhai a'm cynorthwyodd, dymunaf ddiolch i'r canlynol:- Margaret Davies am ei hawgrymiadau gwerthfawr; Y Parchg. Ddr. Desmond Davies am ddarllen y teipysgrif a chywiro aml i wall ieithyddol ac am ei gyfarwyddyd a'i gynghorion wrth brosesu'r gyfrol i'w hargraffu; Y Parchg. Ddr. Noel Davies am fynd trwy'r cynnwys i sicrhau bod y ffeithiau a'r dyddiadau'n gywir ac yn arbennig am ysgrifennu'r Rhagair ac yntau wedi bod yn gyd-weithiwr rhadlon tra roeddwn yn Ysgrifennydd Cenedlaethol; gwerthfawrogaf gymwynas Dr. Gwendraeth Morgan yn darllen y proflenni terfynol gyda'i medrusrwydd gofalus gan dacluso yn ôl y galw. Diolchaf hefyd i bawb a fu mor garedig â rhoi benthyg lluniau i'w cynnwys yn y gyfrol ynghyd â'r rhai roddodd ganiatâd i ddefnyddio eu lluniau.

Oni bai am frwdfrydedd personol Y Parchg. Tom Defis, Ysgrifennydd Rhanbarth Gorllewin a Chanolbarth Cymru, yn sicrhau ei fod ef trwy Gymorth Cristnogol yn gyfrifol am gyhoeddi'r gyfrol, ni fyddai'r deunydd wedi gweld golau dydd – mawr ddiolch iddo am ei gydweithrediad parod. Bu staff Gwasg Gomer yn barod iawn gyda'u cyfarwyddiadau, yr argraffu'n raenus a'r dylunio'n ddengar yn ôl eu harfer.

Yn olaf, gwerthfawrogaf argymhelliad Arwel a Meinir fy mod yn llenwi oriau fy ymddeoliad gyda rhyw weithgaredd adeiladol a difyr. Derbyniais y cyngor a chefais fwynhad wrth ymchwilio i'r hanes, dod o hyd i wybodaeth newydd a chroniclo fy mhrofiadau yn un o gyfnodau hapusaf fy mywyd, gyda chefnogaeth gadarn Nia yn gaffaeliad amhrisadwy.

Wynn Vittle
Gorffennaf 2014

Cyflwynir yr elw o werthiant y gyfrol hon tuag at weithgaredd Cymorth Cristnogol

Rhagair

Braint arbennig i mi yw cael cyflwyno'r gyfrol bwysig hon sy'n adrodd, am y waith gyntaf, stori datblygiad a gwaith Cymorth Cristnogol yng Nghymru a lle canolog Wynn Vittle yn y stori anturus honno. Am y rhan fwyaf o'r cyfnod y bu Wynn yn Ysgrifennydd Cymru dros Gymorth Cristnogol yr oeddwn yn Ysgrifennydd Cyffredinol Cyngor Eglwysi Cymru. Gwelais, felly, â'm llygaid fy hun gymaint oedd ei ymrwymiad a'i ymroddiad i'r gwaith o 'nerthu'r tlodion'. Nid fu neb yn ail iddo am ei frwdfrydedd dros y gwaith a'i barodrwydd i lafurio'n ddiflino i'w hyrwyddo. Mae hon yn stori sy'n werth ei darllen, felly, os ydym am gael ein hatgoffa o'r weledigaeth a'r alwad a daniodd ddechreuadau'r mudiad ac a'i gwnaeth yn un o brif offerynnau yr eglwysi a'r enwadau yng Nghymru ac ym Mhrydain ac Iwerddon benbaladr yn eu hymdrechion i ymateb i her tlodi drwy gyfrannu, gweithredu a gweddïo.

Daw nifer o agweddau hollbwysig i'r amlwg wrth i Wynn adrodd ei stori. Yn gyntaf, gwelai fod yr her i nerthu'r tlodion yn codi'n uniongyrchol o'r alwad i dystio mewn gair a gweithred i chwyldro'r Deyrnas a ddaeth ac a ddaw o hyd yn Iesu Grist. I Wynn, fel i eraill ohonom a gafodd ei adnabod a bod yn gydweithwyr ag ef, roedd Cymorth Cristnogol yn rhan hollol sylfaenol o'r genhadaeth Gristnogol. Yn y bôn, pregethwr yw Wynn ac fe'i taniwyd gan bregeth Iesu yn y synagog yn Nasareth pan gyhoeddodd fod Ysbryd yr Arglwydd arno a'i fod wedi ei ddanfon i gyhoeddi newyddion da i'r tlodion. Roedd Wynn am fod yn rhan o gyffro ac egni y cyhoeddi hwn a daw hyn yn amlwg yn y stori a groniclir yn y gyfrol hon.

Yn ail, er ei fod wedi bod yn dra awyddus i fod at wasanaeth yr holl enwadau a'r eglwysi, cartref ysbrydol oedd yr eglwysi anghydffurfiol a llwyddodd ar hyd y blynyddoedd, mewn cydweithrediad â llu o gydweithwyr a gwirfoddolwyr, i danio dychymyg ac ymroddiad yr eglwysi hyn – a'r eglwysi Cymraeg, yn fwyaf arbennig. Bu'r apeliadau enwadol tra llwyddiannus yn fodd i adeiladu ymwybyddiaeth ac i feithrin stiwardiaeth. Yn yr un modd roedd ei adnabyddiaeth o a'i gyfeillgarwch tuag at arweinwyr yr Eglwys yng Nghymru mewn plwyfi ac esgobaethau yn fodd i fagu haelioni a chefnogaeth gref yno hefyd tuag at waith Cymorth Cristnogol. Yn ystod ei gyfnod ef daeth Cymorth Cristnogol yn rhan annatod o fywyd a gwaith a meddylfryd yr holl eglwysi hyn ac y mae eu cefnogaeth i bob agwedd ar y gwaith yn arwydd o'r graddau y mae'r gwaith hwn wedi ymdreiddio i hunaniaeth ac ymwybyddiaeth yr holl eglwysi hyn. Gwnaeth Wynn gyfraniad nodedig yn y meithrin hwn.

Yn drydydd, bu Wynn, fel ei ragflaenwyr a'i olynwyr, yn dra effeithiol yn y dasg o geisio cael y cyfryngau – yng Nghymru'n fwyaf arbennig, wrth gwrs – i roi sylw i waith Cymorth Cristnogol ac i weld y mudiad fel un o brif ffynonellau gwybodaeth am argyfwng tlodi byd-eang ac un o brif offerynnau yr ymateb Cristnogol i argyfwng tlodi, gorthrwm a rhyfela. Y mae rhannau eraill o'r ynysoedd hyn yn aml yn eiddigeddus o lwyddiant Cymorth Cristnogol yng Nghymru yn y dasg ganolog o gyflwyno'r neges i'r cyhoedd yn gyffredinol drwy'r radio a theledu a phapurau newydd ac nid yn unig ymhlith aelodau selog yr eglwysi. Bu Wynn yn ddiflino yn cyflawni'r dasg gyfathrebu hon.

Yn olaf, fel un a fu'n ymchwilio i hanes y mudiad ecwmenaidd yng Nghymru ac yn fyd-eang, rwy'n dra ymwybodol o rôl ganolog Cymorth Cristnogol yn magu ymwybyddiaeth ecwmenaidd yn lleol a chenedlaethol. Yn wir, mewn llawer ardal – fel y mae Wynn yn adrodd yn y gyfrol hon – yr awydd i gydweithio yn ystod Wythnos Cymorth Cristnogol ac ar adegau eraill o'r flwyddyn a osododd sail ar gyfer cydweithio ehangach mewn agweddau eraill o fywyd ac addoliad yr eglwysi. Bu'n sbardun i ffurfio nifer o gynghorau eglwysi lleol ar hyd y blynyddoedd a phan y bu i lawer cyngor eglwysi neu Gytûn lleol ddechrau gwanhau ac ymddatod mae'r ymrwymiad cydenwadol i waith Cymorth Cristnogol wedi parhau. Bu Wynn, fel eraill, yn egnïol yn yr ymdrechion hyn o blaid undod ac undeb Cristnogol yn ac er mwyn y byd – yng Nghymru ac yn fyd-eang.

Yr ydym, felly, yn ddyledus i Wynn am ei ymroddiad yn arwain gwaith Cymorth Cristnogol am ddwy flynedd ar bymtheg ac am ddefnyddio cyfnod o'i ymddeoliad i lunio cyfrol fywiog a diddorol a fydd yn atgoffa cefnogwyr lluosog y mudiad am ddigwyddiadau a fu'n allweddol yn nhyfiant a datblygiad y gwaith ar hyd y blynyddoedd. Braint i mi yw cael cyflwyno'r gyfrol hon i'w darllen gan gefnogwyr Cymorth Cristnogol ac eraill fel y gallwn ddal ati, mewn byd sy'n parhau i fod mor anghenus ag erioed, i nerthu'r tlodion a bwydo'r newynog.

Noel A Davies
Abertawe

Rhagymadrodd

Un o bleserau fy mhlentyndod oedd gweld ehangder y môr o'm cartref. Adeg yr Ail Ryfel Byd byddai rhesi o longau i'w gweld yn dilyn ei gilydd ar y gorwel. Meddyliwn yn fynych, "I ble mae'r rheiny'n mynd ac o ble ma'n nhw wedi dod?" Wrth fynd o'r golwg credwn fel plentyn, bryd hynny, eu bod yn mynd dros y dibyn!

Flynyddoedd yn ddiweddarach deuthum ar draws englyn gan brifardd a fu'n byw yn yr ardal, yr unigryw Dewi Emrys. Ar wahân i gyfansoddi ei gerdd enwog, "Pwllderi," yn nhafodiaith y fro, cyfansoddodd englyn yr un mor enwog i'r "Gorwel," gyda'r ddwy linell glo yn ddisgrifiad perffaith o'r hyn a welwn i o'm cartre':

> Hen linell bell nad yw'n bod,
> Hen derfyn nad yw'n darfod.

Wedi edrych ar y gorwel yn blentyn, a gweld ei ehangder, bu ymuno â Chymorth Cristnogol yn 1973 yn gyfrwng i ehangu fy ngorwelion mewn ystyr arall. Buan y sylweddolais fod y gorwel a welwn yn blentyn, a'i dybio'n ddiddiwedd, mewn gwirionedd ond yn ddarn bach o'r byd mawr.

I ddechrau, roedd bod yn un o dros gant o staff Cymorth Cristnogol yn brofiad hollol wahanol i fod yn weinidog eglwys. Bu dod yn un ohonynt yn gyfle i adnabod pobol o amrywiol gefndiroedd, gwahanol iawn i'r diwylliant a'r traddodiad fu'n gymaint rhan o'm bywyd i yng ngorllewin Cymru.

Daeth y swydd â fi hefyd i gysylltiad ag arweinwyr y prif enwadau Cristnogol yng Nghymru, ynghyd â gweinidogion, offeiriaid a swyddogion eglwysi lleol o bob enwad, o'r Pabyddion i'r Eglwys Apostolaidd.

Tu allan i'r cylch eglwysig, cyfarfyddwn yn rheolaidd â swyddogion *OXFAM, War on Want* a 'Mudiad Achub y Plant' – yr elusennau dyngarol tramor oedd â'u swyddfeydd yng Nghymru.

Ym maes addysg, wrth ymweld ag ysgolion a cholegau, deuthum i adnabod nifer o brifathrawon ysgolion cynradd ac uwchradd, ynghyd â darlithwyr colegau a phenaethiaid y Colegau Diwinyddol. Adeiladwyd perthynas agos â'r athrawon oedd yn dysgu daearyddiaeth a chrefydd yn benodol, a threulio aml i wers yn eu dosbarthiadau wrth siarad am ddatblygiad byd. Dyma ehangu gorwelion eto!

Estynnwyd fy mhrofiadau ymhellach wrth gwrdd â phobol o wledydd tramor fu'n ymweld â ni yng Nghymru, a thrwy'r cyfle a gefais hefyd i ymweld â deg gwlad yn ystod fy nghyfnod yn y swydd. Drwy'r ymweliadau hyn deuthum i wybod mwy am wledydd deheuol y byd, drwy drafod eu sefyllfaoedd ac amgylchiadau byw eu trigolion gyda phobol oedd yn ymwneud â'r amrywiol raglenni datblygu a gefnogid gan bartneriaid Cymorth Cristnogol.

Yn ogystal ag ehangu fy ngorwelion personol i dyna hefyd, mewn ystyr, un o amcanion Cymorth Cristnogol. Wrth gyflwyno'r hanes, ynghyd â'r dylanwadau a'r argraffiadau a brofais, ceisiaf ddangos yn y gyfrol hon y modd y bu i'r elusen ehangu gorwelion pobol yng Nghymru, ynghyd â gorwelion dioddefwyr tlodi ac anghyfiawnder yn y gwledydd sy'n datblygu.

Trwy gefnogaeth Cymorth Cristnogol a'r elusennau cyffelyb eraill datblygwyd potensial pobol yr ymylon, y rhai a esgeuluswyd gan wladwriaethau cyfoethog, a cheisiwyd gwella eu hamgylchiadau i'w galluogi i sefyll ar eu traed eu hunain. Wrth weithredu egwyddorion Cristnogol ceisiodd yr elusen ryng-eglwysig, a ffurfiwyd gan arweinwyr Cristnogol Prydain, wireddu dysgeidiaeth Iesu o Nasareth gan adeiladu ar seiliau gwreiddiol yr elusen.

Credir bod yr enw a fabwysiadwyd ar gyfer y mudiad ymhen blynyddoedd yn ddisgrifiad addas o'i ddulliau a'i fwriadau, gan ei fod wedi ei anelu at ymarfer cymorth i eraill mewn modd sy'n cyd-weddu ag egwyddorion y grefydd Gristnogol.

Wrth gyflwyno hanes yr elusen yn gyffredinol, ond yn arbennig o'm profiad personol fel Ysgrifennydd Cenedlaethol yng Nghymru, ceisiaf hefyd olrhain y cymhellion y tu ôl i sefydlu'r prif fudiadau dyngarol tramor ym Mhrydain – elusennau sydd wedi cydweithio gyda Chymorth Cristnogol yng Nghymru a thu hwnt. Wrth ganolbwyntio ar Gymorth Cristnogol amcanaf sôn am ei wreiddiau a'i gymhellion a'r modd y tyfodd i fod yn un o'r mudiadau dyngarol tramor blaenaf ym Mhrydain, yn adran o Gyngor Eglwysi Prydain a'r un modd yn adran o Gyngor Eglwysi Cymru hyd nes 1990, pan fu newidiadau cyfundrefnol yn strwythur Prydain ac Iwerddon.

O'r cychwyn cyntaf bu gweithgaredd Cymorth Cristnogol yn gyfrifol am ehangu gorwelion yr eglwysi o bob enwad, gyda'r pwyllgorau lleol a sefydlwyd yn ymarfer ecwmeniaeth ac yn rhagredegyddion i gynghorau eglwysi maes o law. Tu ôl i'r gweithgareddau hyn bu gwirfoddolwyr brwdfrydig yn gweithio'n ddiwyd yn eu cymunedau a thrwy eu llafur ymroddedig ceisiwyd gwireddu geiriau un o'i sloganau, sef galluogi pobl i gael '*byw cyn marw*'.

Y Gwreiddiau a'r Cymhellion

O LWCH A LLUDW rhyfel gellir cynnau fflam ar gyfer ffagl a fydd yn goleuo gorwelion miliynau o bobol. O ganlyniad i'r difrod a'r dihoeni a ddigwydd mewn brwydrau rhyfelgar gwelir eu heffeithiau dirdynnol ar fywydau aneirif o bobol ar hyd a lled y byd ac mae eu cyflwr truenus wedi cyffwrdd â chalonnau a meddyliau pobol ddirifedi a'u cymell i weithredu o'u plaid.

Bu canlyniadau erchylltra rhyfel yn symbyliad i weithredu'n ymarferol ac i sefydlu nifer o fudiadau elusennol tramor yn ystod yr ugeinfed ganrif. Drwy ymroad a gweledigaeth grwpiau o bobol o bryd i'w gilydd ffurfiwyd y mudiadau 'rŷm mor gyfarwydd â hwy heddiw. Maent bellach yn rhan o fywyd ein cyfnod gyda'u gweithgaredd a'u dylanwadau yn bell-gyrhaeddol mewn gwledydd sy'n dioddef newyn a thlodi parhaol.

O'r mudiadau dyngarol tramor ym Mhrydain y Groes Goch yw'r hynaf ohonynt. Fel yr elusennau eraill a'i dilynodd, erchyllterau a brwydrau dieflig mewn rhyfel a arweiniodd at ei sefydlu.

Ysbrydolwyd gŵr busnes yn y Swistir, Henry Dunant, yn 1863 i geisio cynorthwyo'r miloedd o filwyr o'r ddwy ochr a ddioddefodd a'u gadael i farw oherwydd diffyg gofal ar ôl Brwydr Solferino yn 1859.

Argymhellodd Dunant y dylid ffurfio cymdeithas o wirfoddolwyr wedi eu hyfforddi i ddarparu cymorth i ddioddefwyr y naill ochr a'r llall yn amser rhyfel. Yn ddiweddarach, mewn canlyniad i'w argymhelliad, ffurfiwyd Pwyllgor Rhyngwladol y Groes Goch yng Ngenefa yn 1863.

Saith mlynedd yn ddiweddarach, yn dilyn rhyfel rhwng Ffrainc a Phrwsia, cynhaliwyd cyfarfod cyhoeddus yn Llundain ar 4 Awst 1870. Cytunwyd yn y cyfarfod hwnnw i ffurfio Cymdeithas Genedlaethol y Groes Goch ym Mhrydain i gynorthwyo'r milwyr a anafwyd mewn rhyfel. Derbyniwyd hefyd yr argymhelliad fod y gymdeithas i'w ffurfio yn unol â'r Rheolau a osodwyd gan Gonfensiwn Genefa yn 1864.

Yna, yn 1914, unwyd y Groes Goch Brydeinig ag Urdd Sant Ioan er mwyn defnyddio arian ac adnoddau ei gilydd o dan faner diogelwch croes goch yn ystod y Rhyfel Byd Cyntaf. Mawr fu cyfraniad y mudiad unedig yn cynorthwyo'r trueiniaid a ddioddefodd greulonderau'r brwydro ffyrnig, nid yn unig yn ystod y rhyfel ond hefyd wrth gynorthwyo'r milwyr a'u teuluoedd a ddioddefai o effeithiau echrydus y rhyfel.

Er mai elusen ddyngarol dramor yw'r Groes Goch Brydeinig, gweithreda'n wahanol i'r elusennau dyngarol eraill a ffurfiwyd yn ddiweddarach. Mae'n fudiad rhyngwladol cydnabyddedig, yn seiliedig ar gonfensiwn i gynorthwyo'n benodol mewn rhyfeloedd a brwydrau drwy'r gwasanaeth a ddarperir ar gyfer dioddefwyr y naill ochr a'r llall.

Yn wahanol i'r Groes Goch mae Cronfa Achub y Plant yn un o'r elusennau confensiynol hynaf ym Mhrydain ac yn canolbwyntio, yn unol â'i enw, ar gynorthwyo plant. Fe'i ffurfiwyd am fod effeithiau dieflig y Rhyfel Byd Cyntaf wedi cyffwrdd â theimladau nifer o bobol pan glywsant fod plant wedi eu gadael mewn cyflwr trychinebus a bod llywodraeth Prydain wedi gosod gwarchae mewn dinasoedd fel Berlin a Fienna a'u hamddifadu o fwyd. Achosodd y fath sefyllfa newyn enbyd ac afiechydon diri', gyda phlant yn arbennig yn dioddef.

Mewn ymateb i'r amgylchiadau dirdynnol hyn penderfynwyd mewn cyfarfod cyhoeddus yn Neuadd Albert, Llundain, ym Mai 1919 ffurfio mudiad i gynorthwyo'r plant a ddioddefai'r fath greulondeb. Dyma ddechrau Cronfa Achub y Plant – elusen ddyngarol dramor sydd wedi cyflawni gwaith anhygoel am genedlaethau.

Effeithiau rhyfel hefyd fu'n gyfrifol am ffurfio mudiad dyngarol tramor arall. Yng nghanol yr Ail Ryfel Byd, yn 1942, cyfarfu grŵp o bobol yn Rhydychen i drefnu lobïo'r llywodraeth Brydeinig er mwyn codi'r gwarchae oedd yn bodoli mewn mannau o Ewrop fel y gallai pobol yng ngwledydd Belg a Groeg, yn benodol, gael cyflenwad o fwydydd.

Enw'r grŵp oedd *Oxford Committee for Famine Relief*. O'r enw hwn y tarddodd yr elusen a adnabyddir heddiw fel *OXFAM* ac sydd bellach yn rhan o *OXFAM* Rhyngwladol. Fe'i cydnabyddir fel un o'r asiantaethau mwyaf yn y byd sy'n gweithredu o blaid hawliau'r difreintiedig ac sy'n codi symiau enfawr, yn bennaf drwy eu siopau ail-law, tuag at eu hamrywiol raglenni datblygu.

Oherwydd erchylltra rhyfel y dechreuwyd mudiad arall ym Mhrydain. Y tro hwn canlyniadau niweidiol y rhyfel yng Nghorea a sbardunodd lawer o bobol i weithredu. Cyhoeddwyd llythyr gan Sir Victor Gollancz ym mhapur dyddiol y *Guardian* yn 1951 yn galw am drafodaeth i ddod â diwedd i ryfel Corea a chreu cronfa ryngwladol, fel y dywed brawddeg o'i lythyr, "i guro'u cleddyfau'n geibiau a'u gwaywffyn yn grymanau ..."

Ymhen mis ymatebodd 10,000 i gefnogi ei gais. Ffurfiwyd 'Cymdeithas Heddwch Byd' gyda Gollancz ei hun yn gadeirydd a'r Parchg. Ganon Charles Raven yn is-Gadeirydd. Yna gwahoddwyd y Prif Weinidog, Harold Wilson, i baratoi taflen ar broblemau'r newynog a'r angen i geisio cynorthwyo'r dioddefwyr. Derbyniwyd awgrym y Prif Weinidog i alw'r mudiad yn *War on Want*. Oddi ar ei ffurfio mae'r mudiad wedi cyflawni gwaith clodwiw drwy drefnu deisebau ac ymgyrchoedd o blaid y tlawd, yn ogystal â chasglu symiau sylweddol i'w cynorthwyo.

Fel y mudiadau hyn, a ffurfiwyd mewn ymateb i angen dioddefwyr rhyfeloedd, ni fu Cristnogion Prydain chwaith yn fud a segur i'r alwad i weithredu egwyddorion eu ffydd mewn ffyrdd ymarferol.

Gwelwyd bod amgylchiadau byw pobol ledled Ewrop mewn cyflwr enbydus a bod angen dybryd i ailadeiladu eu bywydau wrth i wledydd y cyfandir geisio dod i delerau ag effeithiau'r rhyfel. Mawr oedd yr angen i gynorthwyo teuluoedd a chymunedau yn eu hymdrechion i adfer rhywfaint o normalrwydd i fywydau a ddrylliwyd. Gyda miloedd wedi colli eu cartrefi a'u heiddo ar draws gwledydd Ewrop oherwydd y rhyfel galwyd cyfarfod o arweinwyr y prif enwadau Cristnogol ym Mhrydain yn 1945.

Yn y cyfarfod hwnnw penderfynwyd sefydlu pwyllgor Ailadeiladu Cristnogol yn Ewrop i fynd i'r afael â'r sefyllfa ac etholwyd dau yn gyd-gadeiryddion, yr Esgob George Bell, esgob Chichester, a'r Parchg. Ddr. Melborn Aubrey, Ysgrifennydd Undeb Bedyddwyr Prydain ac Iwerddon. Cyfeiriaf yn benodol at Aubrey oherwydd ei gysylltiad agos â Chymru. Roedd ei dad, Edwin, yn weinidog ar eglwys Seion, Pentre, pan anwyd Melborn ac addysgwyd y mab ar gyfer y weinidogaeth yng Ngholeg y Bedyddwyr, Caerdydd, a hefyd ym Mhrifysgol Rhydychen. Yn dilyn gweinidogaethau llewyrchus yng Nghaerlŷr a Chaergrawnt fe'i penodwyd yn Ysgrifennydd Undeb Bedyddwyr Prydain ac Iwerddon.

Er mai dyn diymhongar oedd yr ysgolhaig o Gymru roedd ei ymroad egnïol i geisio cynorthwyo trueiniaid Ewrop, ynghyd â'i ddaliadau ecwmenaidd, yn ei wneud yn arweinydd delfrydol i'r pwyllgor. Roedd yn amlwg fod ei gyd-arweinwyr ar Gyngor

Eglwysi Prydain yn ymwybodol o fedrusrwydd ei ddoniau ac yn 1946 roedd Melborn Aubrey yn un o'r grŵp bychan cyntaf o arweinwyr Cristnogion Prydeinig i ymweld â'r Almaen wedi'r rhyfel. Roedd hefyd yn bresennol yng Nghynhadledd gyntaf Cyngor Eglwysi'r Byd yn Amsterdam yn 1948, pan ffurfiwyd y Cyngor, ac fe'i hetholwyd yn aelod o'r Pwyllgor Canolog, gan wasanaethu'r pwyllgor am nifer o flynyddoedd.

Yn anuniongyrchol felly bu cyfraniad un o Gymru, trwy bersonoliaeth ymroddgar Aubrey, yn gaffaeliad i weithgaredd nid yn unig y Pwyllgor Ailadeiladu Cristnogol yn Ewrop ond hefyd, ar lefel ehangach, i Gyngor Eglwysi'r Byd. Flynyddoedd yn ddiweddarach bu eraill o Gymru yn aelodau o'r Pwyllgor Canolog megis y Parchedicaf Gwilym O. Williams, Archesgob Cymru, a'r Parchg. Meirion Lloyd Davies.

Drwy weithgaredd y pwyllgor a ffurfiwyd, sef Pwyllgor Ailadeiladu Cristnogol Ewrop, cafwyd cyfrwng effeithiol i geisio cynorthwyo'r digartref a'r diymgeledd a ddioddefai oherwydd effeithiau andwyol y rhyfel. Cefnogwyd y pwyllgor gan gyfraniadau hael. Mewn ymateb i apêl arbennig derbyniwyd, erbyn 1947, tua miliwn o bunnoedd. Yn wir, gellir dweud mai'r pwyllgor hwn oedd rhagredegydd Cymorth Cristnogol pan ffurfiwyd yr elusen yn swyddogol flynyddoedd yn ddiweddarach.

Yn dilyn ffurfio Cyngor Eglwysi Prydain yn 1942 ac ymhen chwe blynedd, pan sefydlwyd Cyngor Eglwysi'r Byd yn 1948, daeth y Pwyllgor Ailadeiladu Cristnogol yn Ewrop yn rhan o Gyngor Eglwysi Prydain a'i alw'n 'Adran Cymorth Rhyng-Eglwysig a Gwasanaeth Ffoaduriaid'.

Drwy ymateb cadarnhaol oddi wrth yr eglwysi llwyddwyd i gefnogi'r anghenus, gyda symiau sylweddol i gynorthwyo'r miloedd a ddioddefai mewn gwledydd a effeithiwyd oherwydd y rhyfel. Er mai cynorthwyo gwledydd Ewrop oedd y bwriad gwreiddiol gwelwyd bod angen ymestyn maes y cymorth i wledydd tu hwnt i'r cyfandir.

Er bod gwreiddiau'r prif fudiadau dyngarol tramor ym Mhrydain, y cyfeiriwyd eisoes atynt, yn gorwedd yn yr ymateb i erchylltra rhyfeloedd yn yr ugeinfed ganrif, roedd yna eithriad.

Yn 1962 sefydlwyd elusen yr Eglwys Babyddol pan ffurfiwyd mudiad gan yr enwad ym Mhrydain. Tarddodd y syniad o Fwrdd Cenedlaethol Gwragedd Catholig Lloegr a Chymru pan gynhaliwyd Dydd o Ympryd Teuluol ar 11 Mawrth 1960 i godi arian tuag at 'Cynllun Iechyd Mam a'i Phlentyn' yng Ngweriniaeth Dominica, yn y Caribî.

Yna, ddwy flynedd yn ddiweddarach, cofrestrwyd yr elusen yn swyddogol gan Esgobion Pabyddol Lloegr a Chymru a'i galw'n *Catholic Agency for Overseas Development* a dalfyrrwyd yn *CAFOD* (Cronfa Gatholig ar gyfer Datblygiad Tramor).

Nid yn unig y Cristnogion a oedd yn aelodau o eglwysi'r prif enwadau ym Mhrydain oedd yn awyddus i weithredu eu ffydd; ymdeimlai rhai Cristnogion efengylaidd hefyd fod eisiau mwy na phregethu'r efengyl. Yn 1968, gyda newyn enbyd yn Biafra yn dilyn y rhyfel cartref yn Nigeria, lansiwyd cronfa o dan arweinyddiaeth y Parchg. George Hoffman, curad anrhydeddus yn Eglwys Sant Ioan, West Ealing, Llundain. Credai Hoffman fod pregethu'r efengyl yn golygu estyn cymorth i'r person cyfan, a bod yn rhaid wrth fwyd i'r corff yn ogystal â'r enaid.

O ganlyniad i anogaeth Hoffman gwnaed apêl yn 1969 yn enw *The Evangelical Alliance Relief (Tear) Fund* a rhoddwyd cyngerdd cyntaf Cliff Richard er budd *Tear Fund* yn Neuadd Albert, Llundain, un o lawer a roddodd ar hyd y blynyddoedd i godi arian tuag at yr elusen.

Bedair blynedd yn ddiweddarach, ar 6 Fawrth 1973, cofrestrwyd 'Tearfund' yn elusen ac o hynny ymlaen y mae wedi cael ei hadnabod wrth yr enw hwn ac wedi derbyn cefnogaeth gan y mwyafrif o'r eglwysi a'r mudiadau efengylaidd yng Nghymru, a gweddill Prydain, gyda changen annibynnol wedi ei sefydlu o dan yr un enw yn Iwerddon.

Yn ei lyfr, *A Future and a Hope*, y mae Mike Hollow yn egluro pam fod Duw am i'r Eglwys newid y byd, gan ddweud, "Dechreuodd Tearfund am fod Cristnogion efengylaidd yn dymuno cynorthwyo'r bobol anghenus yn y byd a gwneud hynny yn enw Iesu ... cenhadaeth yr elusen yw gwasanaethu Iesu Grist drwy alluogi'r rhai sy'n rhannu'r ffydd efengylaidd Gristnogol i ddod â newyddion da i'r tlawd."

Yn ogystal â'r elusen ddyngarol a ffurfiwyd ar ddiwedd y rhyfel gan Gristnogion Prydain, 'Ailadeiladu Cristnogol yn Ewrop,' sefydlwyd elusennau tebyg gan arweinwyr yr enwadau Cristnogol mewn nifer o wledydd eraill yn Ewrop megis, *Bread for the World* yn yr Almaen, '*CIMADE*' ac '*Emaus*' yn Ffrainc yn 1945, i enwi ond tri ymhlith llawer – pob un ohonynt gyda'r un gwreiddiau a chymhellion i rai 'Cymorth Rhyng-Eglwysig a Gwasanaeth Ffoaduriaid ym Mhrydain.'

Yn y llyfryn, *Inter-Church Aid in 1961*, a gyhoeddwyd gan Gyngor Eglwysi'r Byd adroddir am y cydweithio effeithiol oedd yn bodoli rhwng gwahanol asiantaethau dyngarol eglwysig Ewrop i gwrdd ag amrywiol anghenion y cyfandir.

Drwy'r asiantaethau cyd-eglwysig hyn roedd y dystiolaeth ecwmenaidd yn cael ei gweithredu mewn rhaglenni i gynorthwyo'r tlawd, y digartref a'r ffoaduriaid y tu hwnt i Ewrop, yn bennaf yn Asia, Affrica ac America Ladin. I geisio cwrdd â'u sefyllfaoedd darparwyd cyfarpar meddygol ac adnoddau iechyd, defnyddiau ar gyfer gwersyll i'r ffoaduriaid, ysgoloriaethau a chynlluniau hunan-gymorth.

Ni ellir sôn am wreiddiau a chymhellion y fenter yng Nghymru, nac yng ngwledydd eraill Prydain, heb gyfeirio at gyfraniadau'r asiantaethau cyd-eglwysig ledled Ewrop o dan faner ganolog Cyngor Eglwysi'r Byd gyda'i Bencadlys yng Ngenefa.

Pennaf waith yr asiantaethau hyn oedd sianelu eu cymorth i ysgafnhau pryderon dros 100,000 o ffoaduriaid, a cheisiwyd gwneud hyn trwy drefnu eu hail-leoli yn eu mamwlad, eu hintegreiddio, neu sicrhau eu bod yn derbyn gofal parhaol mewn gwledydd oedd yn barod i roi lloches iddynt.

Am o leiaf deng mlynedd wedi'r Ail Ryfel Byd y flaenoriaeth oedd cynorthwyo'r ffoaduriaid, gydag enw'r asiantaeth, 'Gwasanaeth Ffoaduriaid,' yn esbonio'r hyn y ceisiwyd ei gyflawni. Mae disgrifiad Gwenallt o'r sefyllfa yn un o'i epigramau mor boenus o wir:

> Ganrif y ffoaduriaid a'r bobl ddigartref
> Fforestydd ohonynt, dibridd a diwreiddiau.

Yn dilyn y prif ymrwymiad o ail-leoli ffoaduriaid Ewrop rhoddwyd cymorth hefyd i hyfforddi ffoaduriaid yn y Dwyrain Canol ac yn Hong Kong. Yn ogystal, cynorthwywyd gweithgaredd ailadeiladu yn Cenia a bu Cymorth Rhyng-Eglwysig Prydain yn gweithio mewn cydweithrediad â Chyngor Cristnogol Cenia gan ariannu, ymhlith prosiectau eraill, bapur Cristnogol yn yr iaith Swahili.

Wrth i "wyntoedd chwyldro," chwedl Harold MacMillan, chwythu dros Affrica, gyda nifer o wledydd yn ennill eu hannibyniaeth, cefnogodd Cymorth Rhyng-Eglwysig Prydain eu heglwysi lleol i fod â rhan yn y dasg o ddatblygu eu cymunedau.

Gyda'r angen yn cynyddu mewn llawer gwlad galwyd, yn naturiol, am gefnogaeth ariannol oddi wrth bobl Prydain i gario allan y rhaglenni cymorth oedd eu hangen.

Er mwyn sicrhau na fyddai Cymru yn araf yn cefnogi'r alwad i gynorthwyo dioddefwyr rhyfel i ailadeiladu eu bywydau daeth Cymdeithas Ecwmenaidd Cymru, a ffurfiwyd yn 1954, a Chyngor Eglwysi Cymru, a sefydlwyd ym Mai 1956, at ei gilydd i roi cychwyn i ddimensiwn cenedlaethol Cymreig cyd-enwadol i'r gwaith.

Cyn sôn am y gefnogaeth a gafwyd yng Nghymru i gynorthwyo ailadeiladu bywydau trigolion Ewrop a thu hwnt mae'n briodol cydnabod cyfraniad a chymorth sylfaenwyr Cymdeithas Ecwmenaidd Cymru i'r gweithgareddau, wrth iddynt fraenaru'r tir i hau hadau cyd-enwadol a fyddai maes o law yn dwyn ffrwyth ar ei ganfed er budd trueiniaid gwledydd tlawd y byd.

Yn dilyn cynnal ail Gymanfa Cyngor Eglwysi'r Byd yn Evanston, Chicago, yn 1954 cynhaliwyd cynhadledd yn Aberystwyth ym mis Rhagfyr y flwyddyn honno gyda "Crist, Gobaith y Byd" yn thema. Cytunodd y rhai oedd yno i ffurfio cymdeithas a phenderfynwyd ei galw yn 'Gymdeithas Ecwmenaidd Cymru,' gyda'r Parchg. Huw Wynne Griffith, Aberystwyth yn Gadeirydd a'r Parchg. Erastus Jones, Blaendulais, Cwm Nedd, yn Ysgrifennydd. Roedd y ddau eisoes wedi gweithio'n ddygn o blaid ecwmeniaeth, y naill yn weinidog gyda'r Presbyteriaid a'r llall gyda'r Annibynwyr, a bu eu cyfraniadau egnïol yn ystod y blynyddoedd dilynol yn allweddol wrth ehangu gorwelion yr eglwysi i greu rhwydwaith o gydweithio yng Nghymru o blaid anghenion y difreintiedig. Llwyddodd y ddau drwy eu brwdfrydedd heintus i ennill nifer o gyd-weithwyr eiddgar i hyrwyddo'r dasg o geisio cynorthwyo'r miloedd diymgeledd yn Ewrop a'r gwledydd datblygedig.

Drwy eu harweiniad hwy fel swyddogion a threfnyddion y ddau fudiad cenedlaethol yng Nghymru, y 'Gymdeithas Ecwmenaidd' a'r 'Cyngor Eglwysi Cenedlaethol,' cyhoeddwyd erthyglau yn y wasg yn 1957 yn apelio am gefnogaeth i'r anghenus.

Blaendulais, gyda Erastus Jones yn weinidog yno, oedd calon y gweithgareddau ond ymestynnent i amryw o ardaloedd. Dechreuwyd y gweithgarwch yn lleol gan ehangu ei orwelion i Gwm Nedd a'r pentrefi cyfagos. Gyda brwdfrydedd egnïol hefyd o du ei briod, Eluned (Lun fel y dymunai gael ei hadnabod), bu'r ddau ohonynt yn ddiwyd iawn wrth sbarduno eraill i ysgwyddo eu baich. Cafwyd cefnogaeth barod cyd-weinidog a chymydog yn yr Onllwyn, y Parchg. Vivian Jones, a weithiodd yn egnïol o blaid yr achos gan annog eraill, hefyd, i'w gynorthwyo.

Llwyddodd y grŵp bach hwn i gael nifer dda o bobol i ymateb i'w hanogaeth o blaid y dioddefus, gan apelio at aelodau eglwysi'r cylch i weithredu eu ffydd trwy gyfrannu tuag at anghenion y tlodion a'r digartref. Ehangwyd yr apêl a gwahoddwyd y cyhoedd tu hwnt i ffiniau bywyd eglwysig i gefnogi'n ymarferol, a chafwyd ymateb calonogol.

Run modd bu Huw Wynne Griffith yn arwain ac annog pobol Aberystwyth a'r cylch a mannau eraill i ymateb i'r alwad i gynorthwyo'r anghenus.

Gydag arweinwyr yr elusen yn Llundain yn awyddus i gyrraedd pob rhan o Brydain bu ychydig o gamddealltwriaeth rhwng y prif swyddogion a threfnyddion y ddau fudiad yng Nghymru, y Gymdeithas Ecwmenaidd a'r Cyngor Eglwysi Cenedlaethol.

Mae'n debyg bod neges wedi ei danfon yn uniongyrchol at yr enwadau yng Nghymru, oddi wrth swyddogion Cymorth Rhyng-Eglwysig a Chyngor Ffoaduriaid Ewrop yn Llundain, yn eu hysbysu bod person wedi ei benodi i fod yn ddolen-gyswllt yng Nghymru rhwng swyddfa ganolog Llundain ac eglwysi Cymru, a byddai'n gweithio'n ddi-dâl, gan dderbyn treuliau yn unig.

Llugoer iawn fu'r ymateb yng Nghymru i'r wybodaeth. Nid am fod nifer yn erbyn y person a benodwyd ond, yn hytrach, am nad oedd y swyddogion yn Llundain wedi cysylltu â'r Gymdeithas

Ecwmenaidd na Chyngor Eglwysi Cymru ynglŷn â'r penodiad, er eu bod yn rhan o'r patrwm ecwmenaidd ym Mai 1956. Am fod y peirianwaith cenedlaethol cydnabyddedig wedi ei anwybyddu bu llawer o ohebu oddi mewn i Gymru a rhwng Cymru a Llundain ynglŷn â'r penodiad.

Er mwyn gwella'r ddealltwriaeth ac er ffyniant y gweithgareddau, yn unol â dymuniad y Gymdeithas a'r Cyngor, aeth Erastus Jones i Lundain yn Chwefror 1957 i drafod y sefyllfa gyda Janet Lacey, Cyfarwyddwr Cymorth Rhyng-Eglwysig. Cafwyd trafodaeth fuddiol a llwyddwyd i gael cyd-ddealltwriaeth ar nifer o faterion, ac o hynny ymlaen bu'r cydweithio yn un hapus ac effeithiol.

Er y camddealltwriaeth ar y pryd aed ati i hyrwyddo a hybu'r gweithgareddau yng Nghymru gan geisio ychwanegu at nifer yr ardaloedd a fyddai'n barod i gasglu arian tuag at yr anghenus.

Gorweddai baich yr arloesi ar ysgwyddau Erastus a Lun yn eu canolfan ym Mlaendulais. Yn ogystal â gweithgaredd egnïol y ddau daeth cefnogaeth ddiflino o gyfeiriad Llwyngwril, lle'r oedd ysgrifennydd Cymdeithas Ecwmenaidd Cymru, y Parchg. Abel Ffowc Williams a'i briod Grace, yn awyddus i ledaenu'r neges am anghenion y difreintiedig.

Roedd llawer o bobol bellach yn frwd eu sêl o blaid yr achos teilwng hwn, yn arbennig y ddau o Lwyngwril. Derbyniwyd cynnig parod Abel a Grace i wasanaethu'r Gymdeithas Ecwmenaidd ac yn ddiweddarach y Cyngor Eglwysi, a hwythau wedi eu tanio gan apêl Cymorth Cyd-eglwysig. Trwy eu hymroad a'u dycnwch eiddgar buont wrthi'n ddyfal yn hau'r had, a llwyddwyd i ennill cefnogaeth nifer o bobol ledled Cymru i ymuno yn eu crwsâd o blaid tlodion y byd.

Teithient trwy Gymru, yn enwedig yn y gogledd a'r gorllewin, gan alw gyda gweinidogion ac offeiriaid i geisio'u cefnogaeth i'r gweithgaredd newydd a llwyddo i gael ymateb cadarnhaol gan y mwyafrif ohonynt. Cyflawnodd y ddau waith arloesol yn ddi-dâl, ar wahân i'r costau teithio a roddwyd iddynt gan yr elusen yn Llundain. Ond erbyn 1962 sylweddolodd Abel a Grace nad oedd modd iddynt barhau i gysylltu gydag arweinwyr yr eglwysi lleol ledled y wlad. Roedd y dasg yn ormod iddynt gan fod y gwaith wedi cynyddu cymaint fel ei bod yn amhosib i ddau gyflawni tasg mor enfawr yn rhan-amser, a rhoesant y gorau i'w hymgyrchu arloesol yn Awst y flwyddyn honno.

Yn ddi-os bu cyfraniad y ddau o Lwyngwril yn ddiarbed, gyda'u sêl heintus yn fodd i ennill cefnogaeth o blith pob enwad. Ymhen tair blynedd, ar gyngor ei feddyg, symudodd Abel Ffowc Williams i gymryd gofal eglwysi yn Tasmania, lle bu Grace ac yntau yn ddedwydd ar ôl diwrnod rhagorol o waith yn taenu ymhlith pobol Cymru angen tlodion y byd.

Fodd bynnag, rai wythnosau cyn ymddiswyddiad Abel a Grace Williams, hysbysebwyd yn y wasg am berson amser llawn i fod yn Ysgrifennydd Cymru. Roedd Yr Alban eisoes wedi cael Ysgrifennydd Cenedlaethol ers pum mlynedd ond, oherwydd y camddealltwriaeth a fu rai blynyddoedd ynghynt ynglŷn â phenodiad person amser llawn, amddifadwyd Cymru o gael swyddog felly.

Yn Awst 1962 penodwyd y Parchg. Dewi Lloyd Lewis, gweinidog Gibea, eglwys yr Annibynwyr, Brynaman, yn Ysgrifennydd Cenedlaethol dros yr elusen yng Nghymru. Bellach byddai gan Gymru swyddog amser llawn gyda'r cyfrifoldeb a'r her o ledaenu'r neges am angen cyd-ddyn a bod yn llefarydd ar ei ran ar lefel Brydeinig.

Yr adeg yma, ar ddechrau'r chwe degau, sylweddolodd arweinwyr y mudiadau dyngarol tramor fod angen llawer mwy na chymorth brys oherwydd effeithiau'r rhyfeloedd. Roedd miliynau o bobol mewn llawer gwlad ddifreintiedig yn dioddef tlodi a newyn enbyd.

Rhaid felly oedd i'r elusennau tramor ehangu eu gorwelion drwy gynllunio i gefnogi rhaglenni a fyddai'n ceisio codi'r tlodion o'u cyflwr a'u galluogi i ddatblygu eu potensial mewn bywyd gwaraidd a dynol.

Mewn cynhadledd ryngwladol yn Rhufain ar y thema, 'Bwyd i Bawb o Bobol y Byd,' gosodwyd placard o flaen pob siaradwr oedd yn annerch o'r llwyfan gyda'r geiriad, "Cofiwch na fedrant fwyta eich geiriau." Nid huodledd geiriau oedd yn bwysig, ond gweithredu. Rhaid oedd newid amgylchiadau'r tlawd i'w galluogi i ehangu gorwelion eu bywydau.

Seiliau a Swyddogaeth

GYDA'R CYMHELLION y tu ôl iddi yn seiliedig ar y grefydd Gristnogol, rhoddwyd pwyslais di-droi'n ôl o'r cychwyn cyntaf ar yr egwyddor sylfaenol mai gwasanaethu oedd un o brif amcanion yr elusen. Roedd y gwasanaeth hwnnw a oedd wedi ei seilio ar egwyddorion dysgeidiaeth Iesu o Nasareth i'w gyflawni heb unrhyw ffiniau, boed grefyddol, wleidyddol, hiliol neu genedlaethol. Oherwydd hyn medrir dweud mai sylfaen yr elusen o'i dechreuadau oedd, '*Cymorth cyn credo.*' Nid slogan slic mo'r tri gair hyn ond egwyddor ymarferol yr elusen sydd wedi para ar hyd y blynyddoedd.

Gyda'r fath sail i'r gweithgarwch cefnogwyd pob math o gymunedau ymhob rhan o'r byd lle'r oedd pobol mewn angen, boed yn Gristnogion ai peidio, er bod y cyfryngau a ddefnyddid i gysylltu gyda phartneriaid yn y gwledydd datblygol yn fynych yn rhai Cristnogol, megis Cyngor Eglwysi Cenedlaethol neu Gyngor Eglwysi lleol.

'Run modd, nid yw'r bobol sy'n cyfrannu drwy roddion ariannol ym Mhrydain o anghenraid yn Gristnogion o ran proffes. Yn wir bydd cyfranwyr o bob crefydd, neu rywrai heb arddel unrhyw grefydd, yn gefnogol gyda'u rhoddion anrhydeddus i gynorthwyo'r anghenus. Nid yw cyfraniadau amhleidiol yn rhywbeth newydd. Bu'n rhan o gymhelliad Cristnogion ac yn rhan o wasanaeth mudiadau cenhadol ers canrifoedd. Y syniad a'r strwythur cyd-enwadol o weithredu oedd yn newydd. Mewn gwirionedd, dyna'r math o weithredu a roddodd fod i Gymorth Cristnogol.

Sefydlwyd yr elusen gan yr enwadau eu hunain, a'r eglwysi a berthynai i'r enwadau hyn ym Mhrydain a fu'n gyfrifol am ei chychwyn. A hynny am fod aelodau yn yr eglwysi yn poeni am gyflwr bywyd y tlawd. Y mae'r un symbyliad yn para i geisio hyrwyddo a hybu'r gwasanaeth yn ei flaen, nid o fewn un cyfandir fel y cychwynnodd ond ar draws y byd lle ceir annhegwch rhwng y tlawd a'r cyfoethog.

Gyda'i seiliau wedi eu gosod yn gadarn yn y grefydd Gristnogol gweithredu trwy gynorthwyo yw'r nod – rhoi heb ddisgwyl dim yn ôl, dim ond ceisio gwella safon byw trigolion llwm y gwledydd sy'n datblygu.

Ceisiodd wneud hyn o'r dechrau drwy gynorthwyo'r dioddefwyr i godi o'u hamgylchiadau tlawd i geisio ansawdd rhagorach i'w bywydau, gan roi sylw arbennig i blant a ddioddefai cam-faeth, afiechydon a heintiau, anllythrennedd a nifer o rwystrau eraill oedd yn eu hatal rhag cyrraedd a chyflawni eu potensial.

Un o'r swyddogaethau sylfaenol oedd gweithredu trwy bartneriaid yn y gwledydd sy'n datblygu gan roi'r cyfrifoldeb i'r arweinwyr lleol i gynllunio a gwneud ceisiadau am grantiau tuag at amrywiol brosiectau. Ni ddymunai Cymorth Cristnogol ymyrryd yn eu penderfyniadau ond byddai Swyddog Prosiect yr elusen, a oedd yn gyfrifol am y wlad a dderbyniai'r cymorth, yn ymweld â'r arweinwyr lleol i drafod eu rhaglenni datblygu ac asesu'r cynlluniau dan sylw, gwneud awgrymiadau a chytuno, fel rheol, i gefnogi eu rhaglen.

Y bobl eu hunain fyddai'n penderfynu eu hanghenion a hwy hefyd fyddai'n eu gwireddu ac yn cyflawni a gweithredu eu hamcanion, boed o fewn eu pentrefi neu eu cymunedau eu hunain, neu ar rai adegau ar raddfa ehangach, drwy eu Cyngor Eglwysi Cenedlaethol.

Pan fyddai cais yn ymwneud â pholisi Cymorth Cristnogol yn galw am ystyriaeth arbennig fe'i cyflwynid i sylw'r Bwrdd. Penodwyd aelodau'r Bwrdd gan Gyngor Eglwysi Prydain a weithredai fel corff llywodraethol gyda'i aelodau yn cynnwys gweinidogion ordeiniedig, gwŷr a gwragedd o feysydd busnes, gwleidyddion, gweithwyr cymdeithasol, cyn-genhadon ac economegwyr, pob un ohonynt yn rhannu'r ffydd Gristnogol gan roi eu gwasanaeth yn wirfoddol i Gymorth Cristnogol. Byddai'r Cyfarwyddwr a'i ddirprwy hefyd yn aelodau o'r Bwrdd.

Yn y pen draw y Bwrdd hwn fyddai'n gyfrifol am sicrhau bod swyddogaeth Cymorth Cristnogol yn cael ei chario allan yn effeithiol ac yn cyflawni ei dibenion gwreiddiol, a sicrhau bod yr hyn a gyflawnid yn cwrdd ag egwyddorion sylfaenol yr elusen.

Dros y blynyddoedd gwelwyd mwy o elusennau dyngarol tramor yn cael eu cofrestru gan ddanfon apeliadau at unigolion, mudiadau ac eglwysi am gefnogaeth ariannol. Gwaetha'r modd creodd hyn benbleth i eglwysi wrth i'r fath geisiadau ofyn am gyfraniadau. Sylweddolwyd hyn gan swyddogion y gwahanol enwadau, yn enwedig pan fyddai elusennau'n pwysleisio eu bod yn rhai Cristnogol.

I gwrdd â'r sefyllfa cyhoeddwyd llythyr yn Hydref 1978 wedi ei arwyddo gan brif swyddogion yr enwadau yng Nghymru yn wythnosolyn pob enwad o dan y teitl, 'Popeth cyntaf yn gyntaf.' Bwriad y llythyr oedd atgoffa'r eglwysi fod eu henwad yn aelod o Gyngor Eglwysi Cymru ac mai eu blaenoriaeth gyntaf hwy oedd rhoi eu cefnogaeth i ddatblygiad byd trwy Gymorth Cristnogol. Gan mai eglwysi Prydain a sefydlodd yr elusen yn y lle cyntaf dylai'r eglwysi a berthynai i'r enwadau a'i ffurfiodd ei chefnogi gan mai eu cyfrifoldeb yw gweithredu amcanion yr elusen ar ran ac yn enw prif enwadau Cymru, fel gweddill Prydain.

Er bod ei gefnogwyr yn ymwybodol o amcanion yr elusen, penderfynodd y Bwrdd, yn Ebrill 1985, y dylid cyhoeddi 'Datganiad Safonol o Gymorth Cristnogol' i'w argraffu ar gyhoeddiadau, yn ychwanegol at y disgrifiad byr (*yr eglwysi yn gweithredu gyda thlodion y byd)* a dderbyniwyd eisoes, ac i'w ddefnyddio mewn cysylltiad â logo Cymorth Cristnogol.

Dyma eiriad y 'Datganiad Safonol': "Yn enw'r eglwysi a'i ffurfiodd a gyda dycnwch pawb sy'n ei gefnogi mae Cymorth Cristnogol yn helpu'r sawl sy'n cael ei ormesu gan dlodi a chamdriniaeth pŵer i newid ei amgylchiadau a'i ddyfodol. Mae ar waith oddi fewn a thu hwnt i'r gymdeithas Gristnogol, ymhlith pobol o bob hil a phob ffydd, yn helpu'r tlawd a'r rhai o dan orthrwm heb unrhyw ffafriaeth wleidyddol. Yn y fath wasanaeth rhoddir yr olaf a'r lleiaf yn gyntaf, bwydir y newynog, iacheir yr afiach, croesawir y dieithryn. Hyn a gyhoedda'r efengyl."

Bwriad y Bwrdd wrth gyhoeddi'r 'Datganiad Safonol' oedd y byddai'n fodd cryno i egluro i'r cefnogwyr a'r cyhoedd yn gyffredinol amcanion a dulliau Cymorth Cristnogol o weithredu. Er cystal eglurder y disgrifiad a'r dehongliad nid oedd yr elusen uwchlaw beirniadaeth. O bryd i'w gilydd, fel unrhyw fudiad neu gorff cyhoeddus, fe'i beirniadwyd gan unigolion a grwpiau.

Enghraifft o hyn oedd y llythyrau a'r erthyglau a gyhoeddwyd yn y wasg Gymreig a Phrydeinig yn ei chyhuddo o gefnogi teroristiaid gyda nifer yn mynegi eu hanniddigrwydd am berthynas agos Cymorth Cristnogol â Chyngor Eglwysi'r Byd.

Yn y saithdegau, cyn cyhoeddi'r 'Datganiad Safonol,' cyhuddwyd Cymorth Cristnogol o gam-ddefnyddio arian a gyfrannwyd i gynorthwyo'r anghenus trwy roi cymorth ariannol i gefnogi herwfilwyr oedd yn brwydro dros ryddid pobol yn rhai o wledydd Affrica.

Roedd y fath ensyniadau a chyhuddiadau yn rhagdybio 'euogrwydd trwy gysylltiad.' Er bod gan Gymorth Cristnogol gysylltiad ar hyd y blynyddoedd â Chomisiwn Rhyng-Eglwysig Ffoaduriaid a Gwasanaeth Byd, a oedd yn Adran o Gyngor Eglwysi'r Byd, yn sicr ni ddefnyddiwyd dim o'r arian a gyfrannwyd tuag at Gymorth Cristnogol i gynorthwyo terfysgwyr. Rhoddwyd grantiau gan Gyngor Eglwysi'r Byd i fudiadau rhyddid Affricanaidd, ond nid o gronfa'r Comisiwn y daeth y grantiau hyn, yn hytrach o gronfa arbennig ar gyfer goresgyn hilyddiaeth.

Bu Cyngor Eglwysi'r Byd o dan y lach. Ysgrifennwyd llyfryn (can tudalen), *The Fraudulent Gospel*, gan Bernard Smith yn cyhuddo'r Cyngor o fod yn wrth-orllewinol, yn bleidiol i Farcsïaeth ac o blaid teroristiaid.

Yn y cyd-destun Cymreig cafwyd erthygl yn y *Western Mail* gan y Parchg. Meirion Lloyd Davies, cyn Ysgrifennydd Cyngor Eglwysi Cymru, a oedd ar y pryd yn aelod o Gyngor Eglwysi'r Byd. Yn yr erthygl mae Meirion yn amddiffyn penderfyniad y Cyngor, a hynny ar sail ei gysylltiad agos â'r Cyngor am ddeuddeng mlynedd, gan amlinellu ei weithgareddau o blaid pobol oedd yn cael eu gormesu oherwydd lliw eu croen a hilyddiaeth ac a amddifadwyd o'u hawliau dynol.

Pwysleisiodd nad oedd arian a gyfrannwyd tuag at Gymorth Cristnogol, er enghraifft, wedi ei roi i gynorthwyo teroristiaid drwy'r 'Rhaglen i Oresgyn Hilyddiaeth' (*Programme To Combat Racism*). Pan agorwyd y Gronfa honno yn 1969 trefnwyd bod y cyfraniadau iddi yn dod oddi wrth eglwysi ac unigolion oedd yn clustnodi eu cyfraniadau tuag at hyn yn unig. Nid yn unig roedd Meirion drwy ei erthygl yn feirniadol o'r llyfryn a gondemniai'r Cyngor ond roedd hefyd yn medru cadarnhau'r gwaith rhagorol a gyflawnai drwy ei rwydwaith gydag elusennau fel Cymorth Cristnogol ymhlith dioddefwyr tlodi mewn ugeiniau o wledydd.

Drwy amryw erthyglau a chyhoeddiadau ceisiodd Cymorth Cristnogol hefyd atgoffa'r cyhuddwyr i bwyllo cyn dod i unrhyw farn emosiynol ac fe anogwyd pobol i ddod o hyd i'r wybodaeth gywir am y cefndir a'r sefyllfa, yn drwyadl, yn gyntaf. O gysylltu gyda Chyngor Eglwysi'r Byd roedd gwybodaeth ar gael – pe bai'r cyhuddwyr yn barod i wneud – er mwyn dod o hyd i'r gwirionedd.

Ar rai achlysuron gorfu i staff Cymorth Cristnogol yng Nghymru amddiffyn rhai o'n cyhoeddiadau am fod cyhuddiadau wedi ymddangos yn y gweisg Saesneg a Chymraeg ynglŷn â thaflenni a stribedi ffilm a gynhyrchwyd wrth ymdrin â'r ymrafael rhwng y Palestiniaid a'r Iddewon. Dywedwyd bod y cynhyrchiad yn rhagfarnllyd wrth gefnogi'r Palestiniaid.

Cysylltais yn bersonol â rhai personau a chyhoeddwyd llythyrau yn y wasg i oleuo ac argyhoeddi'r cyhoedd am ein safbwynt, gan mai ceisio gweithredu tegwch i'r naill ochr a'r llall oedd amcanion Cymorth Cristnogol bob amser.

Cafwyd cyhuddiadau tebyg yn y wasg Gymreig oherwydd ein cysylltiad gydag CND Cymru. Ond yma eto, roeddem yn medru cyfiawnhau ein perthynas am y credem y dylai'r llywodraeth wario mwy o arian trethdalwyr ar fwydo'r newynog nag ar arfau.

Ond at ei gilydd, o'i gymharu â'r gefnogaeth ragorol a gafwyd, canran isel iawn o bobol oedd yn beirniadu'n gyhoeddus weithgareddau Cymorth Cristnogol. I'r gwrthwyneb, profodd ein staff gefnogaeth gadarnhaol ar hyd y blynyddoedd gan ei bod yn amlwg bod y cyhoedd yn sylweddoli bod swyddogaeth y mudiad yn cael ei chyflawni drwy'r strwythur effeithiol a llwyddiannus a weithredai yma yng Nghymru, ynghyd â'r peirianwaith ym Mhrydain ac Iwerddon yn ogystal â'r bartneriaeth glós a fodolai er budd yr anghenus yn y gwledydd tramor.

Pennod 3

Staff a Swyddogion Gwirfoddol Cymru 1962 - 1982

$\mathcal{D}$YWED Y PARCHG. ERASTUS JONES yn ei lyfr, *Croesi Ffiniau,* bod Cymorth Cristnogol wedi cychwyn o ddifrif yng Nghymru trwy weithgarwch y Gymdeithas Ecwmenaidd. Y Gymdeithas hon ynghyd â Chyngor Eglwysi Cymru, yn ôl Erastus Jones, a fu'n gyfrifol i bob pwrpas am apwyntio Ysgrifennydd Cenedlaethol cyntaf yr elusen yng Nghymru, ond Adran Ryng-Eglwysig a Gwasanaeth Ffoaduriaid Cyngor Eglwysi Prydain a'i cyflogodd.

Roedd ei benodiad yn torri tir newydd ym mywyd eglwysi Cymru drwy gael person am y tro cyntaf i gyflawni swydd arloesol a phwysig i geisio ennill cefnogaeth o blaid anghenion y digartref a'r tlawd. Tasg anodd ydoedd, gan fod llawer o'r eglwysi yn fewnblyg eu syniadau a thraddodiadol eu hagweddau.

Ymaflodd Dewi Lloyd Lewis yn yr her a'i hwynebai drwy gynllunio a cheisio'n ddyfal gyflawni ei fwriadau drwy deithio'r wlad i gyfarfod â phobol allweddol ar lefel genedlaethol a lleol. Roedd yn hanfodol sefydlu perthynas adeiladol gydag arweinwyr yr enwadau, gweinidogion ac offeiriaid o bob enwad. Yn wir, un o freintiau a sialens y swydd oedd ceisio chwalu'r canolfuriau enwadol.

Pan gychwynnodd Dewi yn ei swydd yn Ionawr 1963 ystafell ffrynt ei gartref yn 19 Cae Mawr, Rhiwbeina, Caerdydd oedd ei swyddfa, gyda'r tŷ yn eiddo i'r elusen. Cafodd gymorth ysgrifenyddol am dair awr yr wythnos gan ei briod Fiona yna, ymhen dwy flynedd, yn 1965 rhannwyd adeilad gyda mudiad yr *YMCA* yn 53 Park Place, Caerdydd a thrwy gefnogaeth garedig ysgrifennydd y mudiad, Mr R. L. Jones, rhentwyd dwy ystafell yn yr adeilad hwnnw. Yn 1971, pan symudodd yr *YMCA* i 27 Heol yr Eglwys, Yr Eglwys Newydd, Caerdydd parhaodd y trefniant drwy rentu dwy ystafell yno a'u sefydlu'n Swyddfa Genedlaethol. Cafwyd cydweithio hwylus am dros bum mlynedd ar hugain gyda Chymorth Cristnogol yn cael defnyddio, yn ddi-dâl, ystafell fawr yr *YMCA* ar gyfer pwyllgorau a chyfarfodydd yr adran.

Er bod Dewi yn swyddogol yn gweithio mewn Swyddfa Genedlaethol treuliai y rhan fwyaf o'i oriau gwaith yn teithio ledled y wlad. Gan mai ef oedd unig swyddog yr elusen yng Nghymru medrai fod yn waith unig, ac eto roedd yn swydd gyffrous wrth hysbysu pobol am anghenion eu cyd-ddyn tlawd ac apelio am eu cefnogaeth. Yn wir roedd yn grwsâd anturus.

Llwyddodd i gysylltu â chyfathrebu ar lefel bersonol â nifer dda o unigolion o Fôn i Fynwy er mwyn sefydlu grwpiau a phwyllgorau i hybu'r gwaith yn ei flaen. Trwy ei ddycnwch a'i ddyfalbarhad estynnwyd gorwelion pobol i weld angen y gwledydd hynny oedd yn dal i ddioddef o ganlyniad i'r Ail Ryfel Byd, ynghyd â'r miliynau mewn llawer gwlad oedd yn byw mewn tlodi dirdynnol.

Yn ogystal â gohebu gydag arweinwyr y gwahanol enwadau, yn weinidogion ac offeiriaid, ac ymweld ag unigolion allweddol ar hyd a lled y wlad defnyddiodd Dewi nifer o gynlluniau amrywiol eraill i gyflwyno'r neges, megis dwy daith arbennig o gwmpas Cymru!

Taith symbolaidd oedd y daith gyntaf ddigwyddodd, a hynny yn ystod Yr Wythnos yn 1964, a'i henwi'n daith 'O Law i Law' i ddynodi'r ddolen rhwng y rhoddwr a'r derbyniwr a hefyd rhwng lle a lle yn y frwydr yn erbyn y pwerau a'r amgylchiadau sy'n caethiwo a sarhau y teuluoedd difreintiedig yn ein byd. Dechreuwyd y daith yng Nghaergybi gyda chyflwyniad gan grŵp lleol.

Ar ddechrau'r chwedegau ychydig o bwyllgorau lleol oedd wedi eu sefydlu yng Nghymru ac roedd mawr angen iddynt galonogi a chefnogi ei gilydd. Dyma'r cynllun ar gyfer y daith: byddai grŵp o un dref neu bentref yn teithio i'r dref neu'r pentref nesaf lle'r oedd pwyllgor lleol wedi ei sefydlu gan gyflwyno cyfarchion, cyflwyno swm symbolaidd o arian, cynnal gwasanaeth byr a chymdeithasu. Dyna fu'r patrwm ar gyfer y daith wrth fynd o un man i'r llall trwy Gymru gyda'r pwyllgorau yn dolennu â'i gilydd. Bu'r daith yn fodd i ysbrydoli'r 'celloedd' bychain ac yn ddarlun o'r hyn yw 'rhoddi' – "o law i law."

Haedda Dewi bob clod am drefnu taith mor wahanol er mwyn ysbrydoli'r grwpiau bychain yn eu hymdrechion. Diweddwyd y Daith yng Nghaerdydd gyda Dirprwy Faer y ddinas a Mr. George Thomas A.S., Ysgrifennydd Cymru ar y pryd, yn eu cyfarch a'u croesawu.

Bu'r daith arall yn 1966 yn un wahanol, a rhoddwyd enw i hon hefyd, sef "Taith Trec-tor trwy Gymru." Cysylltodd Dewi ymlaen llaw â phobol leol yn y trefi a'r pentrefi y bwriadai deithio drwyddynt gan drefnu aros ymhob man i hysbysu'r cyhoedd am dlodi a newyn, yn benodol. Prif fwriad y daith hon oedd rhoi cyhoeddusrwydd, mewn dull anarferol, i amgylchiadau byw'r miliynau mewn llawer gwlad. Gobeithiwyd hefyd y byddai'r "Daith" yn ennyn brwdfrydedd ymhlith arweinwyr yr eglwysi lleol i sefydlu pwyllgorau i gynnal Yr Wythnos, lle nad oeddent eisoes wedi eu ffurfio. Cafwyd ymateb cadarnhaol, gyda nifer o bwyllgorau newydd yn cychwyn eu gweithgareddau o blaid yr achos.

Gan fod Cyngor Eglwysi Prydain wedi cyhoeddi llyfryn, *World Poverty and British Responsibilty*, credwyd ei bod yn dra phwysig bod gymaint â phosibl yn cael gwybod am gynnwys y llyfryn ac felly dyma ddefnyddio'r daith i'r diben hwn – rhoi cyhoeddusrwydd am gyflwr bywyd eu cyd-ddyn tlawd i aelodau'r eglwysi a'r cyhoedd yn gyffredinol. Cychwynnwyd y daith hon hefyd yng Nghaergybi gydag Aelod Seneddol sir Fôn, Mr. Cledwyn Hughes yn cyflwyno ei gyfarchion a'i ddymuniadau da i'r daith.

Wedi teithio drwy amryw o drefi a phentrefi diweddwyd y siwrne yng Nghaernarfon, ac fe'u croesawyd yno gan Gadeirydd Pwyllgor Cymorth Cristnogol Cymru, sef Syr Ben Bowen Thomas, gan y Parchedicaf Gwilym O. Williams, Esgob Bangor, a oedd hefyd ar y pryd yn Llywydd Cyngor Eglwysi Cymru, a chan y Parchg. Ieuan S. Jones, Llywydd Cyngor Eglwysi Caernarfon.

Yn ogystal â chyflwyno angen tlodion y byd i sylw'r cyhoedd trwy'r 'Daith Trec-Tor' roedd arwyddocâd arbennig yn y defnydd o dractor i orymdeithio ledled Cymru i hyrwyddo'r neges. Ar y pryd roedd prosiect amaethyddol 'ar fynd' gan Gymorth Cristnogol er mwyn codi arian i brynu tractorau i gyflymu'r broses o drin y tir mewn nifer o wledydd. Casglwyd symiau sylweddol gan nifer o ardaloedd i alluogi'r elusen i archebu 53 tractor i'w defnyddio mewn pymtheg o wledydd ar gyfer eu rhaglenni amaethyddol.

Ymatebodd amryw o bentrefi Cymru i'r dasg ac yn eu plith pentref Llansannan, gyda'r trigolion yno yn casglu £1,255 mewn dwy flynedd, cyfartaledd o £2.10 swllt y pen o'r boblogaeth leol – swm rhagorol yn y cyfnod hwnnw. Defnyddiwyd yr arian i brynu tractor ar gyfer Sefydliad Amaethyddol yn Butima yn Tansanïa.

Bu cynlluniau arloesol Dewi, megis y teithiau a drefnwyd ganddo a nifer o weithgareddau eraill yn y chwedegau, yn adeiladol a buddiol, yn enwedig y pwyllgorau lleol a sefydlwyd. Drwy osod y seiliau cadarn a pharhaol hyn llwyddwyd i daenu'r neges a chreu ymwybyddiaeth o sefyllfaoedd dirdynnol y miliynau anghenus, ac ymatebodd aelodau'r eglwysi a'r cyhoedd yn gyffredinol i'r anogaeth i ysgafnhau beichiau'r dioddefus.

Canolbwynt ac uchafbwynt y gweithgareddau oedd Wythnos Cymorth Cristnogol bob mis Mai pan wahoddwyd y cyhoedd i gyfrannu tuag at y tlawd a'r newynog. Y casgliad hwn oedd prif ffynhonnell incwm yr elusen ac fe'i defnyddiwyd mewn cymorth ariannol i wella amgylchiadau byw trigolion y gwledydd llwm.

Bu Dewi yn ei swydd am bron i ddeng mlynedd gan roi gwasanaeth anrhydeddus wrth osod sylfaen gadarn ar gyfer gweithredu o blaid y tlodion, a hynny o fewn fframwaith cenhadaeth eglwysi Cymru. O ganlyniad i'w ddycnwch a'i ddyfalbarhad gwelwyd cyfanswm y casgliadau yn codi bob blwyddyn.

Am y pum mlynedd gyntaf yn y swydd llafuriodd Dewi yn ddiwyd ar ei ben ei hun yna, yn 1968, ychwanegwyd aelod arall pan benodwyd y Parchg. Owen W. Owen (neu *Now* i'w ffrindiau a'i gydnabod agosaf) yn Ysgrifennydd Rhanbarth Gogledd Cymru gyda chyfrifoldeb am siroedd Gwynedd a Chlwyd.

Daeth i'w swydd ar ôl bod yn weinidog gydag Eglwys Bresbyteraidd Cymru a'i faes cyntaf oedd Pont-Rhyd-Y-Fen, Dyffryn Afan. Yna treuliodd bum mlynedd yn genhadwr yn Sylet yn yr India ond, gwaetha'r modd, gorfu iddo ef a'i deulu ddychwelyd oherwydd afiechyd. Wedi dychwelyd i Gymru bu'n weinidog yn Llansannan a'r cylch. Gyda'i brofiad yn yr India gwelodd Owen werth ymarferol Cymorth Cristnogol lle'r oedd mawr angen help ar y brodorion i'w cynorthwyo yn eu hamgylchiadau anodd.

Gyda phenodiad Owen i staff Cymru rhannwyd y wlad yn ddaearyddol rhyngddo ef a Dewi. Er bod hyn yn golygu tipyn llai o deithio i Dewi na chynt 'roedd disgwyl i'r ddau deithio'n bell i ymweld â phwyllgorau ac annerch cyfarfodydd ac ysgolion.

Gweithiai Owen o'i gartref yn Abergele gan deithio o Gaergybi ym Môn i Fachynlleth yn y Canolbarth a draw i'r gororau yn y dwyrain, gyda Dewi yn gyfrifol am ei dalgylch eang yntau, o Drefynwy yn y de-ddwyrain i Dyddewi yn y de-orllewin.

Dyna fu'r patrwm am y pum mlynedd nesaf gyda Mrs. Beryl ap Robert yn Ysgrifenyddes Weinyddol, ran-amser yn y Swyddfa Genedlaethol er ei bod yno'n rheolaidd am chwe awr bob dydd! Bu Cymorth Cristnogol yn dra ffodus, a Dewi yn enwedig, gyda dyfodiad Beryl i'w swydd. Pan ddaeth i'r adwy i gynorthwyo Dewi ar y dechrau, cynorthwyo dros dro oedd ei bwriad, ond parhaodd am gyfnod hir gan roi gwasanaeth rhagorol hyd at ei hymddeoliad ddeunaw mlynedd yn ddiweddarach.

Yn Awst 1972 ymddiswyddodd Dewi i ymgymryd â swydd arall. Am wahanol resymau aeth misoedd heibio heb olynydd i Dewi yn Ysgrifennydd Cenedlaethol, a disgynnodd y cyfrifoldeb o weinyddu'r Swyddfa Genedlaethol ar Beryl am chwe mis. Bu cael Beryl yno drwy'r cyfnod hwn i gyflawni'r gwaith gweinyddol a hithau'n brofiadol o weinyddu mewn swyddi cyfrifol gyda'r BBC yn gaffaeliad arbennig.

Pan ddechreuais innau yn fy swydd, yn wythnos gyntaf Chwefror 1973, amheuthun oedd derbyn ei chynghorion a'i chyfarwyddyd ar nifer o faterion ac achlysuron. Parhawyd gyda'r un cynllun o rannu Cymru'n ddaearyddol rhwng Owen a finnau fel y bu gyda Dewi ac yntau. I newydd-ddyfodiad fel fi, da oedd cael Owen wrth law gyda'i gefnogaeth yn ôl y galw. Drwy ein gwaith a'n diddordebau daethom yn gyfeillion agos, a hawdd oedd cydweithio â pherson mor rhadlon.

Rhyfedd meddwl am gael cyfarfod staff i ddau ond byddem yn cyfarfod o bryd i'w gilydd ger ein ffiniau, ambell dro ym Machynlleth bryd arall yn Llanidloes. Daeth y ddau ohonom i adnabod ffyrdd Cymru'n dda gan wybod am eu troeon drwyddi draw! Wrth fynd fan hyn a fan acw cofiwn yn fynych yr hyn ddwedwyd wrthyf yn fy nghyfweliad am y swydd gan aelod o'r panel, "Bydd y person a benodir yn Ysgrifennydd Cenedlaethol Cymru yn treulio mwy o'i amser ar ei ben ôl mewn car nag ar ei ben ôl o flaen ei ddesg mewn swyddfa!" Gwir a ddywedwyd!

O bryd i'w gilydd, drwy eu croeso caredig, byddwn yn aros noson gyda ffrindiau gan ymweld ag ysgolion am ddeuddydd yn olynol ac annerch cyfarfodydd gyda'r hwyr, neu fynd i bwyllgor lleol. O leiaf roedd hyn yn llai costus o ran teithio a hefyd yn dipyn llai blinedig ac yn fy ngalluogi i gyflawni mwy o waith mewn un ardal.

Er mai ond Owen a fi oedd yn dal swyddi amser llawn roedd hefyd un Ysgrifennydd Rhanbarth rhan-amser yng Nghymru gan fod y Parchg. Glyn Parry-Jones yn gyfrifol am weithgareddau dinas Caerdydd. Yn dilyn ei ymddeoliad fel Pennaeth Adran Crefydd gyda'r BBC bu'n cynorthwyo yn y brifddinas. Gyda'i bersonoliaeth garismataidd a'i lais melodaidd llwyddodd Glyn i sefydlu pwyllgor canolog ar gyfer ein gweithgareddau yng Nghaerdydd a'i roi ar sail gadarn. Cysylltodd hefyd ag eglwysi er mwyn ffurfio grwpiau lleol yn nifer o ardaloedd y ddinas. Trwy hyn cafwyd rhwydwaith o gylchoedd yn hybu gweithgarwch yn enw Cymorth Cristnogol.

Yn ogystal â'r pwyllgor canolog a'r grwpiau cyd-enwadol lleol sefydlwyd hefyd grŵp o wragedd yn cynrychioli eglwysi Cymraeg Caerdydd, o dan arweiniad brwdfrydig Mrs. Emlyn Jenkins a Mrs. Irene Williams. Drwy eu dycnwch diwyd a chefnogaeth nifer o wragedd eraill codwyd symiau sylweddol drwy gynnal boreau coffi ddwywaith y flwyddyn, yn eu tro yn festrïoedd Ebeneser a'r Tabernacl – lleoedd canolog yn y ddinas. Mae'r trefniant llwyddiannus hwn wedi parhau ar hyd y blynyddoedd.

Pan gyrhaeddodd Glyn ei 70 mlwydd oed, yn naturiol ddigon ymddeolodd o'i gyfrifoldebau ac yntau wedi rhoi chwe blynedd o wasanaeth fel Ysgrifennydd Rhanbarth rhan-amser yng Nghaerdydd. Gyda'i ymddiswyddiad bu Owen a minnau'n ceisio ad-drefnu ein cyfrifoldebau a'n meysydd a chyflwynwyd awgrymiadau penodol i'r Adran o Gyngor Eglwysi Cymru, sef y Pwyllgor Cenedlaethol.

Yn dilyn trafodaeth penderfynwyd gwneud cais i Fwrdd Cymorth Cristnogol am ychwanegu at staff Cymru. Llwyddwyd trwy gryn berswâd i ennill y dydd gyda'r addewid y byddai Ysgrifennydd Rhanbarth arall i'w benodi yn y dyfodol. Ond am y tro rhaid oedd bodloni ar gyflogi person rhan-amser.

Trafodwyd gwahanol gynlluniau ar gyfer swydd o'r fath. Gydag ymddeoliad Glyn, a minnau'n byw yng Nghaerdydd, cytunwyd bod y ddinas o hyn ymlaen i ddod o dan fy ngofal a'm rhyddhau o ofalu am sir Fynwy drwy benodi Ysgrifennydd Rhanbarth rhan-amser, dros dro ar gyfer y sir honno.

Pwy fedrem ei gael i wneud hyn? Yn ffodus roedd y Parchg. Vaughan Walters, a fu'n weinidog gyda'r Bedyddwyr yn y Coed-duon, newydd ymddeol. Gwyddwn, o'i adnabod, ei fod yn gefnogol i Gymorth Cristnogol ac roedd wedi treulio'r rhan helaethaf o'i weinidogaeth yn genhadwr yn Yr India – bonws!

Fe'i gwahoddwyd i ymgymryd â'r dyletswyddau. Derbyniodd, a bu'r swydd mewn dwylo diogel am ddwy flynedd ac yntau yn siaradwr medrus yn y ddwy iaith gyda'i brofiad yn Patna, Yr India, ynghyd â'i frwdfrydedd o blaid yr anghenus yn gaffaeliad mawr.

Sôn am ddwy iaith, bu'n bolisi gan Gymorth Cristnogol fod pob swyddog yng Nghymru yn medru cyfathrebu'n rhugl ar lafar a gohebu yn y Gymraeg a'r Saesneg. Bu gosod cydnabyddiaeth gyfartal i'r ddwy iaith o'r cychwyn cyntaf yn benderfyniad doeth ac yn un sydd wedi parhau hyd heddiw.

Buom yn ffodus i gael gwasanaeth Vaughan a chafodd gydweithrediad parod gwirfoddolwyr a chefnogwyr yn y sir. Er sicrhau gwasanaeth un swyddog rhan-amser llanw bwlch dros dro ydoedd, ac roeddem yn dal ag angen Ysgrifennydd Rhanbarth amser-llawn.

Yna yn 1975 cafwyd caniatâd i hysbysebu am drydydd Ysgrifennydd Rhanbarth amser llawn i Gymru. Byddai'r person a benodwyd yn gyfrifol am rannau o dalgylch Owen a minnau, sef Ceredigion, De Powys, Morgannwg Ganol a Mynwy. Cafwyd nifer o geisiadau a phenodwyd y Parchg. Thomas Eirwyn Evans, brodor o Lanbedr Pontsteffan ac ar y pryd yn weinidog Bethania, eglwys yr Annibynwyr, Y Tymbl, sir Gaerfyrddin.

Trefnwyd iddo ef a'i deulu fyw yn Aberhonddu. Gweithiai o'i gartref am gyfnod cyn i ni lwyddo i sicrhau swyddfa iddo mewn ystafelloedd o eiddo'r Eglwys yng Nghymru, ger yr eglwys gadeiriol yn y dref. Yn ddiweddarach penodwyd ysgrifenyddes ran-amser i'w gynorthwyo. Ymaflodd Tom yn ei swydd yn gyflym gan weithio'n ddygn gyda'i amrywiol alwadau a buan yr enillodd iddo ei hun le cynnes yng nghalon aelodau pwyllgorau lleol ei ranbarth.

Gyda thri Ysgrifennydd Rhanbarth yng Nghymru a'r tri mewn cysylltiad agos ag eglwysi o bob enwad gan sefydlu a chynorthwyo'r pwyllgorau lleol gyda'u gweithgareddau, gwelwyd cynnydd sylweddol mewn incwm yn ogystal â diddordeb cynyddol yn y rhaglenni datblygu a gefnogwyd.

Am y saith mlynedd nesaf cafwyd cyfnod o gydweithio pleserus. Buom yn ffodus i gael tair gweinyddwraig fedrus yn gymorth parod yn y swyddfeydd gan ryddhau'r Ysgrifenyddion Rhanbarth i dreulio mwy o'u hamser ar hyd a lled y wlad yn cyflawni eu hamrywiol oruchwylion.

Yna ym Mehefin 1982 cipiwyd Owen oddi wrthym yn sydyn. Deuddydd ar ôl treulio'r wythnos cynt yn gofalu am stondin Cymorth Cristnogol ar faes Eisteddfod Genedlaethol yr Urdd bu farw yn Ysbyty Rhyl, yn dilyn trawiad ar y galon. Bu'n ergyd galed i Eluned, ei briod, ac i'w feibion, Gwilym ac Aneirin, a gyda'i ymadawiad collwyd cyfaill a chyd-weithiwr cydwybodol o'r radd flaenaf.

Gadawodd Owen fwlch enfawr yn rhengoedd staff Cymorth Cristnogol yn gyffredinol gan fod iddo barch uchel ymhlith ei gyd-weithwyr, ynghyd â'r gefnogaeth drwyadl a dderbyniai gan aelodau pwyllgorau siroedd y gogledd a'r amryw fudiadau roedd yn ymwneud â hwy.

Daeth cynulleidfa gref i'w angladd ym Mynydd Seion, Abergele, o dan arweiniad ei weinidog, y Parchg. Isaac Jones. Cyflwynodd deyrnged anrhydeddus i'w goffadwriaeth a mynegodd Cyfarwyddwr Cymorth Cristnogol, y Parchg. Ddr. Kenneth Slack, ei barch a'i werthfawrogiad o gyfraniad Owen i waith oedd mor agos i'w galon. Fe'm gwahoddwyd innau i gyflwyno teyrnged i gyfaill a chyd-weithiwr.

Dyma ran o'm teyrnged iddo: "Roedd Owen, Tom a minnau yn driawd o gydweithwyr hapus ond heddiw torrwyd conglfaen ein triongl gydag ymadawiad cyfaill mwyn a'i bersonoliaeth addfwyn … Llanwodd ei gyfnod gyda Chymorth Cristnogol i'r ymylon fel y gwnaeth ar hyd ei oes, yn ddiymhongar a chydwybodol wrth wasanaethu ei gyd-ddyn yn enw'r Un a bwysleisiodd yr alwad i wasanaethu."

Dyma a ddywed Owen, yn ei eiriau ei hun, yn ei Adroddiad Blynyddol olaf, 'Tynnaf y llenni ar ddiwedd blwyddyn arall – hoffwn fod wedi gwneud mwy.' Un nad oedd yn fodlon ar ei waith oedd Owen, ond dyna nodweddai ei ymroad a'i awydd i wneud ei orau bob amser. Erys hiraeth o golli ei gyfeillgarwch mwynaidd, ei lais tyner a theimladwy gyda'i argyhoeddiadau cadarn.

Aeth y misoedd heibio gydag ond dau Ysgrifennydd Rhanbarth unwaith eto yng Nghymru, a siroedd y gogledd wedi eu hamddifadu o gyfraniad eu hysgrifennydd diwyd a chydwybodol. Ceisiodd Tom a minnau, rhyngom, gadw mewn cysylltiad â phwyllgorau'r gogledd a chynnal rhai cyfarfodydd yn y rhanbarth. Er y golygai hyn deithio ychwanegol roeddem yn awyddus i waith da Owen barhau, a theimlem mai braint oedd cynorthwyo gorau fedrem.

Ar wahân i'r staff cyflogedig roedd swyddogion gwirfoddol wrth law yng Nghymru ar hyd y blynyddoedd i roi eu cefnogaeth frwdfrydig, yn fwyaf arbennig, Cadeirydd yr Adran a'r Trysorydd.

Bu Cymorth Cristnogol yn Adran o'r Cyngor oddi ar 1966. Mewn cyfarfod o'r Pwyllgor Gwaith ar 24 Ionawr 1966 argymhellwyd bod cyfarfod nesaf y Cyngor yn ffurfio Adran Cymorth Cristnogol, fel ydoedd ar y lefel Brydeinig, yn Adran o Gyngor Eglwysi Prydain. Ond, i bob pwrpas, hwn fyddai Pwyllgor Cenedlaethol Cymorth Cristnogol Cymru ac roedd Pwyllgor cyfatebol yn Yr Alban.

Cadeirydd cyntaf yr Adran oedd Syr Ben Bowen Thomas, Ysgrifennydd Parhaol Adran Gymreig y Weinyddiaeth Addysg am flynyddoedd lawer a ffigwr dylanwadol ym mywyd addysg, diwylliant a chrefyddol Cymru. Yn 1966, pan dderbyniodd Syr Ben y gwahoddiad i fod yn Gadeirydd, mynegwyd boddhad gan Esgob Bangor ar y pryd, Y Parchedicaf Gwilym O. Williams, a'r Athro Gwilym H. Jones, gan ddweud, "Ein bod yn ffodus dros ben i gael gŵr o'i brofiad a'i allu ef i fod yn Gadeirydd i'r Pwyllgor Cenedlaethol."

Gwir a ddywedwyd. Cyflawnodd ei ddyletswyddau tu hwnt i bob disgwyl gan roi urddas a statws i'w swydd, ond pwysicach i Gymorth Cristnogol yng Nghymru oedd ei gyfraniadau goleuedig mewn trafodaethau gyda Chyfarwyddwr Cymorth Cristnogol a'i gyd-aelodau o'r Bwrdd yn Llundain.

Syr Ben Bowen Thomas felly lywyddodd cyfarfod cyntaf y

Pwyllgor Cenedlaethol ac yntau y flwyddyn honno hefyd yn Llywydd Undeb Bedyddwyr Cymru. Er mai byr fu ei dymor roedd yn Gadeirydd delfrydol gyda'i brofiad gweinyddol, ei bersonoliaeth urddasol a'i safbwyntiau cadarn yn ennill parch ar draws y spectrwm crefyddol a gwleidyddol yng Nghymru.

Pan ddaeth yn adeg i gael olynydd iddo mae'n debyg, yn ôl Roderic Bowen, bod Syr Ben wedi ei osod yn y swydd! Roedd y ddau yn gyfarwydd iawn â'i gilydd ac wedi cydweithio ar wahanol achlysuron yn eu swyddi proffesiynol. Hoffai sôn gyda boddhad am y modd y cafodd ei hun yn eistedd yn y gadair yn 1968.

Yn ôl Roderic, dyma'r hyn ddigwyddodd. Cafodd alwad ffôn un diwrnod gan Syr Ben, ac yntau'n gofyn iddo, "A wyt ti'n Gristion?" Atebodd Roderic gan ddefnyddio ansoddair y mae'n well peidio â'i ail-adrodd, "Rwy'n gymaint o Gristion â thi, beth bynnag." Meddai Syr Ben wrtho, "Ma' 'da fi swydd i ti. Cei di fod yn Gadeirydd Cymorth Cristnogol yng Nghymru yn fy lle i!" A dyna fel y bu. Yn y cyfnod hwnnw nid oedd enwebu nac ethol yn rhan o'r drefn! *Head hunting*, chwedl y Sais, heb amheuaeth!

Ar gefn hyn hoffai Roderic adrodd hanesyn personol am y rheswm yr ymatebodd i'r gwahoddiad. Ymfalchïai mewn paentiad oedd ganddo o'r Cadfridog Booth, sylfaenydd Byddin yr Iachawdwriaeth, gŵr a edmygai'n fawr. O dan y paentiad roedd y geiriau,"*About my Father's business.*" Yn ôl Roderic roedd bod "*About my Father's business*" wedi glynu gydag e' ar hyd y blynyddoedd a dyna pam y teimlai hi'n fraint cael bod yn Gadeirydd Adran Cymorth Cristnogol yng Nghymru, er mwyn bod "*About my Father's business.*"

Bargyfreithiwr oedd Roderic Bowen yn ôl ei alwedigaeth, ond hefyd bu'n A.S. Rhyddfrydol dros Geredigion, ei sir enedigol, o 1945-1966 ac am gyfnod yn ddirprwy Lefarydd yn Nhŷ'r Cyffredin. Pan ymgymerodd â Chadeiryddiaeth yr Adran roedd mewn swydd allweddol, sef yn Gomisiynydd Yswiriant Cenedlaethol Cymru. O bryd i'w gilydd fe'm gwahoddai i'w swyddfa i drafod unrhyw fater oedd yn galw am ein sylw.

Bu'r berthynas rhyngom yn un gyfeillgar a chefnogol ar hyd y blynyddoedd. Ac eto, mewn pwyllgor, medrai reoli'n llym ar adegau, gan gau ei glustiau'n fynych ac anwybyddu awgrymiadau neu syniadau a fynegwn wrth eistedd nesaf ato. Ond ar ddiwedd y cyfarfod byddai'n gwbl naturiol ac wedi anghofio am unrhyw fater roeddem wedi anghytuno arno.

Bu cael personau o faintioli Syr Ben Bowen Thomas a Roderic Bowen yn gaffaeliad i ddelwedd Cymorth Cristnogol yng Nghymru, gyda'u cyfraniadau a'u datganiadau yn ddylanwadol ac effeithiol ar lawer achlysur.

Yn ystod ei gyfnod yn Gadeirydd cynrychiolodd Syr Ben Bwyllgor Cymru ar Fwrdd Cymorth Cristnogol yn Llundain ac fe'i hetholwyd yn Is-Gadeirydd y Bwrdd am gyfnod. Bu Roderic yntau hefyd yn cynrychioli Cymru ar y Bwrdd am nifer o flynyddoedd, gyda chyfraniadau'r ddau mewn cyfarfodydd, yn ôl pob tystiolaeth, yn rhai sylweddol iawn.

Fel y Cadeirydd yn wirfoddol hefyd y cyflawnai'r Trysorydd, Mr Lyn Howell, ei ddyletswyddau. Fe'i penodwyd i'w swydd yn 1968 a bu'n hynod gydwybodol gyda'i ddyletswyddau cyfrifol ar hyd y blynyddoedd. Roedd Lyn yn ŵr bonheddig o'r radd flaenaf ac yn meddu ar bersonoliaeth ddymunol, gydag argyhoeddiadau cadarn ac egwyddorol ar lawer pwnc. Gwerthfawrogai'r staff ei gefnogaeth gynnes bob amser, ac ar rai achlysuron bu'n annerch cyfarfodydd.

Un a fagwyd yng Nghwm Tawe ydoedd, ond wedi byw am flynyddoedd yng Nghaerdydd. Llanwodd nifer o swyddi allweddol gan gynnwys swydd Ysgrifennydd Bwrdd Twristaidd Cymru a gyflawnodd am ugain mlynedd. Yn ogystal â'i waith beunyddiol roedd yn flaenor yn eglwys Bresbyteraidd Heol Crwys ac yn Llywydd ei enwad am y flwyddyn 1976-77.

Bu yntau, fel Syr Ben a Roderic, yn gynrychiolydd Cymru ar Fwrdd Cymorth Cristnogol am gyfnod, gyda'r adroddiadau a gyflwynai i gyfarfodydd yr Adran yn rhai cytbwys a chryno. Fe'i cyfetholwyd hefyd yn aelod o Bwyllgor Canolog Cyllid a Staffio Cymorth Cristnogol – dywed hyn lawer am ymddiriedaeth ac edmygedd y Bwrdd ynddo ac ohono.

Yn fuan wedi ei benodi'n Drysorydd Mygedol roedd Lyn yn awyddus i gyfrannu at effeithiolrwydd ei swydd ac i gyflwyno ffigurau cywir o incwm blynyddol Cymru. Bu cryn drafod gyda swyddogion y swyddfa Ganolog yn Llundain am hyn. Ceisiwyd cytuno ar yr egwyddor yn 1970 pan ddechreuwyd trafod y mater gan Gyngor Eglwysi Cymru ac mewn cyfarfodydd o Adran Cymorth Cristnogol o'r Pwyllgor Cenedlaethol.

Cynhaliwyd nifer o gyfarfodydd gydag Ysgrifennydd Cymru, Cadeirydd yr Adran, y Trysorydd a Chyfarwyddwr Cymorth Cristnogol ynghyd â swyddogion yr Adran Gyllid yn Llundain er mwyn gweithredu'r broses o sicrhau bod yr holl gyfraniadau o Gymru i'w danfon i'r swyddfa yng Nghaerdydd, a'u prosesu a'u cydnabod gan Drysorydd Cymru yn hytrach na'u danfon i'r brif swyddfa yn Llundain.

Roedd Cyngor Eglwysi Cymru a'r Adran yn gytûn o'r cychwyn cynta' mai dyna ddylai ddigwydd – proses oedd eisoes mewn gweithrediad yn Yr Alban. Yn ôl yr ohebiaeth fu rhwng swyddogion Cymru a rhai Llundain cymerodd dipyn o amser cyn dod i ddealltwriaeth a derbyn y broses newydd. O'r diwedd, wedi nifer o gyfarfodydd rhwng swyddogion Cymru a'r Cyfarwyddwr a Phennaeth yr Adran Gyllid, cafwyd cytundeb, a hynny ar ôl treulio dwy flynedd yn trafod y broses o ddatganoli'r strwythur newydd.

Erbyn hyn roedd yn fis Gorffennaf 1972 pan gychwynnwyd y cynllun. Daeth newid hefyd yng ngeiriad y derbynebau. Cynt roedd pob un yn uniaith Saesneg ac yn enw'r Cyfarwyddwr yn unig. Ond o hyn ymlaen byddai'r derbynebau a ddanfonwyd i gyfranwyr yng Nghymru â geiriad dwyieithog a llofnod y Cyfarwyddwr a Thrysorydd Cymru arnynt.

Er i'r broses newydd olygu gwaith ychwanegol i'r Trysorydd roedd Lyn yn awyddus i'w gweithredu ac yntau'n argyhoeddedig y byddai'r cynllun yn effeithiol ac yn y pendraw o fantais, nid yn unig i Gymru ond hefyd i Swyddfa Cymorth Cristnogol yn Llundain.

Dyna a welwyd, a hynny ymhen ychydig o flynyddoedd. O ddatganoli daeth llwyddiant, gyda phobol Cymru yn 'perchnogi' Cymorth Cristnogol, a'r elusen yn dod yn rhan o fywyd yr eglwysi ar lefel genedlaethol.

Gwelwyd ymroad cydwybodol Lyn o'r cychwyn cynta' ac yntau'n dod i'r swyddfa bob prynhawn dydd Gwener i gasglu'r llythyrau cydnabod roedd Beryl wedi eu teipio yn ystod yr wythnos. Byddai'n mynd â nhw adre' a'u harwyddo'n bersonol ac yna eu danfon at y cyfranwyr. Roedd y diddordeb a'r amser a roddai i'r gwaith yn rhyfeddol a'i gefnogaeth i'r elusen yn amhrisiadwy.

Gwerthfawrogai'r staff y gefnogaeth a'r ymroad brwdfrydig a gafwyd gan Roderic a Lyn, gyda'u parodrwydd i gynorthwyo yn ôl y galw. Bu'r ddau ohonynt yn annerch cyfarfodydd yn ein lle yn ôl y galw, yn enwedig pan fyddai dau gyhoeddiad gennym, fel y digwyddai adeg Yr Wythnos.

Ar brydiau medrai swydd Ysgrifennydd Rhanbarth fod yn waith unig ac roedd cynnal cyfarfod staff, er mai ond tri oeddem ar y mwyaf, yn gyfle i ymlacio a chymdeithasu yn ogystal â thrafod cynlluniau ein rhaglenni gwaith. Yn ogystal â bod cyfarfodydd o staff Cymru yn gyfle i gymdeithasu roedd mynychu Cynhadledd Flynyddol i holl staff Cymorth Cristnogol hefyd yn werth chweil, yn enwedig i ni fel gweithwyr yn y maes. Cafwyd cyfle yn y Cynadleddau hyn i gyfarfod a thrafod amryw agweddau o'n cyfrifoldebau gyda'n cyd-weithwyr.

Pleser bob amser oedd cymdeithasu gyda'n cyd-Geltiaid neu'r *'Celtic fringe'* fel y'n galwyd gan y Saeson. Mae hiwmor y Celt yn wahanol i'r Sais ac roedd gwrando ar rai ohonynt yn adrodd stori yn donic. Er bod acen ambell un yn anodd ei deall ar brydiau, yn enwedig pan oedd Jimmy Hodge, Ysgrifennydd Cenedlaethol Yr Alban, yn parablu mor gyflym!

Roedd mynychu'r cynadleddau hyn yn fuddiol am resymau eraill hefyd. Un o'r pinaclau oedd gwrando ar siaradwyr gwadd a hwythau, fel rheol, yn dod o wledydd roedd Cymorth Cristnogol yn eu cynorthwyo. Byddai clywed am eu hamgylchiadau a'u rhaglenni datblygu yn fodd i fwydo staff y maes gyda gwybodaeth am eu prosiectau a'n galluogi i gyflwyno'r cyfryw i'n cefnogwyr lleol.

Ymhlith rhai o'r anerchiadau a adawodd argraff arnaf roedd anerchiad y Parchg. Ddr. Philip Potter, Ysgrifennydd Cyngor Eglwysi'r Byd, yn traethu am weithgaredd y Cyngor a'i freuddwydion o blaid y teulu dynol. Siaradwr arall a'm swynodd mewn cynhadledd, a'i arddull yn wahanol ac eto ei neges yn gadarn a llawn argyhoeddiad, oedd Esgob Lerpwl, y Gwir Barchg. David Shephard, wrth iddo bwysleisio yn un o'i anerchiadau fod Duw'r Beibl o hyd o blaid y tlawd a'r diymgeledd.

Nid gwrando ar eraill yn unig a wnaed mewn cynhadledd gan fod seminarau a grwpiau hefyd yn rhan bwysig o'r gweithgaredd. Yn y sesiynau hyn caem gyfle i rannu syniadau am wahanol ddulliau o gynnal cyfarfodydd, megis defnyddio gemau chwarae rôl i gyfleu neges a sefyllfa ein partneriaid. Cafwyd awgrymiadau hefyd ar ein cyfer ni fel Ysgrifenyddion Rhanbarth am ddulliau gwahanol o ennyn trafodaeth drwy ffurfio grwpiau i ysgogi pobol i feddwl mewn cyfarfodydd.

Byddai cyfle yn ogystal, yn un sesiwn o leiaf o'r gynhadledd, i drafod polisïau neu ryw fater oedd yn y newyddion a sut byddem yn ymateb i'r amgylchiad dan sylw. Roedd llawer o ddadlau ar rai o'r pynciau gydag ambell un yn fwy huawdl na'i gilydd! Er y gwahaniaethau barn ymhlith rhai byddai'r sesiynau mewnol hyn yn eitha' buddiol ac yn gorffen ar nodyn fyddai'n clymu pawb gyda'r un dyhead – cydweithio er lles eraill oddi mewn i fudiad â'i amcanion wedi eu gwreiddio'n gadarn o blaid cyfiawnder a hawliau dynol i gyd-ddyn.

Fel rheol byddem yn dod o'r cynadleddau gyda sialens newydd, ac wedi'n harfogi o'r newydd i barhau i geisio defnyddio ein hamrywiol ddoniau a'n dulliau i gyfathrebu'r neges o blaid y diymgeledd a'r difreintiedig.

I mi fel Cymro Cymraeg teimlwn yn debyg i fel y byddwn yn teimlo ar ôl bod yn yr Eisteddfod Genedlaethol am wythnos, a minnau bryd hynny wedi cael chwistrelliad o Gymreictod. Yn yr un modd, wrth ddod o gynhadledd, roeddwn wedi cael chwistrelliad o bwysigrwydd hawliau dynol i'w rannu gydag eraill.

Ffurfio a Ffyniant Yr Wythnos

*P*AN GYFEIRIA AELOD o staff Cymorth Cristnogol at 'Yr Wythnos' dim ond un peth a olyga – y saith niwrnod a neilltuir yn ail wythnos mis Mai bob blwyddyn ym Mhrydain ac Iwerddon i godi arian o blaid y tlawd. Y pryd hynny gwahoddir y cyhoedd, drwy'r pwyllgorau lleol, i gynnal amrywiol weithgareddau i gefnogi angen mawr y gwledydd difreintiedig. Yn ogystal â chasglu o ddrws i ddrws mae hefyd yn gyfle i addysgu'r cyhoedd am anghenion y gwledydd datblygol.

Oherwydd amgylchiadau tlawd mwyafrif eu poblogaeth ni chânt yr un cyfle a'r un cyfleusterau ag y mae gwledydd cyfoethocaf y byd yn eu mwynhau, gyda chanlyniadau ac effeithiau sy'n treiddio i bob rhan o fywyd trigolion eu gwledydd.

At ei gilydd cynorthwyo'r gwledydd datblygol a wna Cymorth Cristnogol, ac y mae gwreiddiau'r Wythnos yn rhan o hanes eglwysi Prydain ac Iwerddon ers canol yr ugeinfed ganrif wrth iddynt geisio cyflawni hyn.

Yn 1945, pan ffurfiwyd yr elusen Ailadeiladu Cristnogol yn Ewrop, pwysleisiwyd nad cenhadu ac efengylu oedd y bwriad ond, yn hytrach, ceisio goresgyn beichiau dioddefwyr oherwydd y rhyfel, beth bynnag oedd eu daliadau crefyddol neu ddim. Parhawyd gyda'r un egwyddorion a bwriadau ar hyd y blynyddoedd.

Gyda'r Adran yn rhan o Gyngor Eglwysi Prydain trefnwyd bod yr eglwysi a berthynai i'r Cyngor yn cynnal casgliadau yn ystod un wythnos ym mis Mai. Cafwyd ymateb hynod o anrhydeddus i'r Wythnos gyntaf honno yn 1957 a chytunwyd i gynnal Wythnos debyg y flwyddyn ganlynol, a dyna sydd wedi digwydd yn ddi-dor bob mis Mai ar hyd y blynyddoedd.

Calonogwyd arweinwyr yr enwadau a'r pwyllgor canolog yn Llundain yn fawr gan yr ymateb i'r Wythnos pan wnaed apeliadau arbennig tuag at nifer o wahanol drychinebau. Er bod nifer o arweinwyr y pwyllgor canolog yn llawn brwdfrydedd ynglŷn â'r holl weithgareddau roedd cyfraniad un person yn allweddol a dylanwadol.

Yn 1952, pan benodwyd Miss Janet Lacey yn Llywydd Cyngor Eglwysi Prydain, gwelwyd yn fuan ei bod yn meddu ar rinweddau a doniau nodedig. Yna, pan benderfynwyd penodi Cyfarwyddwr i'r elusen, gwelwyd bod ganddi'r cymwysterau angenrheidiol ar gyfer y swydd ac fe'i cyfrifwyd yn berson hynod deilwng, gyda'i hegni a'i brwdfrydedd, i fod yn Gyfarwyddwr cyntaf yr elusen yn 1968.

Ni fedrir sôn am gyfnod cychwyn Wythnos Cymorth Cristnogol a hanes gwreiddiau'r elusen heb bwysleisio cyfraniad unigryw Janet Lacey. Fe'i disgrifiwyd gan nifer fel 'mam' Wythnos Cymorth Cristnogol. Mae'n debyg bod ei daliadau yn rhy radical i nifer o weinidogion ac offeiriad ond ni fu eu barn hwy amdani yn rhwystr iddi roi arweiniad yn unol â'i gweledigaeth, wrth iddi gyflwyno ei syniadau i geisio diddymu tlodi ar draws y byd yn y pumdegau ac ymlaen i chwe degau'r ganrif.

Mewn byr amser dechreuwyd edrych y tu hwnt i gyfandir Ewrop wrth ymestyn tuag at gynlluniau datblygu mewn gwledydd oedd newydd ennill eu hannibyniaeth, megis ar gyfandiroedd

Affrica ac Asia. Yn ogystal, ceisiwyd ymateb i argyfyngau brys ar lefel byd-eang.

Wrth ymestyn ei gorwelion bu'r elusen yn gyfrifol, mewn cydweithrediad ag asiantaethau eraill, am sefydlu'r *VSO (Voluntary Overseas Service)*, Gwasanaeth Gwirfoddol Tramor, mudiad oedd yn trefnu danfon gwirfoddolwyr ifainc gyda sgiliau arbennig i weithio am gyfnod mewn gwlad ddatblygol.

Gwnaed yn siŵr hefyd fod y cyhoedd yn gwybod am y problemau difrifol oedd yn parhau mewn cymaint o wledydd, o ganlyniad i'r Ail Ryfel Byd, trwy drefnu casgliad arbennig yn flynyddol ym mis Mai.

Roedd yn bwysig bod Yr Wythnos yn cael cyhoeddusrwydd mor eang â phosib. Dyna oedd tu ôl i'r hyn a wnaed tu allan i eglwys St. Martin in the Fields yn Llundain adeg cynnal Yr Wythnos gyntaf yn 1957 pan adeiladwyd *replica* o wersyll ffoaduriaid a'i arddangos; daeth 5,000 o ymwelwyr yno i'w weld.

Oddi ar yr wythnos honno mae amlenni Cymorth Cristnogol wedi eu dosbarthu yn ddi-dor bob blwyddyn i gannoedd ar filoedd o gartrefi ledled Prydain ac Iwerddon.

Mae i'r mudiad hanes cyffrous, gyda'i seiliau ar ddysgeidiaeth Iesu o Nasareth drwy roi anghenion eraill o flaen dymuniadau'r hunan. Un o'i egwyddorion gweithredol o'r dechrau oedd cefnogi unrhyw un mewn angen, boed yn Gristion ai peidio, yn arddel unrhyw grefydd neu ddim, gan gynorthwyo'r cyfryw heb ddisgwyl dim yn ôl.

Ar hyd y blynyddoedd parhawyd gyda'r un egwyddor gan ymddiried y cyfrifoldeb o weithredu'r amrywiol raglenni datblygu a gefnogid i'r arweinwyr a'r brodorion lleol eu hunain, gan mai hwy a wyddai orau yr hyn yr oedd arnynt ei angen.

Drwy'r gefnogaeth a roddwyd, a thrwy'r gweithgareddau a gyflawnwyd gan y bobl eu hunain yn eu gwledydd eu hunain, ehangwyd gorwelion eu bywydau a'u galluogi i ddatblygu eu doniau cynhenid gan roi iddynt y cyfle i feithrin talentau trigolion eu cymunedau.

Yn ogystal â threfnu casgliadau adeg Yr Wythnos neilltuwyd ambell i flwyddyn ar gyfer apeliadau arbennig. Dyna ddigwyddodd, er enghraifft, yn 1959. Galwodd y Cenhedloedd Unedig ar yr elusennau dyngarol tramor i'w neilltuo fel Blwyddyn Ffoaduriaid Byd-eang er mwyn casglu symiau sylweddol i gynorthwyo ffoaduriaid Arabaidd o Balesteina ac ar gyfer Tsieineaid yn Hong Kong yn ogystal â chefnogi ffoaduriaid Ewrop.

Roedd neilltuo blwyddyn ar gyfer achos penodol o'r pwys mwya', gan ganolbwyntio ar anghenion un dosbarth o ddioddefwyr, er i rai gredu, ar gam, y byddai casglu tuag atynt am flwyddyn yn ddigon i ateb eu trafferthion yn derfynol.

Cafwyd gwasanaeth gwirfoddol gan rai o enwogion y byd radio a theledu. Yn eu plith Cliff Michelmore, a roddodd o'i amser a'i ddoniau er budd yr achos. Mae'n debyg, wedi iddo ddarlledu rhaglen un tro, ei fod yn cerdded ar hyd un o strydoedd Llundain ac fe ddywedwyd wrtho, *"Isn't it marvellous Mr Michelmore; in another three to four weeks we shall be finished with refugees!"* Roedd hynny'n berygl o hyd gydag apeliadau arbennig – meddwl y medrid eu datrys mewn un apêl!

Nid trwy neilltuo un flwyddyn yn unig yr oedd ceisio goresgyn treialon ffoaduriaid, sicrhau lloches barhaol iddynt a'u hail-gartrefu mewn gwlad oedd yn barod i'w derbyn lle byddent yn ddedwydd. Fel y tlodion, byddai eu problemau a'u pryderon yn parhau, gwaetha'r modd, am genedlaethau.

Dros y blynyddoedd neilltuwyd aml i flwyddyn gan y Cenhedloedd Unedig ar gyfer amgylchiadau gwahanol fathau o ddioddefwyr, megis Blwyddyn y Plentyn a Blwyddyn yr Ifanc. Yn naturiol byddai Cymorth Cristnogol a mudiadau dyngarol tramor eraill yn eu cefnogi drwy ganolbwyntio eu rhaglenni ar yr achos penodol.

Ymhlith y casgliadau a neilltuwyd gan y Cenhedloedd Unedig ar adegau penodol mae Blwyddyn y Plentyn yn 1979 yn sefyll allan. Y flwyddyn honno trefnodd OXFAM a UNICEF ym Mhrydain gydweithio â'i gilydd trwy gynnal amryw weithgareddau, a gwahoddodd eu swyddogion yng Nghymru Gymorth Cristnogol Cymru i ymuno fel bod y tri mudiad yn cydweithio am flwyddyn i godi arian tuag at brosiectau ar gyfer plant. Gan nad oedd apêl enwadol yng Nghymru y flwyddyn honno ymunwyd â'r ddau fudiad arall, wedi inni ymgynghori gyda'r Cyfarwyddwr a'n prif swyddogion yn Llundain.

Trafododd cynrychiolwyr y tri mudiad eu cynlluniau ar gyfer y dasg yng Nghymru a chytunwyd y byddem yn rhannu'r cyfanswm a gasglwyd rhwng y tri mudiad gan osod £50,000 yn nod. Cynhyrchwyd stribed-ffilm, "Y Plentyn yn ein plith," gyda sylwebaeth yn y Gymraeg a'r Saesneg, a'i dangos mewn ysgolion, clybiau ac aelwydydd yr Urdd er mwyn cyflwyno'r angen am gefnogaeth yn ogystal ag addysgu am amgylchiadau plant yn y gwledydd datblygol.

Yn wahanol i rai elusennau dyngarol tramor nid yw'n bolisi gan Gymorth Cristnogol i gefnogi rhaglenni ar gyfer mabwysiadu plant yn benodol, a defnyddiwyd yr achlysur i gyhoeddi taflen, "All our To-morrows," gyda chyfieithiad Cymraeg, "Ein holl yfory," yn disgrifio rhai o'r rhaglenni a gefnogem a fyddai o fantais i blant, ac yn cynnwys hefyd ysgrif gan y Cyfarwyddwr, "Pam nad yw Cymorth Cristnogol yn cefnogi cynlluniau mabwysiadu plant?"

Wrth i'r flwyddyn fynd yn ei blaen cynyddodd y gweithgareddau a derbyniwyd cyfraniadau oddi wrth nifer o gynghorau dosbarth a threfnwyd ein bod yn clustnodi cyfraniadau tuag at raglen iechyd ar gyfer plant yn Lesotho. Cafwyd ymateb gan gynhyrchwyr y rhaglen blant, *Bilidowcar* (BBC Cymru), gan iddynt drefnu cystadleuaeth i gynllunio cerdyn Nadolig ar y thema, gyda'r cerdyn buddugol yn cael ei gynhyrchu a'i werthu er budd plant yn Lesotho.

Pan ddaeth y casgliadau olaf i mewn roedd y nod nid yn unig wedi ei gyrraedd ond derbyniwyd £20,000 yn fwy na'r disgwyl, ac felly rhannwyd y swm o £70,000 rhwng y tri mudiad a fu'n cydweithio yng Nghymru. Cafwyd ymateb syfrdanol a gwerthfawrogwyd haelioni pawb a roddodd gefnogaeth mor anrhydeddus.

Er cyn bwysiced oedd cynnal apeliadau poblogaidd yn achlysurol, ac er eu llwyddiant, cyfraniadau cyson a rheolaidd yn y pendraw oedd y dull gorau o gynorthwyo'r anghenus. O leiaf dyna bolisi Cymorth Cristnogol ar hyd y blynyddoedd a dyna pam bod Yr Wythnos mor bwysig ar galendr gweithgareddau'r mudiad.

I Gymorth Cristnogol, Yr Wythnos oedd ffocws y gweithgareddau, ac y mae'n dal i fod felly oddi ar Yr Wythnos gyntaf trwy weithgarwch egnïol nifer o bobol, yn enwedig arweiniad y ddau o Flaendulais, Erastus a Lun. Buont yn arloeswyr brwdfrydig gan ennill cefnogaeth cydweithwyr yn eu hardal a thu hwnt i hyrwyddo'r gweithgareddau.

Trwy eu dycnwch hwy ym Mlaendulais a'u cymdogion yn ardaloedd Cwm Nedd, ynghyd â chydweithwyr megis Huw Wynne Griffith yn Aberystwyth ac eraill mewn llawer ardal, lledaenwyd cyhoeddusrwydd am weithgareddau'r Wythnos.

Yn 1962, y flwyddyn y penodwyd Dewi yn Ysgrifennydd Cenedlaethol, cynhaliwyd gweithgareddau mewn saith deg o fannau yng Nghymru a chasglwyd £7,000 yn ystod Yr Wythnos. Bu llwyddiant cynnal Wythnos Cymorth Cristnogol bob mis Mai am saith mlynedd yn rheswm digonol dros ddefnyddio'r achlysur i fod yn enw i'r elusen.

Ar 22 Ebrill 1964 mewn cyfarfod o Gyngor Eglwysi Prydain penderfynwyd y byddai'r elusen o'r dyddiad hwnnw ymlaen yn cael ei galw yn '**Cymorth Cristnogol**.' Mae'r enw wedi goroesi, gyda'r un cymhellion a'r un egwyddorion a fu'n gyfrifol am ei ffurfio yn y lle cyntaf yn dal yn weithredol.

O'r hyn a gychwynnodd yn 1945 hyd at gynnal Wythnos Cymorth Cristnogol am y tro cyntaf yn 1957 ehangodd ei gorwelion gan ymestyn ei chefnogaeth i sawl cyfandir. Yn ogystal â chael enw newydd lluniwyd logo hefyd a'i alw'n *'slim jim.'*

Drwy'r cyfnod dechreuol hwn yn ei hanes cefnogwyd unrhyw un mewn angen, a hynny heb ofyn cwestiynau am eu cred na'u daliadau personol. Yr hyn oedd ac sy'n parhau i fod yn allweddol yw angen unigolion a chymunedau. Nid slogan slic mo "Cymorth cyn credo" ond sail gweithgarwch yr elusen, a bu'r tri gair yn fodd i egluro'n fynych i bobol nad oedd ffiniau i'r gwasanaeth y ceisiai ei gyflawni.

Yn adroddiad blynyddol y flwyddyn pan roddwyd y teitl newydd i'r elusen dywedodd y Cyfarwyddwr, Janet Lacey, fod llawer yn credu bod yr enw 'Cristnogol' yn y teitl yn medru bod yn rhwystr i gael cydnabyddiaeth a chyhoeddusrwydd. Ei hymateb hi oedd dweud, "Mae'n rhyfedd fod pobol tu fewn a thu allan i'r eglwysi yn cydnabod bod Iesu o Nasareth yn un a ddangosai tosturi ond beirniedir yr eglwysi am beidio cyflawni gweithgareddau cymdeithasol, a phan fyddant yn gwneud hynny cânt eu cyhuddo o ymyrryd mewn materion nad yw'n rhan o waith yr eglwysi."

Pwysleisiai Janet Lacey fod y teitl 'Cymorth Cristnogol' yn addas i'r gwaith y ceisid ei gyflawni gan fod iddo elfen, hefyd, o her i aelodau'r eglwysi i ymdrechu i weithredu galwadau sylfaenydd eu ffydd, gan fod y Gŵr o Galilea yn disgwyl i'w ddilynwyr, fel yntau, i ddangos consyrn tosturiol tuag at bobol, pwy bynnag ydynt.

Gydag anogaeth ac argyhoeddiad y Cyfarwyddwr ehangwyd llawer gwedd ar orwelion yr elusen ac o dan faner yr enw newydd, ac yn y flwyddyn y mabwysiadwyd yr enw 'Cymorth Cristnogol,' cynhaliwyd gweithgareddau'r Wythnos mewn 1,530 o fannau – yn cynnwys 140 yn Yr Alban, 51 yn Iwerddon a 104 yng Nghymru, a'r gweddill yn Lloegr. Roedd ymateb y cyhoedd drwy weithgareddau aelodau'r eglwysi ar gynnydd, a gwelwyd cynnydd yn yr incwm blynyddol, ac erbyn diwedd y degawd cyntaf roedd wedi cyrraedd y swm rhyfeddol o £2.5 miliwn.

Daeth yr enw yn rhan o eirfa'r eglwysi o bob enwad gyda'r Wythnos yn ennill ei lle yng nghalendr gweithgareddau'r enwadau a'i chynnwys hyd yn oed mewn rhai dyddiaduron seciwlar a gyhoeddwyd yng Nghymru. Ynghyd â llwyddo i dynnu sylw at yr elusen datblygodd Yr Wythnos i fod hefyd yn asgwrn cefn y gweithgarwch, gyda'r rhan fwyaf o'r incwm blynyddol yn dod o gasgliadau a gweithgareddau Yr Wythnos ym mis Mai.

Ar hyd y blynyddoedd bu'n arferol i fudiad y Groes Goch gynnal casgliad cenedlaethol yn ystod wythnos gyntaf mis Mai. Bu arweinwyr y ddau fudiad yn trafod â'i gilydd ynglŷn â hyn a chytunwyd ar ddyddiadau gwahanol fel na fyddai'r naill yn milwrio yn erbyn y llall. Byddai'r wythnos gyntaf o fis Mai bob blwyddyn i'w neilltuo ar gyfer casgliadau'r Groes Goch a'r ail wythnos lawn o'r mis ar gyfer Wythnos Cymorth Cristnogol a bu'n drefniant llwyddiannus ar hyd y blynyddoedd. Ceir nifer o'r un bobol yn gasglyddion gwirfoddol i'r ddau fudiad.

Rhoddwyd sylw arbennig i'r Wythnos wrth ddathlu ambell bennod yn ei hanes. Ar ddechrau'r unfed flwyddyn ar hugain o gynnal Yr Wythnos trefnwyd gorymdaith fawr yn Llundain ac yma, yng Nghymru, cafwyd gorymdaith drwy ganol dinas Caerdydd gan aros am gyfnod byr i gynnal myfyrdodau mewn pedwar adeilad Cristnogol yng nghanol y ddinas.

Y flwyddyn ganlynol daeth y Cyfarwyddwr, Y Parchg. Ddr. Kenneth Slack, i Gaerdydd i fod yn rhan o orymdaith debyg a thraddododd anerchiad yng nghapel y Tabernacl. Daeth tyrfa gref ynghyd i gerdded y strydoedd gyda Seindorf Byddin yr Iachawdwriaeth yn ei harwain.

Bu gorymdeithiau tebyg hefyd mewn mannau eraill yng Nghymru a thrwy'r cyhoeddusrwydd a gafwyd llwyddwyd i atgoffa'r cyhoedd am yr angen i bawb ehangu eu gorwelion – trigolion y gwledydd cyfoethog ynghyd â'r tlodion – i'w galluogi i fyw bywydau tecach a mwy diogel.

Nid yn unig daeth Cymorth Cristnogol yn enw cyfarwydd i filoedd ar hyd a lled Prydain ac Iwerddon drwy weithgareddau'r Wythnos ond hefyd bu'n fodd i dynnu'r enwadau a'r eglwysi lleol yn agosach at ei gilydd ac mewn nifer o gylchoedd bu'n gyfrwng i sefydlu Cyngor Eglwysi ac i ymestyn gorwelion ecwmeniaeth. Nid dyna oedd y bwriad gwreiddiol, wrth gwrs, gan mai'r amcan o'r cychwyn cyntaf oedd casglu arian a chodi ymwybyddiaeth o gyflwr tlodion y byd ymhlith aelodau'r eglwysi a'r cyhoedd yn gyffredinol. Yr un yw'r diben heddiw, fel cynt, wrth wahodd y cyhoedd i gyfrannu tuag at yr anghenus yn y gwledydd tlawd.

Gwirfoddolwyr o blith aelodau'r eglwysi fyddai'n ymgymryd â'r gwaith o ymweld â miliynau o gartrefi ledled Prydain ac Iwerddon, felly yma yng Nghymru. Sylweddolwyd yn fuan nad tasg rwydd oedd mynd ati i gasglu o dŷ i dŷ, wrth wynebu pob math o ymatebion ar stepen drws! Fe allai fod yn waith peryglus hefyd, fel y digwyddodd unwaith i un wraig tra'n casglu yn y Rhondda. Bu'r druan yn anffodus. Ymosodwyd arni gan gi a bu'n rhaid iddi gael triniaeth y noson honno, ond da dweud iddi ddod dros yr anffawd ymhen rhai wythnosau.

At ei gilydd roedd y mwyafrif o bobol yn barod i gyfrannu, er bod ambell un naill ai yn gwrthod rhoi cyfraniad neu'n codi cwestiynau, yn amau bod yr arian a gasglwyd yn cael ei ddefnyddio i'r diben iawn ac, ar brydiau, ddim yn cyrraedd y bobol mewn angen. Paratowyd taflenni i helpu'r casglyddion i oleuo unrhyw un a godai amheuaeth, ac roeddent bob amser yn ceisio argyhoeddi pobol bod yr hyn a gasglwyd yn cael ei wario ar gyfer gwella ansawdd bywyd y tlodion.

Dyna pam roedd llythyrau a dderbyniwyd oddi wrth dderbynwyr yr arian yn galondid ac yn gadarnhad bod y defnydd gorau yn cael ei wneud o grantiau Cymorth Cristnogol. O bryd i'w gilydd roedd yn werth i'r cyhoedd weld cynnwys ambell lythyr a dyna pam yr ymddangosodd rhai yn y wasg.

Cyhoeddwyd un o'r llythyrau hyn rai dyddiau cyn Yr Wythnos ym Mai 1976. Fe'i danfonwyd gan y Canon Subir Biswas, Cadeirydd Gwasanaeth Cymorth Eglwys Gadeiriol Sant Paul, Calcutta. Roedd y llythyr yn mynegi ei werthfawrogiad o haelioni pobol Prydain gan ddweud iddo dderbyn llawer o help oddi ar argyfwng Bangladesh yn 1971, a bellach tuag at yr ymdrechion yn slymiau Calcutta. Medrai dystio'n gadarnhaol fod pob cais i Gymorth Cristnogol wedi ystyried ffactorau hanesyddol a diwylliannol ac wedi cael y rhyddid i ddefnyddio'r arian a dderbyniwyd yn y modd mwyaf effeithiol.

Roedd Subir Biswas yn argyhoeddedig bod arian yn gymorth, tra bod y penderfyniad ar y dull gorau o'i ddefnyddio yn eiddo'r trigolion lleol. "Gall partneriaeth gyda dioddefwyr tlodi roi cyfeiriad ac ansawdd i'r gwasanaeth a roddir, gan roi llais i'r di-lais mewn amgylchiadau anodd," meddai. Roedd derbyn llythyrau oddi wrth bobol fel Subir Biswas yn cadarnhau bod casglu arian tuag at raglenni datblygu yn werth chweil a buddiol, a'i fod yn codi gobeithion y tlodion ac yn ehangu eu gorwelion.

Bu cyfraniad Subir Biswas ei hun yn nodedig. Trefnodd fod lorïau yn cludo nwyddau a bwydydd o Calcutta i Bangladesh ar ddechrau'r saithdegau pan roedd y wlad honno yn dioddef o effeithiau'r rhyfel cartref.

Gan ei fod yn ganon yn Eglwys Gadeiriol Calcutta cynlluniodd boster a'i osod yng nghyntedd y gadeirlan mewn man y byddai pob addolwr yn ei weld wrth adael yr adeilad. Arno roedd y geiriau hyn, Buoch yn addoli, ac mewn perthynas â'ch Tad nefol; ewch allan yn awr i gynorthwyo eraill, byddwch yn weision, megis y bu Iesu, "Canys mab y Dyn a ddaeth, nid i'w wasanaethu, ond i wasanaethu."

Gyda phartneriaid fel Canon Biswas mewn llawer gwlad roedd Cymorth Cristnogol yn gwybod bod y grantiau a roddwyd tuag at yr amrywiol raglenni datblygu a thuag at argyfyngau brys yn cael eu defnyddio i'r diben cywir a'r gwerthfawrogiad am bob cefnogaeth yn dra derbyniol i'w dderbyn a'i rannu gyda'r cyhoedd.

Ond daeth llythyr o wedd wahanol i lygaid y cyhoedd rai dyddiau cyn Yr Wythnos yn 1983 pan ymddangosodd llythyr yn y *South Wales Echo*, gyda chyhuddiadau annheg ac anghywir, yn dweud mai elusen wleidyddol oedd Cymorth Cristnogol a'i fod yn fudiad Marcsaidd. Mawr oedd pryder llawer o gasglyddion o ddarllen y fath ensyniadau.

Cysylltais â'n Cyfarwyddwr am hyn a da oedd darllen ei lythyr rhagorol o ateb a gyhoeddwyd yn yr *Echo* rai dyddiau'n ddiweddarach. Ymddangosodd llythyr hefyd gan ein Trysorydd, Mr Lyn Howell. Drwy'r ddau lythyr llwyddwyd i dawelu'r ymosodwr drygionus.

Eithriad oedd y llythyr hwn a, hefyd, amheuon rhai pobol am ein dulliau o weithredu. At ei gilydd cefnogaeth a gafwyd gan y cyhoedd yn gyffredinol, a thrwy frwdfrydedd cefnogwyr lleol llwyddwyd i oresgyn unrhyw amheuaeth o'n cymhellion.

Bu Cymorth Cristnogol o'r cychwyn cyntaf yn ddyledus i drefnyddion lleol am eu hymroad diflino gan fod llwyddiant y gwaith yn dibynnu arnynt. Un o'u tasgau fyddai sicrhau casglyddion gwirfoddol i fynd o gwmpas ym mhob cwr o'r wlad a chynnal amryw o weithgareddau i godi arian adeg Yr Wythnos yn eu cylchoedd.

Pan ddechreuodd gweithgareddau'r Wythnos yn 1957 cychwynnodd fel mesen a thyfodd yn goeden anferth â'i gwreiddiau erbyn hyn yn ddwfn ym mywyd yr eglwysi, gyda'r goeden ei hun wedi ffrwythloni i fwydo a chysgodi'r anghenus, gyda'i blodau yn prydferthu bywydau miliynau. Drwy'r casgliadau a'r gweithgareddau codi arian adeg Yr Wythnos daeth y cyhoedd i wybod am yr anghenus ac am y modd y gweithredai Cymorth Cristnogol.

Yn ogystal â chasglu oddi wrth y cyhoedd, cynnal gweithgareddau, noddi a chynhyrchu defnyddiau addysgiadol i ysgolion a threfnu oedfaon i'r oedolion, byddai deunydd ar gael i'w arddangos. Gosodwyd placardiau enfawr hefyd ym mhrif ddinasoedd a threfi Cymru, a'r cyfan er mwyn hysbysebu'r cyhoedd am bwysigrwydd Yr Wythnos.

Byddai'r Ysgrifenyddion Rhanbarth hefyd yn cysylltu gyda llyfrgellydd sirol eu cylchoedd i ofyn am ganiatâd i osod arddangosfa mewn nifer o lyfrgelloedd lleol – hyn eto yn wedd addysgol a hefyd yn fodd i hysbysu pobol am angen cyd-ddyn a'r gwahoddiad i gefnogi'r casgliadau fyddai'n digwydd yn ystod Yr Wythnos. Bu ymateb y llyfrgellwyr yn galonogol ac mewn rhai mannau fe adawyd yr arddangosfa yn ei lle am rai wythnosau wedi dyddiad Yr Wythnos.

Un o sgîl ddylanwadau gweithgareddau'r Wythnos oedd gwneud i bobol feddwl a'u cymell i helpu'r anghenus. Mewn canlyniad i'r wybodaeth a'r cyhoeddusrwydd a roddwyd dros y blynyddoedd derbyniwyd rhoddion haelionus oddi wrth unigolion o bob cwr o'r wlad. Ambell un yn anarferol.

Cefais alwad ffôn un diwrnod yn dweud bod person a fu'n byw yn Nhrelái, Caerdydd, wedi marw; hithau heb berthnasau agos ac wedi dweud yn ei hewyllys fod ocsiwn i'w chynnal o'i chelfi a'r elw i'w gyflwyno i Gymorth Cristnogol. Dro arall, yn hytrach na derbyn rhoddion adeg eu priodas, trefnodd y pâr a briodwyd nad oeddent yn dymuno rhoddion ond gwahoddwyd pawb a fwriadai roi rhodd i gyfrannu'r un gwerth tuag at Gymorth Cristnogol!

Derbyniwyd nifer o gyfraniadau oddi wrth wŷr a gwragedd a oedd yn dathlu rhyw gyfnod penodol o'u bywyd priodasol ac yn dymuno cefnogi Cymorth Cristnogol yn hytrach na derbyn rhoddion ar y fath achlysuron. Er ychydig yw'r enghreifftiau hyn roeddent yn unigolion cefnogol ac yn meddwl am yr anghenus yn fwy na hwy eu hunain adeg eu dathliadau!

Ar y llaw arall doedd dim rhaid bod yn gefnog i gynorthwyo cyd-ddyn. Am ryw bymtheng mlynedd deuai archeb bost gwerth £2.50 i'n swyddfa yng Nghaerdydd bob bore Llun. Dyna'n unig oedd yn yr amlen a doedd dim modd cydnabod y rhodd am nad oedd gennym enw na chyfeiriad, ond fe'i postiwyd yng Nghaerdydd (dyna farc post yr amlen). Roedd yn amlwg na ddymunai'r person dderbyn cydnabyddiaeth.

Yna daeth stop ar dderbyn y cyfraniad. Ymhen rhai misoedd daeth ymwelydd i'r swyddfa a chafwyd esboniad. Chwaer y person a ddanfonai'r archeb bost ydoedd, a dywedodd wrthym mai ei chwaer, a fu farw'n ddiweddar, oedd yr un a ddanfonai'r rhodd bob wythnos wrth iddi gasglu ei phensiwn o'r Swyddfa Bost.

Datgelwyd y dirgelwch am yr archeb bost wythnosol i Beryl a minnau yn y swyddfa a'r ddau ohonom yn edmygu haelioni gwraig oedrannus ar ei phensiwn yn rhannu ei heiddo prin â'r gwan bob wythnos. Yna estynnodd yr ymwelydd amlen ag ynddi £200, sef 25% o ystâd ei chwaer a oedd, yn ôl ei hewyllys, i'w roi tuag at waith Cymorth Cristnogol. Nid digon iddi oedd rhoi yn ystod blynyddoedd olaf ei bywyd ond hefyd dymunai rannu ychydig o'i heiddo ar derfyn ei hoes.

Gwerthfawrogwyd hefyd bob cyfraniad achlysurol trwy ddathliadau a digwyddiadau arbennig ond angen Cymorth Cristnogol, fel pob elusen arall, oedd cyfranwyr cyson a rheolaidd.

Dyna mewn gwirionedd oedd tu ôl i'r ymgyrchoedd a drefnwyd o bryd i'w gilydd i annog unigolion i gyfrannu'n fisol drwy gyfamodi. Byddai Cymorth Cristnogol, fel elusennau eraill, nid yn unig yn derbyn cyfraniad cyson yr unigolyn ond, o lenwi'r ffurflen briodol, deuai swm ychwanegol drwy bolisi'r llywodraeth i berson oedd yn talu Treth Incwm.

Cyhoeddwyd ffurflenni pwrpasol gan Gymorth Cristnogol ac fel arfer pwyswyd am fersiwn Gymraeg ohonynt. Cytunwyd â'n cais ond i ni sicrhau cyfieithydd. Dyna wnaed ac argraffwyd cyflenwad i'w dosbarthu i bobol fyddai'n debygol o gyfrannu, a'u gosod ar silffoedd ein swyddfeydd ac mewn arddangosfeydd a baratowyd gennym.

Dull arall o sicrhau cyfraniadau sylweddol oedd drwy ewyllysiau. Roedd Cymorth Cristnogol bellach wedi dod yn elusen ddigon adnabyddus a phoblogaidd i bobol gofio'r anghenus wrth wneud eu hewyllys. Dros y blynyddoedd gwelwyd cynnydd yn y nifer a ymatebodd i'r angen a chafwyd cydweithrediad nifer o gyfreithwyr yn y cyfeiriad hwn ac, o bryd i'w gilydd, trefnwyd Apêl Ewyllysiau drwy gyhoeddi taflen a'i danfon at ein cyfranwyr rheolaidd a chefnogwyr a'u gwahodd i ystyried angen tlodion y byd wrth wneud eu hewyllys. Cyhoeddwyd hefyd hysbyseb i'r diben hwn yn y gweisg cenedlaethol.

Yn sicr, cyfrinach llwyddiant Yr Wythnos oedd sefydlu rhwydwaith o bwyllgorau yn nhrefi a phentrefi Cymru, fel yng ngweddill Prydain ac Iwerddon.

Dau o arloeswyr ecwmeniaeth a Chymorth Cristnogol yng Nghymru,
Y Parchgn. Erastus Jones a Huw Wynne Griffith

Syr Ben Bowen Thomas,
Cadeirydd cyntaf Pwyllgor Cenedlaethol Cymorth Cristnogol Cymru (1966 - 1968)

Dr. E. Roderic Bowen C.F.
Cadeirydd Pwyllgor Cenedlaethol Cymorth Cristnogol Cymru (1968 - 1989)

Y Parchg. Dewi Lloyd Lewis
Ysgrifennydd Cenedlaethol Cymorth Cristnogol Cymru (1963 - 1972)

Y Parchg. O. W. Owen
Ysgrifennydd Rhanbarth Gogledd Cymru (1968 - 1982)

Y Parchg. Wynn Vittle
Ysgrifennydd Cenedlaethol Cymorth Cristnogol Cymru (1973 - 1990)

Y Parchg. Meirion Lloyd Davies,
Ysgrifennydd rhan-amser Cyngor Eglwysi Cymru yn y saithdegau cynnar

Y Parchg. O. W. Owen (Ysgrifennydd Rhanbarth) yn derbyn rhodd ar ran Clwb Ieuenctid Presbyteriaid, Dyffryn Conwy tuag at brosiect yn

Gorymdaith i gychwyn Wythnos Cymorth Cristnogol 1978 yng Nghaerdydd gyda'r Cyfarwyddwr, y Parchg. Ddr. Kenneth Slack (ar y chwith) ac Ysgrifennydd Cymru, Mr George Thomas A.S. (tu ôl iddo)

Miss Rhiannon Davies yn cyflwyno cyfraniad pentref Llansannan tuag at apêl "Tractorau" n 1966. Clustnodwyd y rhodd i Sefydliad Amaethyddol Butina, Tansania

Gwragedd egnïol Castell Nedd yn coginio a gweini teisennau cri/ pice ar y maen ('Welsh akes') yn y siop a logwyd ganddynt adeg 'Yr Wythnos'

Cliff Pallister yn eistedd yn y caban a adeiladwyd yn Aberhonddu adeg yr Wythnos i ddynod "tŷ byw" i filoedd o ffoaduriaid

Cabanau i'r digartref ar gyrion Cape Town, De Affrica yn 1983

Seibiant i gerddwyr o Aberhonddu ar eu "Taith Gerdded Nawdd" o 17 milltir dros Fannau Brycheiniog adeg Yr Wythnos

Clinig mewn ardal wledig o Haiti gyda'r pibellau dŵr i gymryd y glaw i'r tanc wrth ei ymyl

Y ddau adeiladodd y tanc dŵr

siau lliwgar Haiti ar gyfer y bobol fedrai fforddio mynd arnynt!

nolfan Feddygol y Methodistiaid mewn ardal dlawd o Port au Prince, prif-ddinas Haiti

Gwragedd yn llafurio'n ddiwyd wrth dorri siwgr yn Trinidad

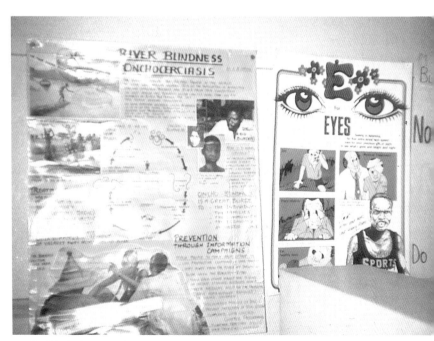

Hyfforddi cleifion am ofal llygaid yn Ysbyty'r Bedyddwyr, Lunsar, Sierra Leone

waith bechgyn ifanc mewn ysgol tu allan i Kingston, Jamaica, rhan o "Rhaglen
yfforddi'r Ifanc" a gefnogwyd gan Gymorth Cristnogol

nolfan fwyd y Cyngor Eglwysi yn Santo Domingo, Gweriniaeth Dominica

Trwy chwys dy wyneb y codir dŵr yn Y Gambia!

Hosteli ar gyrion Durban, De Affrica ar gyfer 23,000 o weithwyr mudol 'migrant workers' (du eu croen) a orfodwyd i dreulio 11 mis o'r flwyddyn yno er mwyn gweithio i gwmnïau masnachol rhyngwladol

Y Pwyllgorau Lleol

UN O DASGAU Ysgrifennydd Rhanbarth fyddai adeiladu perthynas agos gyda'r pwyllgorau lleol. Yn ogystal â chefnogi'r pwyllgorau oedd yn bodoli eisoes byddai hefyd yn ceisio sefydlu mwy o bwyllgorau. Roedd hyn ynddo ei hun yn her am fod llawer ardal yng Nghymru, hyd yn oed yn yr wythdegau, heb bwyllgor lleol. Gwelwyd bod sicrhau rhwydwaith o bwyllgorau yn gaffaeliad ac yn sail gadarn i gyflawni ein hamcanion.

Gwnaed hyn drwy lythyru â phobol allweddol mewn ardal. Ar ôl y llythyru byddai o fantais i ymweld â'r bobol hyn i'w perswadio'n amyneddgar i gynorthwyo trwy ffurfio pwyllgor lleol cyd-enwadol i drefnu gweithgareddau. At ei gilydd roedd y rhan fwyaf yn barod i gefnogi, gyda rhai yn fwy brwd na'i gilydd tra bod ambell un yn gweld rhwystrau. Mae pobol felly ym mhob mudiad!

Mewn ambell ardal lle'r oedd diwinyddiaeth rhai o aelodau'r pwyllgor begynau oddi wrth ei gilydd ni fyddai'r gwahaniaeth hwn yn eu rhwystro rhag uno i gynorthwyo eu cyd-ddyn newynog. Lle'r oedd angen gwelwyd mai hyn oedd eu blaenoriaeth, ac nid eu daliadau diwinyddol ac enwadol, wrth iddynt gydweithio o blaid y difreintiedig.

Gwedd galonogol iawn fyddai'r gynrychiolaeth ar rai pwyllgorau gydag aelod o'r Eglwys Babyddol yn cyd-eistedd gydag aelod o'r Eglwys Apostolaidd neu Bentecostalaidd, ac yng Nghwm

Tawe a rhai cylchoedd yng Ngheredigion byddai'r Undodiaid hefyd yn aelodau brwd o bwyllgorau lleol.

Dros y blynyddoedd gwelwyd cynnydd sylweddol yn nifer y pwyllgorau a sefydlwyd ledled Cymru – mewn trefi a phentrefi o bob maint cafwyd ymateb ffafriol a'r parodrwydd i gydweithio yn ysbrydiaeth. Erbyn dechrau'r wythdegau roedd dros ddau gant o bwyllgorau Cymorth Cristnogol yng Nghymru a'r rheiny i gyd yn groestoriad o bob enwad.

Wrth gael pwyllgor mewn tref neu bentref, gydag ysgrifennydd neu drefnydd i bob un, byddai gan Ysgrifennydd Rhanbarth ddolen gyswllt i dderbyn gohebiaeth ac i bontio rhyngom fel staff a phwyllgor gan adeiladu partneriaeth o gydweithio effeithiol.

Yn bersonol byddwn yn anelu at fynd i gyfarfod o bwyllgor lleol, pe bai'n bosibl, unwaith y flwyddyn gan adael i'r pwyllgor lleol, fel arfer, i estyn gwahoddiad i mi fynd yno i annerch cyfarfod cyhoeddus. Un o fanteision siarad mewn cyfarfod felly oedd cael cwrdd â chynrychiolwyr yr eglwysi a chyflwyno'r wybodaeth ddiweddaraf am ryw sefyllfa a oedd yn y newyddion, neu ambell drychineb oedd newydd ddigwydd.

Os na fyddai rhyw ddigwyddiad pwysig yn galw am sylw byddwn yn egluro sut roedd eu casgliadau adeg Yr Wythnos yn cael eu defnyddio, gyda thrafodaeth a chyfle am gwestiynau yn dilyn fel rheol, gyda chymorth stribed ffilm neu dryloywon.

Mewn trafodaeth byddai rhywun yn fynych yn bresennol a fyddai wedi clywed am sefyllfa dorcalonnus ac yn ymateb trwy ddweud, "Mae'n wael arnyn' nhw ond fedra i ddim gwneud fawr o ddim i'w helpu, dim ond rhyw ddiferyn ar waelod bwced fedra i 'i roi." Byddwn yn ateb drwy ddweud, "Mae pob diferyn yn help ac yn werthfawr."

I gwrdd â'r fath ymatebion ac i ddangos fel y mae cyfraniadau bach yn ddefnyddiol cynhyrchwyd ffilm gan Gymorth Cristnogol o'r enw, *Drops in the Ocean*. Dangosir trafodaeth mewn un olygfa o gyfarfod lleol a sylw yn cael ei wneud, tebyg i'r hyn a glywn mewn aml i gyfarfod. Dyma ddyfyniad o'r ffilm, *"When you say, 'my gift is only a drop in the ocean', remember that the ocean is made up of drops."* Gall rhodd, pa mor fach bynnag y bo, fod yn help i gynorthwyo Cymorth Cristnogol i gefnogi ei phartneriaid ar gyfer rhyw brosiect datblygu. Ceisiwn bob amser galonogi a sicrhau pobol bod eu cyfraniadau, beth bynnag y swm, yn werthfawr.

Roedd mynychu cyfarfodydd lleol yn fodd hefyd i sefydlu perthynas agosach rhyngof a'n cefnogwyr a'r casglyddion ac i fynegi fy niolch iddynt am eu gwaith gwirfoddol o blaid y tlawd.

Adeiladwyd perthynas arall drwy'r pwyllgorau – perthynas agosach rhwng yr enwadau a'i gilydd ar lefel leol. Yn wir gellir dweud bod Cymorth Cristnogol wedi bod yn gyfrwng i sefydlu ecwmeniaeth mewn llawer ardal ac wedi bod yn fodd, yn anuniongyrchol, i ffurfio gweinidogaeth bro mewn rhai cylchoedd.

Prif swyddogaeth a'r prif reswm dros sefydlu'r pwyllgorau lleol oedd cyd-weithio o blaid y difreintiedig trwy drefnu gweithgareddau adeg Yr Wythnos. Ac eto, ymatebodd rhai pwyllgorau'n gadarnhaol i'r anogaeth i gyfarfod yn rheolaidd er mwyn addysgu'r cefnogwyr am amgylchiadau byw trueiniaid y gwledydd datblygol.

Wrth feddwl am y llu o weithgareddau a drefnwyd gan rai pwyllgorau roedd rhai ohonynt, fel pwyllgor Castell Nedd, yn cynnal amrywiol ddigwyddiadau bob dydd yn ystod Yr Wythnos. Ymhlith eu gweithgareddau byddai plant yr ysgolion cynradd yn cael eu noddi un diwrnod i sillafu 50 o eiriau, disgyblion yr ysgolion uwchradd yn trefnu nofio nawdd, oedfa i chwiorydd yr eglwysi un prynhawn, taith gerdded agored ar y Sadwrn, hefyd byddai casgliadau tuniau ar y stryd ac o dŷ i dŷ, gyda chyngerdd ar un noson. Byddai ambell un yn grwgnach bod gormod 'mlaen yr un wythnos! Hwyrach 'i fod e, ond deuai pobol at ei gilydd i gymdeithasu a chodi symiau sylweddol drwy bob gweithgaredd.

Roedd llawer iawn o hyn i'w briodoli i'r arweinwyr lleol. Bu eu cefnogaeth deyrngar ar hyd y blynyddoedd yn allweddol i lwyddiant y gweithgareddau, nid yn unig rhyngddynt ac Ysgrifenyddion Rhanbarth ond, hefyd, medrai arweinydd brwdfrydig drwy bersonoliaeth hawddgar arwain pwyllgor i gynnal nifer o weithgareddau adeg Yr Wythnos.

Cafwyd enghraifft o hyn mewn nifer o fannau. Meddyliaf yn arbennig am arweinydd Castell Nedd ac am gyfraniad nodedig un person, yr annwyl Mrs. May Llewellyn. Bu ei hymroad egniol yn allweddol wrth fesur cyfraniad y dref honno ar hyd y blynyddoedd. Coffa da am ei phersonoliaeth atyniadol a'i brwdfrydedd, gyda'i phriod yn ddiwyd a thawel yn ei chefnogi gyda'i groeso cynnes i'w haelwyd.

Cyfeiria'r Parchg. Erastus Jones at May Llewellyn yn ei lyfr, *Croesi'r Ffiniau*, fel "mam Comiwnyddion De Cymru." Mae'n debyg mai at May byddai amryw'n troi gyda'u problemau personol a theuluol a chael croeso brwd ar ei haelwyd. Bu'n gweithio'n ddyfal gyda'r mudiad menywod byd-eang ac roedd yn dra ffyddlon o blaid heddwch byd.

Wedi i danciau Rwsia fynd i mewn i Hwngari yn 1956, a chwalu gobaith y genedl honno am ryddid newydd, diflannodd hygrededd y Comiwnyddion a'u hawl i alw mudiadau eraill ynghyd. Taflwyd llawer o'u cefnogwyr mwyaf tanbaid i ddryswch ac argyfwng personol. Yn eu plith roedd May ac, yn raddol, trodd hithau yn ôl at yr eglwys y bu gynt yn aelod ffyddlon ohoni. Dychwelodd i eglwys y Bedyddwyr, Orchard Place, Castell Nedd yn un o'r aelodau mwyaf teyrngar a brwd. Pan ddeuthum i'w hadnabod roedd yn byrlymu o blaid achosion o degwch a mudiadau heddwch. Roedd hi a'r egnïol Wendy Richards yn arweinwyr blaenllaw, gydag eraill yn eu cynorthwyo yn trefnu'r gweithgareddau amrywiol a gynhaliwyd yn y dref bob diwrnod o'r Wythnos.

Wrth feddwl amdani a'i chyfraniad diflino o blaid yr anghenus nid symud o un pegwn i'r llall wnaeth May Llewellyn pan adawodd y blaid Gomiwnyddol a dod nôl at Gristnogaeth ac ymaelodi yn eglwys y Bedyddwyr, Orchard Place, ond ceisio a chanfod ffordd o fyw ydoedd gan ufuddhau i foeseg y gorchymyn mawr, "Cerwch eich gilydd fel y cerais i chwi."

Person ysbrydoledig arall a fu'n gaffaeliad i lwyddiant pwyllgor lleol oedd Mrs. Muriel Powell, priod meddyg teulu yn y Garnant, Cwmaman. Cordial i galon oedd ymweld â'i haelwyd ychydig cyn Yr Wythnos wrth iddi sôn am y cynlluniau a'r paratoadau. Roedd yn meddu ar y ddawn honno nid yn unig i weithio ei hunan ond hefyd i gael gweithwyr o'i chwmpas i roi o'u hamser a'u hadnoddau i drefnu amryw weithgareddau gydol Yr Wythnos.

Un o weithgareddau unigryw Yr Wythnos yn y Garnant oedd y caffi. Trodd Muriel Powell hen *surgery* ei phriod (rhan o'i thŷ) yn gaffi am yr wythnos. Byddai'n agor bob dydd, drwy'r dydd, gyda bwydydd ffres o gartrefi pobl yr ardal ar y byrddau. Deuai trigolion y fro yno i fwynhau lluniaeth a chymdeithas, a'r elw i gyd tuag at Gymorth Cristnogol. Dim ond un o nifer o weithgareddau oedd y caffi ond doedd mo'i debyg yn unman, heb sôn am yr arian a dderbyniwyd.

Roedd cael unigolion yn arweinwyr rhagorol mewn llawer ardal a grŵp o wirfoddolwyr eiddgar yn help mawr i lwyddiant pob cylch. Grŵp felly oedd yn Aberystwyth, gyda nifer o fenywod yno yn cynnal siop ail-law. Golygai hyn dipyn o waith ymlaen llaw, fel derbyn y dillad mewn man canolog, ac yna dethol y dillad a fyddai'n addas ac yn ddigon safonol i'w gwerthu. Yna sicrhau gwirfoddolwyr i weithio yn y siop am bythefnos.

Fel rheol, ac o dan ysbrydoliaeth egnïol Mrs. Huw Wynne Griffiths, byddent yn defnyddio un o'r siopau oedd wedi cau a byddai hi yn goruchwylio'r cyfan. Fel ei phriod Wynne, a fu mor flaengar o blaid gweithgareddau Cymorth Cristnogol o'r cychwyn cyntaf, roedd hithau hefyd â'r ddawn i ennill gwirfoddolwyr i'w chefnogi hi a grŵp o ferched brwdfrydig.

Codwyd symiau sylweddol ganddynt bob blwyddyn drwy'r hyn a werthwyd yn y siop a daeth sicrhau siop ar gyfer Cymorth Cristnogol yn achlysur blynyddol, gan ddod â chwiorydd o wahanol eglwysi'r dref i adnabod ei gilydd yn well a chael hwyl a budd wrth werthu'r amrywiol ffasiynau o ddillad er mwyn yr achos. Bu'r arian a dderbyniwyd yn y siop yn Aberystwyth yn gyfraniad sylweddol tuag at chwyddo casgliadau'r pwyllgor lleol ac yn ychwanegiad swmpus tuag at gyfanswm cyfraniadau Ceredigion.

Tref arall yn yr un sir oedd yn gefnogol iawn oedd Llanbedr Pontsteffan. Yma eto roedd arweinyddion penigamp gan fod Mrs. Irene Williams, un o arloeswyr Cymorth Cristnogol yng Nghaerdydd, bellach yn byw yn Llambed ac yn Gadeirydd y pwyllgor a Mrs. Hazel Davies yn Drefnydd brwdfrydig. Rhoddodd y ddwy ohonynt wasanaeth rhagorol trwy eu harweiniad i aelodau eu pwyllgor am gyfnod hir, gan drefnu amryw weithgareddau, nid adeg Yr Wythnos yn unig ond eu gwasgaru ar hyd y flwyddyn.

Wedi i Lyn Howell, ein Trysorydd, lwyddo i gael cyfraniadau Cymru i gyd i ddod i'w swyddfa genedlaethol cadwai gyfrif manwl o'r holl dderbyniadau a'u gosod fesul siroedd wrth baratoi'r cyfrifon. Pan fyddai'n cyhoeddi mantolen flynyddol am y cyfraniadau o Gymru yn ddieithriad sir Aberteifi fyddai ar ben y rhestr ar gyfartaledd cyfraniad y pen yn ôl y boblogaeth! Mae'r diolch pennaf a'r rheswm am gyfraniad Ceredigion yn ddyledus i bwyllgorau diwyd fel y ddau yn Aberystwyth a Llambed ac, wrth gwrs, i'r pentrefi eraill a drefnai wahanol weithgareddau. Gyda gweithwyr a chefnogwyr egnïol ar rai pwyllgorau lleol nid rhyfedd fod Ceredigion ar i fyny gyda chyfanswm mor anrhydeddus!

Yn fynych y Cyngor Eglwysi mewn tref a ffurfiai'r pwyllgor lleol a fyddai'n gyfrifol am drefnu casgliadau a gweithgareddau adeg Yr Wythnos, ond roedd rhai eithriadau, yn enwedig yng nghyfnod y dechreuadau, yn y chwedegau. Mewn rhai ardaloedd lle'r oedd Cyngor yr Eglwysi Rhyddion eisoes wedi ei sefydlu y Cyngor hwnnw fyddai'n gyfrifol am y gweithgareddau.

Enghraifft o hyn oedd gweithgarwch brwdfrydig pentref mwyaf Cymru! Mewn llythyr a ddanfonwyd at Dewi ym mis Mawrth 1969 mae ysgrifennydd Cyngor Eglwysi Rhyddion Rhosllannerchrugog a'r Cylch yn rhestru'r gweithgareddau i'w cynnal drwy'r Wythnos. Mae'r atyniadau yn amrywio o oedfaon ar y Sul cyntaf, i'r ifanc yn 'golchi ceir' un noson, oedfa undebol ar noson arall, dangos ffilm, *The Long March*, o dan nawdd yr ieuenctid, 'taith gerdded' o ugain milltir ar y Sadwrn a chloi'r gweithgareddau ar y nos Sul gyda chyngerdd gysegredig gan Gôr Meibion y Rhos. Dywed hefyd y byddai 50 o aelodau'r eglwysi yn gyfrifol am y casgliad o dŷ i dŷ.

Roedd derbyn llythyron felly yn galonogol, yn enwedig yn y cyfnod cynnar hwnnw a hefyd, ar hyd y blynyddoedd gan fod brwdfrydedd pobol o bob oedran yn eu cylchoedd wrth gynnal eu hamrywiol weithgareddau yn hwb i galon Ysgrifennydd Rhanbarth, yn arbennig i Dewi pan oedd yn ymlafnio yn unigrwydd ei swydd am y blynyddoedd cyntaf.

Tra byddai llawer cylch yn cynnal gwahanol weithgareddau byddai ambell un yn enwog am weithgaredd noddedig. Yn y saithdegau un o'r cyfryw oedd cylch Aberhonddu, gan fod taith gerdded arbennig yn cael ei chynnal yno yn flynyddol. Cerddai ugeiniau, o saith oed i saith deg oed, am filltiroedd dros y Bannau.

Gyda phob cerddwr wedi ei noddi deuai symiau sylweddol i'r coffrau.

Trefnwyd syniadau gwreiddiol i godi arian gan rai pwyllgorau. Un o'r cyfryw oedd cael y cyhoedd i roi arian mewn rhes hir ar balmant neilltuol mewn tref a galw'r fenter yn 'mile of pennies' neu'r fersiwn Gymraeg, 'cannoedd o geiniogau.' Un o'r trefi lle y gwnaed hyn oedd Dinbych-y-Pysgod gan fanteisio ar yr ymwelwyr a'r twristiaid a ddeuai yno. Yn ogystal â chodi arian byddai hefyd yn gyhoeddusrwydd da. Gyda thraethau godidog yn Ninbych-y-Pysgod byddai'r pwyllgor lleol yn manteisio ar hyn drwy gynnal cerddediad nawdd ar hyd y traethau ar un o nosweithiau'r Wythnos.

Yn hytrach na gwneud casgliad tuag at y gronfa gyffredinol adeg Yr Wythnos byddai rhai pwyllgorau yn dymuno sianelu'r hyn a gasglwyd tuag at ryw le neu raglen benodol. O dderbyn y cais ymlaen llaw byddem yn medru danfon lluniau a gwybodaeth am y prosiect i'r pwyllgor lleol. Drwy hyn teimlai'r pwyllgor fod ymateb gwell gan y cyhoedd a hwythau o'r herwydd yn uniaethu eu hunain drwy eu rhoddion gyda rhyw brosiect neu ardal neilltuol. Er enghraifft, cyfrannodd cylch Fforestfach, Abertawe, tuag at Gymuned Iechyd yn Haiti yn 1978 a'r un flwyddyn casglwyd dros £2,000 gan bwyllgor Pwllheli a'r cylch i gefnogi cynllun dŵr ym Malawi.

Ond nid casglu arian yn unig a wnâi'r pwyllgorau lleol. Byddai rhai cylchoedd yn trefnu bod cynrychiolydd o'u pwyllgor yn ymweld ag ysgolion lleol er mwyn cryfhau'r berthynas rhyngddynt a chyflwyno defnyddiau Cymorth Cristnogol i'r staff ac mewn ambell i ardal byddai aelod o bwyllgor lleol, gweinidog neu offeiriad yn cael gwahoddiad i annerch disgyblion yr ysgol ar un o foreau Yr Wythnos.

Bob blwyddyn byddai'r Adran addysg yn Llundain yn paratoi

gwasanaethau boreol ar gyfer ysgolion cynradd ac uwchradd gydag awgrymiadau i'r athrawon eu defnyddio mewn gwersi, a lluniwyd thema ar gyfer Yr Wythnos a'i defnyddio ar y posteri a'r lluniau a gyhoeddwyd. Ar ddechrau'r wythdegau, mewn cydweithrediad â Chyfarwyddwyr Addysg y cynghorau yng Nghymru, trefnwyd bod y deunydd i'r ysgolion ar gyfer athrawon i'w ddosbarthu'n uniongyrchol o swyddfeydd addysg y siroedd i ysgolion eu sir. Wrth ei ddanfon ryw fis cyn Yr Wythnos byddai cyfle ac amser i'r athrawon baratoi gwersi ar eu cyfer ac i ymarfer y plant i gymryd rhan yn eu gwasanaethau boreol adeg Yr Wythnos.

Trefnodd nifer o bwyllgorau, fel Dinas Powys, weithgareddau gwahanol i'r rhelyw o gylchoedd. Enghraifft o hyn oedd cynnal Garddwest ar y sgwâr yng nghanol y pentref. Bu'n gymaint llwyddiant y tro cyntaf nes i'r pwyllgor benderfynu y dylai fod yn rhan annatod o'r gweithgareddau o hynny 'mlaen, er i un digwyddiad amharu ychydig ar y trefniant un tro. Ym Mai 1984, ddwy noson cyn yr Arddwest, cyfarfu'r pwyllgor i gwblhau'r trefniadau, gydag un o'r aelodau (oedd yn werthwr ffrwythau lleol) yn cynnig rhoi rhodd o orennau *Outspan* fel gwobrwyon ar gyfer un o stondinau'r plant.

Mynegwyd anfodlonrwydd gan fod *Outspan* yn un o'r cwmnïau oedd yn cael eu ffrwythau o Dde Affrica. Roeddwn yn y cyfarfod ac wedi bod yn Ne Affrica rai misoedd cynt ac yn gwybod am sefyllfa ddirdynnol y miloedd a ddioddefai oherwydd *apartheid*, gyda Chymorth Cristnogol yn annog pobl i beidio â chefnogi cwmnïau fel *Outspan* a oedd yn manteisio ar y drefn *apartheid* – polisi annynol y llywodraeth. Ceisiwyd amddiffyn safbwynt Cymorth Cristnogol a chyfeirio at hawliau a thegwch i bobl dduon De Affrica. Aeth y cynnig i bleidlais a phasiwyd i beidio derbyn cynnig y gŵr busnes. Ymddiswyddodd yntau o'r pwyllgor a cherddodd allan a pheidiodd â chefnogi Cymorth Cristnogol mwyach.

Eithriad prin oedd y digwyddiad hwnnw yn Ninas Powys gan fod y pwyllgorau fel arfer yn cydweithio'n rhagorol gyda'u trefniadau lleol, a hynny am fod eu gorwelion yn ddigon eang a brwdfrydig o blaid anghenion y Trydydd Byd.

Yn ogystal â'r casgliadau o dŷ i dŷ byddai'r pwyllgorau lleol yn cynllunio amryw o ddulliau eraill o godi arian gyda noddi yn hynod boblogaidd ac yn dod â'r symiau mwyaf i mewn, yn enwedig y teithiau cerdded. Trefnwyd dulliau noddi eraill fel 'cinio bara chaws,' 'noddi nofio,'colli pwysau,' 'awr dawel,' 'sillafu,' 'ras hwyaid,' i enwi ond rhai o'r nifer a gynhaliwyd.

Er mwyn argraffu ar feddyliau siopwyr yn Aberystwyth bu rhai o ddisgyblion un o ysgolion y dref yn cario bwcedi o ddŵr ar hyd y stryd gyda phlacard yn dweud bod plant mewn llawer gwlad dlawd yn gorfod cerdded tair milltir bob dydd i'r afon, ac yn fynych ni fyddai'r dŵr yn ddigon glân i'w yfed.

Drwy gael rhwydwaith o bwyllgorau lleol ymhob rhan o'r wlad llwyddwyd dros y blynyddoedd i gyrraedd trwch y boblogaeth, a thrwy awgrymiadau a chynlluniau aelodau'r pwyllgorau cynhaliwyd amryw o wahanol ddigwyddiadau ym mhentrefi a threfi'n gwlad, fel y rhai y cyfeiriwyd atynt eisoes.

Ambell waith byddai unigolyn yn cynnig codi arian ar wahân i weithgaredd swyddogol y pwyllgor lleol – hwyrach rhywun gyda dawn neu dalent i godi arian. Byddai'r fath barodrwydd i'w groesawu. Ar ddechrau'r saithdegau, a hithau yn y coleg ar y pryd, mynegodd Carys Hughes, Pwllheli, ei hawydd i chwarae'r organ am ddeuddeg awr yn y capel lle'r oedd ei thad, y Parchg. R. Gwilym Hughes, yn weinidog. Ei bwriad oedd *"Noddi drwy'r nodau" (music marathon* i'r Sais*)* gyda'r gamp wrth yr offeryn yn cael ei noddi gan gefnogwyr Pwllheli a'r ardal. Dyma ddechrau dull newydd o godi arian ac fe'i dilynwyd gan eraill, organydd arall ym Mhwllheli a llawer o fannau eraill yn ystod y blynyddoedd.

Daeth Carys yn organydd o fri a bu galw am ei gwasanaeth meistrolgar ledled Prydain a gwledydd eraill. Cartrefodd yn Llundain ond, gyda gyrfa ddisglair o'i blaen, cafodd ei tharo ag afiechyd blin a bu farw yn 55 mlwydd oed a daeth terfyn ar fywyd athrylith o organydd.

Yn 1982 cafwyd cefnogaeth frwd merch ifanc arall. Tra roedd Catrin Jones, Llanfairfechan, ar ei gwyliau yn Tansanïa penderfynodd ddringo mynydd Kilimanjaro a chael ei noddi, gyda'r arian i'w roi tuag at brosiectau iechyd Cymorth Cristnogol yn Tansanïa. Yn y cyfnod hwnnw roedd yn un o'r ychydig a fentrodd i gyfeiriad copa'r mynydd ond, ymhen blynyddoedd, cafwyd cannoedd yn gwneud yr ymdrech er mwyn codi arian at achosion dyngarol. Bryd hynny roedd Catrin gyda'r cyntaf i ddringo Kilimanjaro o blaid yr anghenus a sianelu arian ei noddwyr drwy Gymorth Cristnogol.

Drwy weithgareddau amrywiol nifer o unigolion eraill, gyda'u doniau a'u dyfeisiadau gwreiddiol, cafwyd ymateb mewn rhoddion haelionus gan bobol oedd yn barod i'w noddi.

Dyledus fu Cymorth Cristnogol i barodrwydd rhai fel y Parchg. Athro Cyril G. Williams, Coleg y Brifysgol, Llambed. Treuliodd ei briod, Irene, ac yntau Nadolig 1974 yng Nghalcutta. Ysgrifennodd ei brofiadau a chyhoeddwyd ei gyfrol, *Nadolig yn Calcutta*, gan roi elw o werthiant y llyfr tuag at brosiectau cloddio am ffynhonnau dŵr yn yr India, a gefnogwyd gennym. Yna, dair blynedd yn ddiweddarach, cyhoeddodd Cyril gyfrol arall, *Codi Pontydd*, gyda'r elw eto i'w roi i brosiectau Cymorth Cristnogol.

Un arall a fu'n gymwynaswr hael oedd R. Gerallt Jones, Coleg y Brifysgol, Aberystwyth, a glustnododd elw o werthiant rhai o'i lyfrau tuag at Gymorth Cristnogol. Yn ogystal â hyn treuliodd Gerallt oriau lawer yn annerch cyfarfodydd o blaid tecach amgylchiadau byw i ddioddefwyr tlodi ein byd.

Dros y blynyddoedd cyfrannodd nifer o unigolion eraill mewn gwahanol ffyrdd tuag at anghenion y tlawd a gwerthfawrogwyd eu hynawsedd a'u meddylgarwch. Calonogol fu gweld y cyfanswm blynyddol yn cynyddu.

Yn y pum mlynedd ar hugain ers cynnal Yr Wythnos gyntaf derbyniwyd dros £20 miliwn ac ni fu cyfraniad pobol Cymru yn sefyll yn yr unfan. Gwelwyd cynnydd bob blwyddyn yn y cyfanswm gyda Thrysorydd Cymru yn medru cyhoeddi bod record arall wedi ei dorri!

Un o'r nifer gweithgareddau oedd cynnal oedfaon adeg Yr Wythnos gyda chynrychiolwyr o'r gwahanol enwadau yn cymryd rhan ynddynt. Cynhaliwyd yr oedfaon hyn ar y Sul fyddai'n dechrau'r Wythnos a'u defnyddio fel oedfaon i gomisiynu'r casglyddion ar gyfer eu gorchwylion yn ystod y dyddiau dilynol. Os yn anghyfleus byddai rhai pwyllgorau yn cynnal yr oedfa i gloi gweithgareddau'r Wythnos, gyda'r casglyddion yn cyflwyno eu derbyniadau fel rhan o drefn yr oedfa. Yn sicr, bu oedfaon a myfyrdodau a luniwyd gan Gymorth Cristnogol yn gyfrwng i chwalu'r ffiniau ac i ehangu gorwelion ysbrydol aelodau'r gwahanol enwadau.

Yn sgîl y pwyllgorau lleol hyn, a'r hyn a drefnwyd ganddynt, sefydlwyd gwell cydweithrediad rhwng yr eglwysi yn eu cymunedau ac adeiladwyd perthynas agosach rhyngddynt. Bu eu cyfraniadau mewn dinas a thref boblog neu bentref diarffordd yn fodd i wireddu amcanion Cymorth Cristnogol ac mewn amryw fannau bu'n flaenffrwyth i sefydlu gweinidogaethau cyd-enwadol.

Cyfryngau Cyfathrebu

$\mathcal{U}$N O BRIF DASGAU cyfathrebu i elusennau dyngarol tramor yw cyflwyno gwybodaeth i'r cyhoedd am sefyllfaoedd annynol ac anghyfiawn pobl yn y gwledydd sy'n datblygu. Gan mai ychydig iawn o gyhoeddusrwydd a roddir yn y papurau dyddiol am hyn, ar wahân i'r adegau pan ddigwydd trychineb syfrdanol megis rhyfel, daeargryn, llifogydd neu sychdwr, cyfrifoldeb yr elusen ei hun yw rhannu'r wybodaeth â'r cyhoedd am anghenion y gwledydd difreintiedig.

I gwrdd â'r gofyn hwn ac i fwydo'r cefnogwyr am weithgareddau'r elusen cyhoeddodd Cymorth Cristnogol ei hun daflen, gyda braslun o wybodaeth am yr hyn a gyflawnwyd. Yn 1968 gwnaed cam pellach drwy ddod allan â phapur newydd, wyth tudalen, *Christian Aid News*, a'i gyhoeddi bob yn ail fis. Fe'i danfonwyd am ddim at y cyfranwyr rheolaidd a derbyniem ni fel staff gyflenwad i'w ddosbarthu i aelodau'r pwyllgorau lleol mewn cyfarfodydd cyhoeddus ac wrth ymweld ag ysgolion a cholegau.

Yn y blynyddoedd cynnar hynny dau gyfrwng cyfathrebu'n unig a gyhoeddwyd: *Christian Aid News* a'r Adroddiad Blynyddol. Ond roedd galw am gyfryngau cyfathrebu ehangach.

Daeth ateb i'r broblem o gyfeiriad yr ifanc. Yn y chwedegau bu ymdeimlad cryf gan filoedd mewn llawer gwlad o blaid pobol a ddioddefai annhegwch oddi fewn a thu hwnt i'w gwledydd. Roedd yr ieuenctid yn arbennig yn mynegi eu pryderon am hyn gyda'u protestiadau a'u datganiadau. Cyffrowyd yr ifanc wrth iddynt dynnu sylw'r cyhoedd at amgylchiadau byw annynol pobol ar draws y byd.

Yn y cyfnod hwn hefyd y gwelwyd deffroad yn erbyn hilyddiaeth, yn benodol yn Ne Affrica ac America, a ffurfiwyd mudiadau o blaid hawliau'r duon. Oherwydd lliw eu croen roeddent yn cael eu hamddifadu o hawliau roedd y gwynion yn eu mwynhau a'u cymryd yn ganiataol. Roedd y fath sefyllfa yn arwain at dlodi a newyn dirdynnol. Cyfareddwyd y to ifanc yn benodol gan arweinyddiaeth garismataidd Dr. Martin Luther King a'i araith gofiadwy, *"Mae gen i freuddwyd."*

Dyma'r math o anesmwythwyd oedd yn nodweddu'r cyfnod gyda'r ymdeimlad o annhegwch, yn anad dim, yn sbarduno grŵp o fyfyrwyr yn Rhydychen yn 1969 i sefydlu'r mudiad, *Third World First* (Y Trydydd Byd yn Gyntaf).

Bu'r mudiad hwn yn cymell myfyrwyr ym Mhrydain i ymwneud â phroblemau datblygiad byd. Ymhen tair blynedd ymunodd 33,000 o fyfyrwyr, gyda phob un yn cyfrannu un ganran o'u grantiau tuag at brosiectau datblygu. Yn gydnabyddiaeth am hyn derbynient gopi am ddim bob tymor o'r cylchgrawn, *Internationalist.*

Cyhoeddodd y cylchgrawn ysgrifau ar amgylchiadau byw trigolion yn y gwledydd sy'n datblygu gan godi nifer o bynciau trafod. Roedd yn faeth i'r meddwl. Edmygwyd agwedd frwdfrydig ac awydd cadarnhaol y myfyrwyr o blaid tlodion y byd a bu'r cylchgrawn yn fodd i roi gwybodaeth i gylch eang o'r genhedlaeth iau drwy ehangu eu gorwelion.

Ond roedd angen ehangu'r wybodaeth am annhegwch trueiniaid y byd i gyrraedd y cyhoedd yn gyffredinol ac ymdeimlai arweinwyr yr elusennau dyngarol tramor yr angen i ehangu maes y cyhoeddiad. Roedd bwlch i'w lenwi.

I *geisio* llenwi'r gwacter cyfarfu penaethiaid Cymorth

Cristnogol ag *OXFAM* tua diwedd y chwe degau er mewn ceisio dod o hyd i'r cynllun gorau i gwrdd â'r gofyn hwn. Gyda'r ddau fudiad wedi eu ffurfio i gynorthwyo dioddefwyr yr Ail Ryfel Byd roedd eu penaethiaid yn ymwybodol o ddiffyg gwybodaeth ymhlith y cyhoedd am anghenion y tlawd ar gyfandiroedd tu hwnt i Ewrop.

Tua'r un adeg sefydlwyd mudiad arall ym Mhrydain i godi ymwybyddiaeth am dlodi'r byd, sef y *World Development Movement* (Mudiad Datblygiad Byd). Ei brif amcan oedd addysgu pobol Prydain am annhegwch a diffyg cyfiawnder i filiynau o boblogaeth y byd. Cyhoeddodd y mudiad y rhesymau am y fath sefyllfa gyda gwybodaeth am y diffyg hawliau a fodolai wrth i'r gwledydd tlawd geisio masnachu'r bwydydd a'r nwyddau a gynhyrchwyd ganddynt.

Yn dilyn y trafodaethau rhwng Cymorth Cristnogol ac *OXFAM* gwahoddwyd penaethiaid Mudiad Datblygiad Byd i ystyried cyhoeddi cylchgrawn misol. Byddai'r ddwy elusen yn barod i noddi'r cylchgrawn gyda symiau sylweddol. Drwy gyfrwng y cyhoeddiad byddai modd cyfathrebu'r hanes am drybini trychinebus trueiniaid y Trydydd Byd i gylch ehangach.

Yn hytrach na chyhoeddi'r cylchgrawn *Internationalist*, bob tymor, yn unig i'r myfyrwyr hynny a oedd yn aelodau o *Third World First* byddai'r cylchgrawn newydd yn un misol i'w werthu i'r cyhoedd gyda chefnogaeth Cymorth Gristnogol ac *OXFAM*. Cytunwyd ar y fenter a lansiwyd y rhifyn cyntaf ar 22 Chwefror 1973 yn y *Festival Hall*, Llundain, gyda'i deitl newydd, *New Internationlist*.

Rhoddwyd sylw i'r digwyddiad yng Nghymru, ar ddiwrnod ei lansio, gan BBC Cymru ar y rhaglen, *Heddiw,* pan gefais gyfle mewn cyfweliad i sôn am y rhesymau pam fod y ddau fudiad yn cefnogi'r cyhoeddiad.

Mae'r *New Internationalist* wedi parhau dros y blynyddoedd a thrwy'r wybodaeth a geir ynddo ehangwyd gorwelion miloedd, gan roi iddynt ddealltwriaeth ddyfnach am annhegwch dynoliaeth a'r hyn sy'n ofynnol i'w wneud er mwyn ei oresgyn gydag ewyllys da'r gwleidyddion.

Ond doedd pawb ddim yn cytuno â'r fenter gan i lythyrau ymddangos yn y wasg, ar ôl cyhoeddi'r ddau rifyn cyntaf, yn mynegi pryder y byddai Cymorth Cristnogol mewn perygl o berthyn i garfan a fyddai'n rhoi pwysau ar y llywodraeth, a hwyrach mewn perygl o gefnogi'r asgell chwith o wleidyddiaeth.

Bu'n ofynnol i Gyfarwyddwr Cymorth Cristnogol, y Parchg. Alan Booth, ysgrifennu llythyrau i'r wasg i egluro pam fod y ddau Fudiad yn noddi'r cylchgrawn newydd, gan ddweud nad oedd Cymorth Cristnogol na *OXFAM* yn rheoli cynnwys golygyddol y *New Internationalist*. Pwysleisiodd hefyd mai ei brif amcan oedd ennyn trafodaeth ar faterion o bwys i bawb, er mwyn i'r cyhoedd ystyried sefyllfa annynol ac annheg trigolion y gwledydd sy'n datblygu.

Mewn gwirionedd, o dan reolau'r Comisiwn Elusennau, ni fedrai Cymorth Cristnogol, fel elusen gofrestredig, berthyn i unrhyw garfan wasgu *(pressure group)* a dylanwadu ar lywodraethau. Er hynny roedd yr elusen yn ceisio dylanwadu ar feddwl pobol a'u hargyhoeddi bod angen unioni pob cam a wnaed â'r tlodion, er mwyn sicrhau tegwch i bobol oedd yn dioddef gormes a gorthrwm gan rai llywodraethau. Wedi clirio'r awyr drwy'r llythyrau a gyhoeddwyd gwelwyd yn fuan fod gan y cylchgrawn newydd gyfraniad pwysig i'w wneud wrth i fwy o bobol ddangos eu cefnogaeth i'r galw am gyfiawnder a hawliau dynol i'r di-rym a'r di-lais.

Yn ogystal â'r cyhoeddiadau swyddogol, *Christian Aid News* a'r *New Internationalist*, ceisiodd yr Ysgrifenyddion Rhanbarth fanteisio ar bob cyfle, y radio, teledu a'r wasg, i gyrraedd trwch y boblogaeth gyda gwybodaeth am yr anghyfiawnder a fodolai yn y gwledydd llwm a'r annhegwch roedd yn rhaid i'r tlawd ei wynebu'n feunyddiol.

Roedd paratoi datganiadau i'r wasg yn rhan o ddyletswyddau'r Swyddfa Genedlaethol, a hynny'n fynych mewn cydweithrediad â'r datganiadau a gyhoeddwyd gan y brif swyddfa yn Llundain. Er cyhoeddi datganiadau i'r gweisg a'u danfon at y golygyddion doedd dim sicrwydd y byddent yn gweld golau dydd. Ond roedd cael cefnogaeth y person iawn yn y lle iawn yn gaffaeliad. Dros y blynyddoedd adeiladwyd perthynas dda rhyngof ag un o brif ohebwyr y *Western Mail,* Mr Mario Basini.

Am gyfnod bu Mario yn olygydd llenyddol, a phan oedd yn golofnydd *Westgate* rhoddai gyhoeddusrwydd cyson i weithgareddau Cymorth Cristnogol. Dymunai dderbyn, yn bersonol, bob datganiad i'r wasg a ddanfonwn gan sicrhau cyhoeddusrwydd i'r pwnc, a phan fyddai ein Cyfarwyddwr yn dod i Gaerdydd byddai Mario yn barod iawn i'w gyfweld gyda'i gefnogaeth frwdfrydig.

Croesawyd pob cyfle hefyd i gael cyfweliadau ar y cyfryngau, gyda'r mwyafrif ohonynt yn fyw, megis y rhaglen radio foreol a lywiwyd gan Hywel Gwynfryn, ffrind a chefnogwr arall i Gymorth Cristnogol. Yn wir, roedd enw'r mudiad yn gyfarwydd iawn ar aelwyd Hywel pan oedd yn blentyn gan fod ei dad, Gwynfryn Evans, wedi bod yn drefnydd lleol am ugain mlynedd yn Llangefni. Deuai gwahoddiadau cyson oddi wrth Hywel, neu gynhyrchydd y rhaglen, am gyfweliadau gan roi cyfle i ledaenu gwybodaeth am yr ymgyrchoedd a'r digwyddiadau diweddaraf.

Cafwyd cysylltiad tebyg gyda Meurwyn Williams, Pennaeth Crefydd BBC Cymru, ar gyfer y rhaglen radio wythnosol a gynhyrchai a'i chyflwyno bob bore Sul.

At ei gilydd roedd y rhan fwyaf o'r cyfweliadau radio a theledu drwy gyfrwng y Gymraeg gan y byddai'r datganiadau i'r wasg, a gyhoeddwyd gan y Brif Swyddfa yn Llundain, yn cael cyhoeddusrwydd yn Saesneg ar lefel Brydeinig. Er hynny cefais nifer o gyfweliadau ar raglenni radio yn Saesneg, yn enwedig ar raglen Vincent Kane am 1 o'r gloch, ac roedd yntau, fel y gŵyr y cyfarwydd, yn holwr craff a miniog a rhaid oedd bod yn gryno a chlir wrth ateb ei gwestiynau.

Er bod Cymorth Cristnogol yn trefnu ein bod ni, fel staff oedd yn ymwneud â'r cyhoedd, yn mynychu cyrsiau cyfathrebu i'n hyfforddi ar ddulliau o gyfathrebu'n effeithiol ar y cyfryngau mae'n amheus faint o fantais oeddent! Ac eto, trwy brofiad, sylweddolwyd y gellid dweud llawer mewn amser byr.

Ar lefel bersonol, bu dod i adnabod nifer o ohebwyr a chyflwynwyr y BBC yn fanteisiol pan benderfynwyd trosleisio sylwebaeth Gymraeg ar gyfer rhai o'r cyfryngau gweledol a gynhyrchwyd gan Gymorth Cristnogol. Wedi cyfieithu'r script wreiddiol, byddwn yn gofyn i un neu'r llall o gyflwynwyr Cymraeg y BBC drosleisio sylwebaeth o stribed ffilm neu set o dryloywon yn eu hamser rhydd. Gyda'u lleisiau proffesiynol cafwyd safon deilwng i'r cyfryngau hyn.

Menna ac Aled Gwyn oedd y cyntaf o nifer o gymwynaswyr a roddodd eu gwasanaeth am ddim wrth iddynt ddybio'r ffilm gyntaf i oedolion, i'r Gymraeg. *To Serve the Present Age* oedd teitl y ffilm a gwnaed dau gopi yn unig – byddai ychwaneg yn rhy gostus!

Gyda nifer yr ysgolion Cymraeg yn cynyddu daeth mwy o alw am ddefnyddiau gweledol gyda sylwebaeth Gymraeg. Arloeswyd yn y maes hwn pan gyfieithwyd script ffilm o'r enw, *Orkendi*. Bu Hywel Gwynfryn, fel arfer, yn barod ei gymwynas i'w drosleisio a chafwyd cyn-gynhyrchydd gyda'r BBC i ofalu am yr ochr dechnegol, ac yntau newydd ddechrau ei gwmni ei hun, *Celtic Films*. Cam ymlaen arall fu cael ffilm o eiddo Cymorth Cristnogol ar gyfer plant am y tro cyntaf, gyda sylwebaeth Gymraeg. Ffilm am aderyn mewn coedwig ydoedd, yn gwylio dioddefiadau pobol mewn gwlad dlawd, gyda Hywel yn dynwared yn feistrolgar leisiau'r gwahanol anifeiliaid. Roedd y plant wrth eu bodd.

I gwrdd â'r costau defnyddiwyd y rhodd flynyddol a dderbyniwyd oddi wrth Gymdeithas Dydd Gweddi Byd-Eang y Chwiorydd yng Nghymru. Bob blwyddyn derbyniem rodd oddi wrth y gymdeithas hon gan fod casgliadau eu cyfarfodydd blynyddol yn cael eu dosbarthu i fudiadau yng Nghymru oedd yn defnyddio'r Gymraeg mewn mentrau cyd-enwadol Cristnogol. Gwerthfawrogwyd y cyfraniadau hyn tuag at gostau, nid yn unig i gynhyrchu ffilmiau, ond hefyd ar gyfer cyfieithu taflenni a phosteri i'r Gymraeg.

Ond cyn i ni fel staff drefnu'n swyddogol i gyfieithu a chyhoeddi deunydd Cymorth Cristnogol yn y Gymraeg arloeswyd yn y maes hwn gan un person ar ei liwt ei hun. Er mwyn defnyddio cyhoeddiadau Cymorth Cristnogol ar Ddatblygiad Byd drwy gyfrwng y Gymraeg yn y Coleg Normal, Bangor, aeth un o ddarlithwyr y Coleg, Dafydd Orwig, ati i gyfieithu'r gwreiddiol. Erbyn 1973 roedd Dafydd wedi trosi nifer o daflenni ac mae'n dyled yn fawr iawn iddo am nifer o gymwynasau, ond yn benodol am drosi'r defnyddiau hyn.

Nid myfyrwyr y Coleg Normal yn unig a fu'n elwa o'u cael yn y Gymraeg ond hefyd manteisiodd eraill ar ei gyfraniadau a'u defnyddio mewn cylchoedd trafod tu hwnt i goridorau'r Coleg ym Mangor. Roedd cael y taflenni, 'Ffrwydriad y Boblogaeth' a 'Cyfoeth yn Rhannu'r Byd,' yn y Gymraeg yn gaffaeliad ac yn agoriad llygad. Cyhoeddwyd y rhain yn swyddogol gan y Coleg Normal gyda chaniatâd Cymorth Cristnogol yn 1973.

Roedd cael brwdfrydedd cefnogwyr fel Dafydd Orwig yn cryfhau ein cais am fwy o gyhoeddiadau yn y Gymraeg, gan fod galw amdanynt o gyfeiriad colegau ac ysgolion heb sôn am ysgolion Sul ac eglwysi oedd yn addoli drwy gyfrwng y Gymraeg. Gwelwyd yr angen am ddefnyddiau yn y Gymraeg a chafwyd cymorth parod nifer o arbenigwyr i'w cyfieithu, a hwythau'n amharod i dderbyn unrhyw gydnabyddiaeth am eu gwasanaeth.

Yn ogystal â chyfieithu defnyddiau addysgol i'r Gymraeg credwyd hefyd y dylid cyfathrebu neges yr elusen trwy gyfieithu'r hysbysebion Saesneg a ymddangosai yn rhai o weisg Lloegr. Fe'u cyfieithwyd a'u cyhoeddi yn *Y Cymro* a'r *Faner*. Er ei fod yn waith ychwanegol credem mewn gweithredu'r egwyddor o hawliau cyfartal ieithyddol trwy gyfathrebu yn y ddwy iaith. Byddai hyn yn arwydd gadarnhaol o barodrwydd Cymorth Cristnogol i uniaethu gyda'r Gymru Gymraeg o fewn y cylchoedd eglwysig, meysydd addysg a thu hwnt.

Cafwyd cymorth parod pobol i gyfieithu a gwerthfawrogwyd eu cyfraniadau. Un o'r cymwynaswyr oedd Robin Gwyndaf, am i mi droi ato yn fynych i gyfieithu ac aralleirio hysbysebion a phosteri Cymorth Cristnogol i'r Gymraeg. Ym marn llawer roedd rhai ohonynt yn well na'r Saesneg gwreiddiol! Llwyddodd yn fynych i'w gosod mewn idiom neu gwpled barddonol yn cynnwys rhai o themâu Yr Wythnos. Lluniodd nifer cofiadwy.

Thema Saesneg un flwyddyn oedd,"*One day can change a lifetime*"a chwpled Robin oedd, "*O gofio'r alwad gyfoes hawdd i un dydd weddnewid oes,*" a thema'r flwyddyn ddilynol oedd, "*Sow in order to reap,*" a'r aralleiriad a gafwyd ganddo oedd, "*Fel yr heui di y med efe.*" Ac mae'r cwpled a luniwyd ar gyfer Yr Wythnos ym mlwyddyn Y Gemau Olympaidd yn un trawiadol hefyd,"*I redeg yr yrfa bydd dithau yn frawd i gynnal ysgwydd y gwan a'r tlawd.*"

Wrth gyfeirio at Yr Wythnos ar ddechrau'r saith degau

gwnaed ceisiadau nifer o weithiau at Adran Crefydd BBC Cymru i sicrhau bod gweithgareddau Cymorth Cristnogol yn thema ar gyfer Oedfa'r Bore ar Radio Cymru ar y Sul oedd yn dechrau'r Wythnos. Wedi trafod hyn droeon gyda'r Parchg. O. Tregelles Williams, Pennaeth yr Adran ar y pryd cytunwyd, o'r diwedd, i'r cais. Disgwyliai i aelodau staff Cymorth Cristnogol fod yn gyfrifol am yr oedfa neu fod y BBC yn gwahodd person ordeiniedig i arwain y gwasanaeth. Da dweud bod y trefniant wedi para hyd heddiw.

Byddai oedfa debyg yn cael ei darlledu yn Saesneg ar Radio Wales o dan olygyddiaeth y Parchg. Roy Jenkins, Pennaeth Crefydd Adran Saesneg y BBC yng Nghaerdydd. Bu Roy bob amser yn barod iawn gyda'i wahoddiadau mynych am gyfweliadau ar ei raglen wythnosol.

Cyfrwng gwerthfawr arall a ddefnyddiwyd i gyfathrebu oedd y gweledol. Gosodwyd arddangosfeydd yn fynych, i gydfynd â themâu Yr Wythnos ac ar wahanol adegau o'r flwyddyn fe'u gosodwyd mewn eglwysi cadeiriol, lle byddai ymwelwyr yn debygol o droi i mewn. Cafwyd cydweithrediad parod gan bob esgobaeth gan adeiladu perthynas agos rhyngom a'r esgobion a'u hoffeiriaid.

Drwy'r amryw ac amrywiol gyfryngau hyn ceisiwyd gosod gerbron ein cefnogwyr a'r cyhoedd yn gyffredinol angen ein cyd-ddyn yng ngwledydd tlawd y byd.

Bellach mae cyfryngau cyfathrebu wedi cymryd camau breision ymlaen ymhob maes, gyda'r stribedi ffilm, y tryloywon a'r ffilm fawr gyda'r taflunydd trwm i'w gario i bobman, wedi ildio'r dydd i'r *DVD* a'r *"powerpoint"* – cyfryngau ein cyfathrebwyr cyfoes. Tybed, beth fydd cyfryngau yfory?

Teithiau Tramor

$\mathcal{M}$AE CYFATHREBU effeithiol o'r pwys mwyaf er mwyn cyflwyno unrhyw neges i unigolyn neu gynulleidfa. I fod yn ddylanwadol a llwyddiannus fel cyfathrebwyr mae'n dra gwerthfawr bod Ysgrifenyddion Rhanbarth yn medru cyflwyno gwybodaeth, o brofiad, i'w gwrandawyr, yn blant ac oedolion fel ei gilydd.

I gyfoethogi Ysgrifenyddion Rhanbarth fel cyfathrebwyr mae cael y cyfle i ymweld â gwledydd datblygol o'r budd pennaf. Byddai cyfarfod ag arweinwyr partneriaid Cymorth Cristnogol a oedd yn gyfrifol am raglenni datblygu a dderbyniai gefnogaeth ariannol, a bod yn llygaid dyst i'w gwaith, yn galluogi'r ysgrifennydd i siarad o brofiad wrth annerch cyfarfodydd wedi dychwelyd adre'. Croesawyd yr ymweliadau hyn gan ein partneriaid oherwydd byddai o fantais iddynt fod aelod o staff Cymorth Cristnogol wedi gweld llwyddiant eu prosiectau wrth iddynt wneud ceisiadau am grantiau yn y dyfodol.

Ac roedd ymweld â phartneriaid o gryn fantais hefyd i staff y maes drwy eu harfogi â gwybodaeth wrth weld a chlywed am amgylchiadau bywyd y trigolion yn ystod eu teithiau. Yn ogystal, byddai lluniau i'w dangos o'r prosiectau ar ffurf tryloywon i gadarnhau bod rhoddion y cefnogwyr yn cael eu defnyddio'n fuddiol ac effeithiol.

Yn 1976 trefnwyd fy mod i yn un o bedwar Ysgrifennydd

Rhanbarth fyddai'n treulio pedair wythnos yn y Caribî gan ymweld â rhai o'i gwledydd.

Ymweld â'r Caribî

Am rai wythnosau cyn mynd bu'n rhaid paratoi ar gyfer ein hymweliad – cael y brechiadau angenrheidiol, prynu'r dillad i gydweddu â thywydd y gwledydd a darllen y dogfennau am y prosiectau y byddem yn eu gweld ynghyd â llyfrau am y gwledydd. Bu'r wythnosau yn rhai digon prysur!

Trwy ddarllen am y gwledydd sylweddolwyd pa mor dlawd oedd nifer ohonynt. Ar gyfartaledd roedd 25% o boblogaeth y Caribî yn ddi-waith. Yn Jamaica, er enghraifft, roedd lefel diweithdra'n uchel iawn, ar wahân i fusnesau moethus twristiaeth, ond, fel mewn llawer gwlad dlawd, ychydig iawn o elw a ddeuai i'r gwledydd eu hunain. Yn anffodus, roedd y mwyafrif o'r gwestai lle arhosai'r twristiaid yn eiddo i gwmnïau rhyngwladol, gyda'r elw i gyd yn mynd i goffrau eu perchnogion mewn gwlad arall. At ei gilydd, ynysoedd tlawd oedd gwledydd y Caribî.

O ran bywyd eglwysig roedd mwy yn mynychu'r oedfaon nag ym Mhrydain. Er bod eu diwinyddiaeth yn dueddol o fod yn geidwadol, roeddent yn ymarferol wrth iddynt geisio gwella ansawdd bywyd trigolion y gwledydd, gyda pharodrwydd ymhlith yr enwadau i gydweithio. Roedd hyn yn gymhelliad i Gymorth Cristnogol eu cefnogi.

A ninnau wedi ein trwytho am gefndir y gwledydd roeddem bellach yn awyddus i fynd yno, er nad oedd yr un ohonom wedi hedfan o'r blaen! Byddai'r daith awyren yn cymryd rhyw un awr ar ddeg o faes awyr Heathrow i Kingston, Jamaica.

Daeth y diwrnod i ni gychwyn ein taith. Roedd yr awyren i godi am ddau o'r gloch y prynhawn, ond roedd yn chwech o'r gloch arnom yn hedfan! Mae'n debyg bod rhyw nam peiriannol ar yr awyren, a threuliodd y peirianwyr oriau yn ei hatgyweirio. Ond, i ni, roedd yn brynhawn hunllefus o orfod aros yn amyneddgar!

Jamaica

O'r diwedd cawsom ein galw i'r awyren a chafwyd taith ddidrafferth. Wedi glanio a chyrraedd ein llety ganol nos – ond cael gwybod nad oedd neb wedi trefnu ar ein cyfer. Roedd y llety'n llawn a gorfu i ni gysgu ar y llawr am yr oriau oedd yn weddill o'r nos!

Er bod ein diwrnod cyntaf i fod yn ddydd o orffwys galwyd amdanom i fynd i weld prosiectau ar gyrion y ddinas. Felly i ffwrdd â ni a chyfarfod am y tro cyntaf gyda rhai o arweinwyr rhaglenni datblygu y Caribî.

Gwelsom nifer o brosiectau tra yn Kingston ac, wrth i ni gael golwg ar un darn o dir mewn ardal wledig, oedd wedi ei drin ar gyfer tyfu llysiau a ffrwythau, dywedwyd mai partner Cymorth Cristnogol yn y Caribî, CADEC (Christian Action for Development in the Caribbean), oedd wedi cynllunio'r prosiect. Drwy adeiladu perthynas agos gyda CADEC dros y blynyddoedd ymddiriedwyd yn y mudiad i gynllunio nifer o raglenni ac, fel rheol, roeddynt yn rhai cymwys ar gyfer angen y gymuned leol.

Yr enw a roddwyd ar y rhaglen amaethyddol a welwyd gennym oedd *Land and Food for People,* ac o'r hyn a ddywedwyd a'r gwaith a gyflawnodd roedd yn deitl addas iawn, 'Tir a Bwyd i Bobl.' Eglurodd Mr. Mel Lumley, ymgynghorydd amaethyddol y rhaglen, ei fod yn ei hystyried yn fodel, a gobeithiai ymestyn yr un cynlluniau ar gyfer ardaloedd eraill. Esboniodd wrthym hefyd fod y rhaglen hon yn ymwneud â'r 'person cyfan' am ei bod yn amhosibl gwahanu'r ysbrydol oddi wrth anghenion corfforol unigolyn, a bod Cyngor Eglwysi Jamaica yn unieithu'n llwyr â CADEC, Mudiad Gweithredu Cristnogol mewn Datblygiad yn y

Caribî. Un o nodweddion pwysig y rhaglen oedd y bwriad i alluogi unigolion mewn ardaloedd gwledig i fod yn hunangynhaliol.

Ymwelwyd hefyd ag ysgol lle dysgwyd amryw grefftau i'r plant, yn ogystal â phynciau addysgiadol, ac roedd yr arian a roddwyd gan Gymorth Cristnogol i'r ysgol hon yn fodd i hyfforddi'r merched mewn sgiliau i'w galluogi i ennill bywoliaeth wedi gadael ysgol. Roedd yr hyn a gyflawnwyd yn yr ysgol hon, fel y rhaglen amaethyddol, yn ceisio rhoi hunanhyder i'r ieuenctid a'u darparu i fod yn hunangynhaliol. Rhoddwyd hyfforddiant hefyd i'r bechgyn mewn gwaith coed i'w galluogi i fod yn seiri maes o law. Yn sicr roedd ôl crefftwaith medrus ar y dodrefn a wnaed ganddynt a hwythau wrth eu bodd yn eu dangos i ni.

Cawsom gyfle i gyfarfod gyda rhai o arweinwyr Cyngor Eglwysi Jamaica mewn pwyllgor a gyfarfu yn Kingston a, thrwy ein presenoldeb yno, cawsom glywed am eu hymdrechion a hefyd eu gwerthfawrogiad o'r bartneriaeth a adeiladwyd dros y blynyddoedd rhwng y Cyngor a Chymorth Cristnogol.

Er mai byr fu ein hymweliad â Jamaica roedd yr amryw raglenni datblygu a welwyd, ynghyd â gwerthfawrogiad arweinwyr yr eglwysi o'n partneriaeth, yn cadarnhau bod ein buddsoddiad yno yn un adeiladol ac er budd trigolion y wlad. Wedi ein harhosiad o bedwar diwrnod yn Jamaica hedfan o Kingston i Port au Prince, Haiti.

Haiti

Dyma un o weledydd tlotaf y byd. Wedi glanio ym maes awyr y brifddinas gwelwyd, wrth deithio i'n llety, resi o blant ac oedolion yn cerdded wrth ymyl y ffyrdd, ac er eu tlodi roeddynt yn rhyfeddol o drwsiadus a glân.

Mae Haiti yn enwog am y bysiau bach lliwgar a gwibient fel nadredd o gwmpas dinas Port au Prince gan wau drwy'r traffig gyda rhyw gyflymdra anhygoel. Disgwyliem weld damwain unrhyw funud!

Rheolwyd Haiti gan yr Arlywydd Duvalier, a olynodd ei dad, *Papa Doc.* Derbyniai yntau gefnogaeth ariannol gan lywodraeth America, fel ei dad o'i flaen, tuag at gostau lluoedd arfog y wlad. Drwy hyn roedd gan y wlad honno, o dan arlywyddiaeth Ronald Reagan ar y pryd, ddylanwad cryf ar arlywydd a llywodraeth Haiti.

Mae enwi America yn f'atgoffa am y grŵp o genhadon, y *Southern Baptists,* (adain ffwndamentalaidd Bedyddwyr America) a safai tu allan i'n lle ty i genhadu. Roeddent yn cynnig Beiblau i blant a phobol ifanc a'u hannog i'w darllen drwy ddweud y byddai'r llyfr hwn yn rhoi gobaith newydd iddynt. Dwi ddim yn genhadwr ond, yn sicr, nid dyma'r ffordd i genhadu ymhlith tlodion newynog Haiti nac unrhyw wlad dlawd arall.

Rhai oriau wedi i ni gyrraedd gwahoddwyd ni gan weinidog eglwys y Methodistiaid i'w gapel fore trannoeth, ac i gymryd rhan yn yr oedfa. Er mai Creole fyddai iaith yr addoliad (math o *pidgin French*) yn Saesneg, o reidrwydd, y byddem yn siarad.

Derbyniwyd ei wahoddiad, a phrofiad cofiadwy oedd cymryd rhan mewn oedfa gyda'i hiaith yn wahanol a neb ond y gweinidog yn ein deall. Cyfieithodd yntau ei bregeth i'r Saesneg ar ein cyfer.

Cyn mynd 'nôl i'n llety aeth y gweinidog â ni drwy ardal wirioneddol dlawd. Oni bai i ni weld â'n llygaid ein hunain ni fyddem wedi credu'r hyn a welwyd – tomen sbwriel gyda'r plant a'u rhieni'n crafu'r domen, yn chwilio am rywbeth i'w fwyta. Wrth eu hymyl roedd moch yn gwneud yn union run peth! Doedd dim awydd cinio arnom y diwrnod hwnnw.

Er cynddrwg yr olygfa a chyflwr y trueiniaid oedd ar y domen sbwriel, yr ochr draw i'r domen roedd adeiladau'r Eglwys Fethodistaidd gyda chlinig, ysgol a chapel ar gyfer trigolion newynog yr ardal. Dyma Gristnogaeth yn ei dillad gwaith yn cwrdd ag angen pobol yn eu tlodi enbyd.

Yn ogystal â chynorthwyo'n gorfforol roedd angen eu cefnogi, hefyd, i fedru siarad ac ysgrifennu Ffrangeg gan mai dyna oedd iaith swyddogol y wlad. Er tegwch i'r tlodion nid Ffrangeg oedd eu hiaith gyntaf ond Creole, mamiaith 75% o boblogaeth Haiti. O'r herwydd roedd graddfa llythrennedd y wlad yn isel iawn ac yn galw am hawliau ieithyddol i'r mwyafrif fedru defnyddio eu hiaith gyntaf yn eu bywyd bob dydd. I gwrdd â'r sefyllfa trefnwyd i gyfieithu'r Beibl i'w hiaith ac erbyn 1976 roedd y Testament Newydd wedi ei gyhoeddi mewn Creole, ac yn y dyfodol agos bwriadwyd cael yr Hen Destament hefyd yn yr un iaith.

Un diwrnod teithiwyd hanner can milltir i gyrraedd ardal ddeuddeng milltir tu allan i bentref, o'r enw Petite Goave. Yno gwelwyd mamau oedd wedi cerdded tua deng milltir gyda'u babanod er mwyn cyrraedd y clinig agosaf i weld y nyrs yno. Byddai hi'n eu cynghori am y bwydydd i'w rhoi i'w plant a'u cyfarwyddo mewn glendid a gofal iechyd a hwythau, maes o law, yn trosglwyddo'r wybodaeth i famau eraill ynglŷn â magu teuluoedd.

Roedd y nyrs hon, Janet Wright, newydd ddod o Brydain ac yn bwriadu treulio dwy flynedd yno o dan gynllun y *VSO*. Roedd yn enghraifft dda o weithredu cyd-enwadol gan mai Anglican ydoedd o ran enwad, ond cafodd ei recriwtio gan Sefydliad Rhyngwladol yr Eglwys Babyddol a dderbyniai grant gan Gymorth Cristnogol, ac roedd hithau yno ar ran Eglwys y Methodistiaid. Ecwmeniaeth yng ngwir ystyr y gair!

Byddai'n rhaid iddi fynd o un clinig i'r llall ar gefn ceffyl gan nad oedd y ffyrdd yn ddigon da i unrhyw fath o gerbyd, a golygfa gofiadwy oedd gweld rhes hir o famau yn sefyll eu tro am oriau er mwyn gweld y nyrs. Derbyniai tua chant o blant driniaeth bob wythnos, mewn clinigau tebyg, ac ar gyfartaledd deuai rhyw 60 o famau i'r clinig bob tro byddai ar agor.

Problem arall yno oedd prinder dŵr glân. Ceisiwyd cwrdd â'r gofyn drwy osod tanc wrth ymyl y clinig, adeilad o ddwy ystafell tua deuddeg troedfedd sgwâr! Roedd y tanc i ddal y dŵr glaw o do'r clinig ac fel rheol byddai'r glaw yn para am ddiwrnodau. Ar adeg o sychder tynnent o ddŵr y tanc ar gyfer y clinig a'r gymdogaeth. Pan oeddem yno nid oedd wedi glawio am dri mis!

Profiad ysgytwol oedd gweld yr holl dlodi yn Haiti, gyda miloedd yn dioddef. Ac eto gwelwyd arwyddion o ddycnwch ymhlith y bobol wrth iddynt geisio dygymod â'u hamgylchiadau anodd. Er eu dioddefiadau, gwelwyd arwyddion o weithgarwch adeiladol mewn nifer o fannau, gyda'r enwadau Cristnogol yn cydweithio wrth iddynt ymdrechu i'w cynorthwyo gyda rhaglenni iechyd a glendid, yn ogystal â darparu gwell cyfleusterau addysg, heb anghofio lle o addoliad.

Yn sicr, byddai gennyf stori arbennig i'w hadrodd i'n cefnogwyr, wedi i mi ddod adref, am fy mhrofiadau yn Haiti, a byddwn yn medru dweud, "Yr hyn a welais ac a glywais, 'rwy'n ei fynegi i chwi ..."

Gweriniaeth Dominica

Gadawyd Haiti a hedfan i'r wlad drws nesaf, sef Gweriniaeth Dominica, taith gymharol fyr o Port au Prince i Santo Domingo, y brifddinas. Wrth deithio o'r maes awyr gwelwyd inni ddod i ddinas hanesyddol, gydag olion yr adeiladau â'u storïau eu hunain o'r canrifoedd cynt.

Yn 1492 cyrhaeddodd Christopher Columbus, ac yn y ddinas hon hefyd yr ymsefydlodd yr Ewropeaid cyntaf gan enwi'r lle yn Santo Domingo – prifddinas gyntaf Sbaen yn y Byd Newydd. Yn y ddinas mae'r brifysgol gyntaf, yr eglwys gadeiriol gyntaf a'r castell cyntaf yn yr Americas. Heddiw mae'r adeiladau hyn yn rhan o Ganolfan Treftadaeth Byd o dan oruchwyliaeth Adran Addysg y Cenhedloedd Unedig, sef UNESCO. Rhoddir lle anrhydeddus yma i Christopher Columbus gydag adeiladau i gofio'r digwyddiad hanesyddol pan gyrhaeddodd y rhan hon o'r byd.

Sbaeneg yw'r iaith swyddogol er bod ychydig o Saesneg i'w glywed yn y brifddinas am fod twristiaeth yn boblogaidd iawn bellach, gyda Saesneg yn iaith mwyafrif yr ymwelwyr. Mae treulio gwyliau mewn gwledydd fel hyn yn wrthun o gofio am y miloedd tlawd sy'n crafu byw oherwydd bod cymaint o gam-faeth ac afiechydon. Gwelwyd tlodi difrifol gyda chanlyniadau byw brawychus y difreintiedig, y di-waith a'r digartref ymhobman.

Dywedir hyn yn y stribed-ffilm a gynhyrchwyd gan Gymorth Cristnogol, *Guess Who's Coming to Breakfast,* mai yma, yng Ngweriniaeth Dominica ceir y felin siwgr fwyaf yn y byd. Prynwyd y felin hon a phlanhigfeydd coffi enfawr gan gwmni rhyngwladol o America, *The Gulf & Western Corporation,* ychydig wedi i'r Arlywydd Johnson ddanfon milwyr America i'r wlad yn 1965 er mwyn diogelu buddsoddiadau America yma.

Yr hyn a dynnodd fy sylw wrth fynd i mewn i swyddfa'r Cyngor Eglwysi yn y brifddinas oedd yr ysgrifen uwchben y drws, yn Sbaeneg wrth gwrs, 'Dios No Ha Muerto,' yn golygu "Nid marw mo Duw." Roedd y Cyngor yn amlwg yn dymuno bod yn gadarnhaol mewn ffydd ymarferol gyda'i slogan a oedd, hwyrach, yn ceisio gwrth-ddweud datganiadau pobol megis yr athronydd Almaeneg, Friedrich Nietzsche, yn rhan olaf y bedwaredd ganrif ar bymtheg; un o ladmeryddion athroniaeth 'marwolaeth Duw'.

Yna yn nes at ein cyfnod ni, yn 1963, bu cryn drafod ar syniadau diwinyddion megis Esgob Woolwich, John Robinson, a'i lyfr, *Honest to God.* Yma yn Santa Domingo nid 'Duw i fyny fan 'na' na 'Duw fan draw' a welwyd ond ymgorfforiad o'i ysbryd yn y modd y gwasanaethai pobol ei gilydd. Dyma Dduw yr ugeinfed ganrif mewn dillad gwaith! Pobol a oedd wedi cymryd gosodiad cadarnhaol Iesu o Nasareth o ddifrif oedd yma, yn ceisio gwireddu ei eiriau, "Mab y dyn, ni ddaeth i'w wasanaethu, ond i wasanaethu" (Mathew 20:28).

Gwelwyd mewn modd effeithiol ac egnïol hyder Cristnogol y dioddefwyr llwm wrth iddynt ymgodymu â'u hamgylchiadau. Mewn sgyrsiau a gefais gyda swyddogion y gwahanol brosiectau roedd yn amlwg bod eu gweithgaredd Cristnogol yn fyw iawn a hwythau'n cynllunio'n frwdfrydig gyda'r amrywiol raglenni datblygu a gefnogwyd gan eu Cyngor Eglwysi.

Yma, yn Santa Domingo, y gwelwyd y rhaglenni datblygu mwyaf bywiog a welwyd yn ystod ein taith. Bywiogrwydd mentrus a nodweddai eu gweithgaredd a hwythau, drwy eu hyder, wedi ffurfio Mudiad Cydweithredol Ecwmenaidd gyda'r bwriad o brynu a gwerthu bwyd.

Yn ogystal â'r cynlluniau i gynhyrchu o'r tir wrth law roeddent, hefyd, yn gweld bod gymaint o bobol yn droednoeth, yn methu fforddio sandalau. I gwrdd â'r gofyn aed ati i hyfforddi rhai o'u plith i wneud sandalau, gan obeithio y medrent gynhyrchu digon, nid yn unig i'r brodorion tlawd ond hefyd, maes o law, i'w gwerthu ac i wneud ychydig o elw i gwrdd â'r gost o brynu lledr ac i sicrhau bywoliaeth i nifer o deuluoedd yn ardaloedd llwm y ddinas.

Yn gysylltiedig â'r gweithgaredd hwn cynhelid dosbarthiadau i hyfforddi oedolion a phlant am bwysigrwydd glendid personol yn eu cartrefi – cynllun a werthfawrogwyd yn fawr gan y gymuned, fel y clywsom wrth siarad, drwy gyfieithydd wrth gwrs, gyda rhai ohonynt yn yr ardal.

Roedd treulio dau ddiwrnod yn ardaloedd *shanty* Santo Domingo yn drist ond hefyd yn brofiad calonogol wrth weld yr eglwysi'n cydweithio er budd y gymuned. Carem fod wedi gweld llawer mwy a chyfarfod â rhai o'r arweinwyr eraill ond roedd ein hamser yn brin, a rhaid oedd gadael Santo Domingo a hedfan i'r ynys nesaf ar ein taith.

Antigua

Ar ein siwrne i Antigua rhaid oedd newid awyren yn Porto Rico. Wedi glanio yn Antigua aethom, fel arfer, i gasglu'n bagiau teithio. Roedd dau fag yn eisiau a minnau yn un o'r ddau a gollodd ei fag. Dyna beth oedd pen tost! Doedd dim amdani ond mynd i'n llety – caban oedd hwnnw gydag un ystafell fawr â gwely yr un ar ein cyfer.

Am y tro cynta' roeddem i gysgu o dan rwyd *mosquito* – y creaduriaid cyffredin hyn sy'n medru cario'r pla malaria. Er ein bod wedi cael brechiadau rhag-blaen, ac yn cymryd tabledi i atal malaria, gwell oedd defnyddio'r rhwyd rhag ofn!

Prin iawn fu oriau cysgu'r noson honno. Meddwl am y bagiau coll a'r angen am ddillad glân oherwydd y tywydd crasboeth, a ninnau heb ein siwtiau gorau i gwrdd â Phrif Weinidog Antigua drannoeth. Trefnwyd i'w gyfarfod am fod llywodraeth yr ynys a Chymorth Cristnogol yn cyd-ariannu rhai rhaglenni datblygu yn Antigua.

Cadwyd at y trefniant a'n brawddegau cyntaf oedd ymddiheuro am ein dillad! Daeth gwên i'w wyneb a dweud, *"The same thing happened to me last month when I was attending a meeting at the United Nations headquarters in New York."* Dyna dorri'r iâ a chael sgwrs fuddiol yn ei gwmni.

Roedd trefniadau wedi eu gwneud i'r pedwar ohonom fynd i Barbados ond, oherwydd colli'n bagiau, cytunwyd bod y ddau ohonom oedd yn dal i ddisgwyl ein bagiau yn aros yn Antigua gan obeithio eu cael yn fuan, a'r ddau arall i fynd ymlaen yn ôl y trefniant.

Ymhen deuddydd daeth haul ar fryn. Cyrhaeddodd y ddau fag coll o'r diwedd. Er nad oedd dim wedi ei golli rhaid oedd prynu bagiau newydd gan iddynt gael eu rhwygo ar eu teithiau. Gwelwyd bod tab maes awyr Honolulu ar y bagiau – mae'n siŵr iddynt gael eu rhoi ar yr awyren anghywir wrth i ni newid awyrennau yn Porto Rico.

Er ein helbul gwelsom ychydig o brydferthwch Antigua a chafwyd cyfle i drafod gydag arweinwyr yr eglwysi am rai o'u problemau, megis diweithdra, a gwelwyd rhai o'r prosiectau a dderbyniai nawdd Cymorth Cristnogol.

Roedd darpariaethau iechyd yn bryder yn Antigua, gydag ond un ysbyty ar gyfer poblogaeth o 60,000, a rhaid fyddai i gleifion oedd yn dioddef afiechydon difrifol ac yn medru fforddio talu fynd i wlad arall i gael triniaeth – rhai ohonynt cyn belled â Phrydain neu America.

Bu'r ddau ohonom oedd wedi gorfod aros ymlaen yn Antigua mewn cyfarfod o bwyllgor canolog yr Eglwysi pan drafodwyd prif broblemau'r wlad gyda'u swyddogion, o dan arweiniad eu hysgrifennydd. Gŵr o Iwerddon ydoedd, a phan ddeallodd mai Cymro oeddwn fe'm cyfarchodd gyda direidi yn ei lygaid, "As Celtic brothers we've suffered under the same regime!"

Yn ystod y cyfarfod gofynnwyd a fyddai Cymorth Cristnogol yn barod i gefnogi'r rhaglenni datblygu cyfredol oedd ganddynt, gan obeithio hefyd fedru cynllunio rhai newydd uchelgeisiol yn y dyfodol. Ni fedrem roi sicrwydd iddynt ond trosglwyddo eu dymuniadau taer, wedi dychwelyd adref, i swyddog datblygu ein Hadran yn Llundain. Byddai yntau wedyn yn cysylltu gydag arweinwyr Cyngor Eglwysi Antigua ac yn asesu'r rhaglenni oedd ganddynt mewn golwg. Dyna fel rheol yw'r patrwm pan wneir cais am grant gan un o'n partneriaid.

Rhaid oedd gadael Antigua ar y p'nawn Sadwrn a hedfan i Barbados.

Barbados

Roedd y ddau gyd-deithiwr a fu yn y wlad ddyddiau ynghynt wedi cael cyfle i gyfarfod gydag arweinwyr eglwysig a thrafod eu hamgylchiadau a gweld rhai o'r rhaglenni datblygu a gefnogwyd gan Gymorth Cristnogol. Mae'n debyg bod y rhaglenni hyn yn llwyddo, a hynny ynddo ei hunan yn newyddion boddhaol ac, o'r herwydd, byddai'r bartneriaeth rhyngom yn parhau ac yn wir yn cryfhau gydag ychwaneg o gynlluniau ganddynt yn galw am gefnogaeth.

Oherwydd ein helyntion ni'n dau gyda'n bagiau byr fu ein harhosiad, o reidrwydd, yn Barbados. Yn fuan wedi cyrraedd dywedwyd wrthym fod disgwyl i'r pedwar ohonom bregethu fore trannoeth mewn pedair oedfa wahanol! Gyda'r rhybudd byr hwn treuliwyd gweddill y dydd yn paratoi ein pregethau ar gyfer oedfaon bore Sul!

Profiad unigryw oedd wynebu cynulleidfa mor fawr, o leiaf 400, a minnau'r unig berson croenwyn yno! Yn annisgwyl i mi pwy oedd wedi cyrraedd yn rhinwedd ei swydd gydag eglwysi'r Caribî ond Edgar Davidson, cydlynydd CADEC yng ngorllewin y Caribî, a fu'n aros ar ein haelwyd yng Nghaerdydd ar ei ymweliad â Phrydain ddau fis ynghynt. Roedd yn braf ei weld unwaith eto i adnewyddu ein cyfeillgarwch. Derbyniodd wahoddiad swyddogion yr eglwys i ganu unawd ac roedd ei ddehongliad o *Let my people go* yn wirioneddol wefreiddiol a chafwyd oedfa i'w chofio gydag unawd Edgar a chanu gwefreiddiol y gynulleidfa yn coroni'r gweithgareddau.

Byr iawn fu ymweliad y ddau ohonom â Barbados oherwydd helynt y bagiau. Yn dilyn cyfarfod â rhai o swyddogion y Cyngor Eglwysi fore Llun, a gweld dau brosiect, roeddem unwaith eto yn yr awyr gan fod yn rhaid inni hedfan i Trinidad y tro hwn, a'r awyren yn glanio ym maes awyr Port of Spain.

Trinidad

Daeth Edgar gyda ni am weddill ein taith ac roedd wedi trefnu ein bod yn cael prynhawn rhydd a chyfle i ymlacio drwy fynd â ni i Tobago, ei famwlad. Nid gweld Tobago oedd ei brif fwriad, ond mynd â ni i weld y *coral reef*. Bu'n brofiad gwefreiddiol! Roedd wedi llogi cwch bach ac offer nofio tanfor ar ein cyfer. Wedi cyrraedd man penodol fe'n gollyngodd i lawr yn ein tro dros yr ochr i'r dyfroedd gwyrddlas tawel. Gwelsom ryfeddodau. Wrth symud yn esmwyth yn y dyfroedd (rhyw bymtheg i ugain troedfedd islaw) gwelwyd amrywiol liwiau o bysgod ac yn arbennig y creigiau amryliw yn sgleinio. Trwy garedigrwydd Edgar cawsom wledd i'r llygad a chyfle i ryfeddu at y greadigaeth o dan y môr.

Er cystal oedd cael ymlacio yng ngwres Tobago a'r môr llonydd rhaid oedd dychwelyd i Trinidad er mwyn bod yng nghyfarfod y Cyngor Eglwysi Cenedlaethol yn y brif ddinas, Port of Spain, y noson honno. Bu hyn yn gyfle arall i ni wrando ar amgylchiadau'r ynys a chynlluniau'r eglwysi wrth iddynt geisio gwella sefyllfaoedd y cymunedau hynny yn eu plith oedd mewn angen eu datblygu, a'r modd y medrai Cymorth Cristnogol eu cynorthwyo. O wrando ar eu sefyllfaoedd byddem yn cario eu neges yn ôl at swyddogion yr adran yn ein prif swyddfa yn Llundain oedd yn gyfrifol am y Caribî.

Trannoeth, aethom i Fyzabad, tref tua thrigain milltir o Port of Spain, i gyfarfod o bwyllgor Wythnos Gweithgaredd Trinidad, a hwythau'n trefnu eu hail Wythnos flynyddol gan ei selio ar ein dulliau ni o Wythnos Cymorth Cristnogol. Roedd un gwahaniaeth sylfaenol gan y byddent yn gwario eu hincwm ar eu tlodion eu hunain yn hytrach na'i ddanfon, fel y byddem ni, i wlad arall.

Unwaith eto rhaid oedd codi pac a throi ein hwynebau tuag at y wlad olaf o'n taith. Ond cyn gadael trefnwyd ar y funud olaf ein bod yn cael cyfweld â'r Parchg. Ddr. Roy Neehall, Ysgrifennydd

Cyffredinol Cynhadledd Eglwysi y Caribî. Bu'r cyfarfod hwn yn un gwirioneddol ysbrydoledig a chalonogol gan roi deimensiwn eang inni o botensial Eglwysi'r ynysoedd hyn.

Gadawyd Trinidad ar nodyn gobeithiol a throi ein golygon i gyfeiriad y tir mawr y tro hwn yn hytrach nag i un o'r ynysoedd!

Guyana

Y tir mawr oedd De America ac, yn benodol, Guyana, a glanio ym maes awyr Georgetown, y brifddinas. A ninnau yno yn 1976 roedd y genedl newydd ddathlu deng mlynedd o'i hannibyniaeth ac, yn naturiol, roedd yn achlysur arbennig gydag amryw ffyrdd i gofio'r digwyddiad pwysig yn ei hanes. Bellach mae'r wlad yn medru mwynhau ei hawliau a'i rhyddid cenedlaethol.

Un wedd ar y dathlu oedd dadorchuddio cofgolofn ar ffurf cerflun i gofio Chwyldro 1763 pan ymunodd y caethweision mewn gwrthryfel yn erbyn eu meistri. Cynlluniwyd y cerflun i gynnwys pum symbol i atgoffa'r trigolion o'u hanes ac i'w hysbrydoli ar gyfer y dyfodol.

Er mai ond dwy flynedd oedd ers iddynt ddechrau cynnal Wythnos Gweithredu Cristnogol yn Guyana 'roedd yn ennill ei lle yn gyflym ym mywyd yr eglwysi, gyda'u casgliadau yn 1976 yn 40% yn fwy na'r flwyddyn cynt. Daeth ein taith i ben ar nodyn gobeithiol wrth weld yr enwadau'n cydweithio'n frwd gan wynebu eu hamgylchiadau'n gadarnhaol a ffyddiog.

Treuliwyd y rhan fwyaf o'n hymweliad â Guyana yn Georgetown, y brifddinas, gan fod nifer o raglenni datblygu yn derbyn grantiau oddi wrth Gymorth Cristnogol a ninnau, o'r herwydd, yn ymweld â'r cyfryw – prosiectau tebyg i'r rhai a welwyd mewn mannau eraill oeddent, er hynny yn haeddu pob cefnogaeth.

Buom hefyd mewn seminar ar stiwardiaeth a gynhaliwyd yn neuadd un o eglwysi Georgetown ac, o fod mewn gwahanol grwpiau trafod, medrem fynegi ein barn a rhoi ambell gyngor o'n profiadau mewn pwyllgorau lleol adre'.

Bu'n cyfarfod olaf yn Guyana yn hynod ddiddorol gan fod Pwyllgor Guyana ar gyfer Gweithredu Cristnogol yn cyfarfod i drafod eu cynlluniau ar gyfer yr 'Wythnos Gweithredu Cristnogol' a drefnwyd, yr union syniad â'n heiddo ni gydag Wythnos Cymorth Cristnogol. Dim ond dwy flynedd oedd ers dechrau'r cynllun ond roedd yr arwyddion calonogol i'w gweld wrth iddynt gynllunio i hyrwyddo eu gweithgareddau. Er mawr syndod dywedwyd bod yr incwm yn 1975 yn 400% yn uwch na'r flwyddyn flaenorol!

Daeth ein hymweliadau â'r Caribî i ben a throi ein golygon tuag adre'. Erys profiadau'r daith ar ei hyd yn fyw yn y cof gan ddod â llawer golygfa a sgwrs i'm meddwl. Roedd i bob ynys ei nodweddion ei hun gyda'u hamrywiol olygfeydd prydferth ynghyd â sirioldeb y bobol, er eu hamgylchiadau tlawd, yn ein calonogi. Ar adegau bu'r lleddf a'r llon yn gymysg â'i gilydd fel y bore Sul hwnnw yn Haiti wrth weld y domen sbwriel ac wrth i'r eglwysi geisio goresgyn tlodi'r bobol. Braint gofiadwy bu ymweld â saith o wledydd y Caribî. O hyn ymlaen byddai hanesion gennyf i'w rhannu ag eraill am fywydau pobol India'r Gorllewin.

Fe'm meddiannwyd â chyfrwng newydd i gyfathrebu – profiadau o weld a chlywed pobol yn ymdrechu i fyw bywyd cyflawn wrth geisio ehangu eu gorwelion a chryfhau'r bartneriaeth rhyngddynt a Chymorth Cristnogol. Daeth y pell yn agos ac yn bersonol, Cymru mewn cysylltiad newydd â'r Caribî – un tra gwahanol i gysylltiad Barti Ddu o Gasnewy' Bach, slawer dydd!

De Affrica

Saith mlynedd ar ôl bod yn y Caribî dywedwyd wrthyf y byddai'r daith dramor nesaf yn un i Dde Affrica a byddwn yn treulio mis yno. Yn wahanol i wledydd eraill y Trydydd Byd byddai hanesion am Dde Affrica yn y newyddion yn fynych oherwydd polisi dieflig *apartheid* y llywodraeth.

Doedd derbyn y trefniant hwn ddim yn un hawdd am mod i fel llawer un arall wedi cefnogi'r protestiadau yng Nghymru yn gwrthwynebu ein timau rygbi a chriced cenedlaethol a Phrydeinig i chwarae yn Ne Affrica. Hefyd, ni fyddai ffrwythau a fewnforiwyd oddi yno yn dod i'n tŷ ni.

A ddylwn ymweld â gwlad oedd â'i llywodraeth yn gweithredu polisi anfoesol? Trafodwyd hyn gyda phrif swyddogion Cymorth Cristnogol yn Llundain a, gan fod Cyngor Eglwysi De Affrica yn awyddus inni ddod yno, derbyniwyd y gwahoddiad.

Wrth fynd byddwn yn hyrwyddo partneriaeth Cymorth Cristnogol gyda mudiadau dyngarol y wlad ac, yn benodol, gyda Chyngor Eglwysi De Affrica. Wedi dychwelyd byddwn yn siarad â'n cefnogwyr ym Mhrydain am sefyllfa'r brodorion a'r hyn y byddwn wedi ei weld yn ystod ein hymweliad.

Yn wahanol i ymweliadau chwaraewyr, wedi dychwelyd byddwn yn defnyddio fy mhrofiadau yn ystod fy ymweliad i gefnogi'r rhai o dan ormes a cheisio argyhoeddi'r cyhoedd yng Nghymru fod polisïau llywodraeth De Affrica yn anfoesol a bod mawr angen rhoi rhyddid i'r bobol ddu, mwyafrif y boblogaeth o bell ffordd, i fwynhau'r un hawliau â'r gwynion.

Byddem hefyd yn pwyso ar lywodraeth Geidwadol Prydain i newid ei safbwynt tuag at bolisi *apartheid* De Affrica gan inni fod yn llygaid-dystion i bolisi llywodraeth y wlad a oedd mor annheg ac mor annynol tuag at y bobol ddu. Tony Ashcroft o'r Alban fyddai fy nghydymaith ar y siwrne ac o'i 'nabod byddai'n bartner a chwmnïwr da.

Daeth y diwrnod inni hedfan o Heathrow – teithio drwy'r nos a chyrraedd maes-awyr Jan Smuts, Johannesburg, fore trannoeth tua hanner awr wedi naw. Fel arfer cyn glanio rhaid oedd llenwi'r ffurflen-lanio. Dywedwyd wrthym pan fuom yn trafod ein taith gyda Phennaeth Affrica yn ein Prif Swyddfa i sgrifennu *"church business"* gyferbyn â'r cwestiwn ar y ffurflen, *"Purpose of visit?"* Dyna a wnaed!

Wedi glanio dangoswyd y dogfennau angenrheidiol i'r swyddog pasbort. Dyma ddechrau'n gofidiau. Fe'n croesholwyd ynglŷn â phwrpas ein hymweliad. Oherwydd safiad cadarn Cyngor Eglwysi De Affrica o blaid pobol ddu'r wlad, a'r ymgyrchu a wnaed ar eu rhan ers blynyddoedd, roedd y swyddogion hyn yn amau ein bwriadau gan fod Cymorth Cristnogol yn cefnogi gweithgareddau'r Cyngor Eglwysi Cenedlaethol.

Gwrthodwyd caniatâd inni fynd ymhellach a dywedwyd y byddai'n rhaid inni ddychwelyd ar yr awyren nesaf i Lundain. Nid dod am drip dros nos oedd ein bwriad! Doedd gennym ddim opsiwn: rhaid oedd dangos i'r swyddog pasbort ein rhaglen deithio (*itinerary*) yn nodi pwy fyddem yn eu cyfarfod a ble yn union byddem yn mynd yn ystod ein hymweliad, er bod ein swyddogion yn Llundain wedi ein siarsio i beidio â dangos ein rhaglen deithio i unrhyw swyddog.

Ond o dan yr amgylchiadau, doedd gennym ddim dewis – dychwelyd i Lundain neu ddangos ein rhaglen deithio. Rhoddwyd y ddogfen i'r swyddog. Aeth ar ei union gan ddychwelyd mewn byr amser a dweud wrthym am fynd yn ein blaenau! Mae'n siŵr iddo lungopïo'r hyn a roddwyd iddo! Ond, i ni, rhyddhad o'r diwedd! Dyna'n profiad cyntaf o bolisi dieflig *apartheid* De Affrica.

Gan i ni gyrraedd ar fore Sadwrn doedd dim wedi ei drefnu gennym ar gyfer y Sul ac aethom i oedfa'r bore yn y capel agosaf – eglwys y Methodistiaid. Tra yn y festri yn cymdeithasu wedi'r oedfa gyda'r gweinidog ac eraill prif destun y sgwrsio'r bore hwnnw oedd oedfa'r Sul blaenorol, pan deledwyd oedfa'r bore yn fyw am y tro cyntaf. Roedd y cynhyrchydd teledu yno ac yn awyddus i gynnal *post-mortem* ar yr oedfa, ond ateb y gweinidog oedd,"*No p.m.here – only resurrection!*"

Treuliwyd y tridiau nesaf yng Nghynhadledd Cyngor Eglwysi De Affrica ar gyrion Johannesburg. "Ceisio Heddwch" oedd thema'r gynhadledd – teitl amserol yng nghyd-destun sefyllfa'r wlad, ac yn arbennig gyda'r hyn oedd wedi digwydd yr wythnos cynt.

Mae'n debyg bod tri o fechgyn ifanc, duon wedi bod yn y llys a'u cael yn euog o fradwriaeth a chreu terfysgoedd a, chyn cael cyfle i apelio, wedi eu dienyddio rai dyddiau'n ddiweddarach. Ynghlwm wrth y digwyddiad hwnnw pasiwyd deddf newydd yn dweud bod cynnal cwrdd gweddi a oedd yn gysylltiedig â'r dienyddio yn anghyfreithlon. Mewn maes arall roedd y llywodraeth wedi cytuno i gynyddu'r gwariant ar amddiffyn, a bod triniaeth llymach i'w weithredu ar bersonau oedd yn byw mewn rhai mannau penodol ym Mhenrhyn y Cape. Gyda'r rheolau newydd hyn a'r dienyddio o'r tri bachgen roedd yn naturiol i'r materion gael cryn sylw a beirniadaeth gan y cynadleddwyr.

Cawsom groeso cynnes yn y gynhadledd gan y Llywydd a chefais y fraint o gyflwyno cyfarchion, nid yn unig ar ran Cymorth Cristnogol, ond ar ran Cyngor Eglwysi Cymru hefyd, gan i mi dderbyn neges i'w darllen gan Noel Davies, yr Ysgrifennydd.

Bu'r tri diwrnod yn gyfle i ddod i wybod mwy am eu problemau, eu gofidiau a'u galar, gan fod nifer yno wedi colli aelodau o'u teuluoedd oherwydd melltith *apartheid*. Roedd nifer ohonynt yn pryderu am eu hanwyliaid a oedd wedi ffoi i guddio rhag yr heddlu a milwyr y llywodraeth.

Ymhlith y cynrychiolwyr a gyfarfyddais yr oedd gwraig o dalaith Transkei, oedd wedi cyfarfod â Mrs. Hilda Ethall o Gaerdydd ddwy flynedd ynghynt mewn cynhadledd yn Yr Almaen ac roedd, yn naturiol, yn awyddus i wybod sut ydoedd, a minnau'n falch o fedru dweud ei bod yn aelod ffyddlon o'n pwyllgor cenedlaethol. Trannoeth daeth â llythyr i mi i'w roi i Hilda ac roeddwn yn medru bod yn bostmon iddi!

Wrth sgwrsio gydag amryw yn y gynhadledd profiad dirdynnol oedd clywed am ddigwyddiadau erchyll a dulliau dieflig yr heddlu wrth groesholi'r cyhuddedig. Er yr holl ddigwyddiadau echrydus y rhyfeddod oedd bod unigolion, mewn sgyrsiau ac yn gyhoeddus ar lawr y gynhadledd, yn hyderus y deuai rhyddid iddynt maes o law.

Dyna hefyd oedd neges Ysgrifennydd y Cyngor, yr Esgob Desmond Tutu, yn ei adroddiad. Roedd yn fwy o anerchiad nag adroddiad! Pan orffennodd, cododd y cynadleddwyr fel un gŵr i gymeradwyo eu harweinydd carismataidd a brwdfrydig. Profiad cofiadwy oedd cael bod yno i wrando arno'n traethu. Braint yn wir oedd bod yn y gynhadledd, yn enwedig i wrando ar y modd roedd Desmod Tutu yn arwain y cynadleddwyr a'u cadw ar flaenau'u traed gyda'i ymadroddion bachog a'i osgo fywiog!

Trannoeth y Gynhadledd aeth Leah, ei briod, â'r ddau ohonom i ganolfan gymdeithasol yr Eglwysi, yn St. John's Parkmore, tu allan i Johannesburg. Sefydlwyd Cymdeithas Gweithwyr Cartref Affrica gan Leah ac eraill o chwiorydd yr eglwysi mewn ymateb i gwynion gan forynion am eu hamgylchiadau gwaith a'u cyflogau gwarthus. Defnyddiwyd y canolfannau hyn bob dydd o'r wythnos, ac yn St. John's Parkmore cynhaliwyd dosbarthiadau i hyfforddi'r gwragedd mewn gwnïo, brodwaith, gwau a choginio.

Ar y Suliau defnyddid y ganolfan gan dri enwad ar gyfer oedfaon addoli, gan roi dewis i bobol fynychu pa ffurf o addoliad y dymunent; hyn yn dibynnu ar ba enwad fyddai'n gyfrifol am yr oedfa. Roedd dau weinidog a dau offeiriad yn gwasanaethu'r tri enwad! Gwers i eglwysi Cymru ei hystyried wrth gydweithio a defnyddio'r un adeilad amlbwrpas.

Roedd nifer o ganolfannau tebyg gan yr eglwysi ac, yn rhinwedd ei swydd, roedd Leah yn gyfrifol am weithgareddau'r canolfannau. Gyda'i phersonoliaeth afieithus llwyddai'n fedrus i ffeindio gwaith i wragedd, trefnu cyrsiau ar eu cyfer a sicrhau gwell amodau gwaith iddynt.

Cymerai ei gwaith o ddifri', er nad person difrifol mohoni. Byrlymai o hiwmor. Cawsom enghraifft o hyn pan barciodd ei char mewn stryd brysur yn Johannesburg a dweud wrthym, "*If the police ask you who left this car here tell them that it was a big black woman and that it's Desmond Tutu's car! They won't believe you, because they don't believe black people!*"

Mae meddwl am bersonoliaethau nodedig fel Desmond a Leah Tutu yn f'atgoffa o'm hymweliad â Dr Beyers Naude yn Johannesburg. Pan fu Tony a minnau yn ei gwmni 'roedd o dan *house arrest*. Golygai hyn nad oedd hawl ganddo i siarad gyda mwy nag un person ar y tro na symud o'i dŷ. Cosb oedd hyn a ddyfarnodd y llys arno am gymryd rhan mewn protest o blaid y duon ar ryw achos yn y ddinas. Cyn ein hymweliad dywedwyd wrthym am logi tacsi i fynd â ni yno ond i ofalu ein bod yn cael ein gollwng i lawr o leiaf can llath o'i dŷ. Doedd neb i wybod ein bod yn mynd i'w weld gan y medrai'r awdurdodau glywed a'i gosbi'n drymach am dorri gorchymyn y llys.

Treuliwyd dwy awr yn gwrando arno'n ateb ein cwestiynau wrth iddo sôn am ei ddaliadau a'i obeithion am ddyfodol ei wlad. Ymhlith y llu atgofion sy'n aros o'm hymweliad â De Affrica mae'r prynhawn hwnnw yn sefyll allan.

Wrth gyfeirio at bersonoliaethau arbennig inni eu cyfarfod rhaid cyfeirio at gyfraniad y Parchg. Frank Chikane. Yn 1987 Frank oedd olynydd Beyers Naude yn Ysgrifennydd Cyngor Eglwysi De Affrica a Desmond Tutu cyn hynny. Roedd felly mewn olyniaeth glodwiw, a hynny'n dipyn o gyfrifoldeb a her iddo, ond roedd gan Frank ei rinweddau arbennig a bu ei arweinyddiaeth yn un bwyllog a goleuedig.

Cyfrannodd yn ddifesur fel Ysgrifennydd Cyngor Eglwysi De Affrica gyda'i feddwl miniog a pherthnasol ym maes diwinyddiaeth a'i ddawn i gyfathrebu'r neges Gristnogol ar gyfer gofynion y sefyllfa yn Ne Affrica. Pan oeddem ni yno roedd newydd sefydlu Canolfan Ddiwinyddol Gyd-Destunol (Centre for Contextual Theology) ac, yn 1983, ef oedd pennaeth y ganolfan yn Johannesburg, a chafwyd y fraint o'i gyfarfod yno wrth ei waith gyda grŵp o weinidogion.

Defnyddiwyd y ganolfan i hyfforddi gweinidogion ac arweinwyr eglwysi i berthnasu'r efengyl i sefyllfa gyfoes eu gwlad o dan gyfarwyddyd Frank, a thrwy'r hyn a ddysgai ceisiai berthnasu ffydd y bobol i gwrdd â'u bywydau beunyddiol. Roedd y gwneud cyn bwysiced â'r dweud.

Carcharwyd Frank unwaith am brotestio a chafodd ei gamdrin yn erchyll tra yn y carchar; disgrifiodd ei brofiadau erchyll ynghyd â hanesion dirdynnol eraill yn ei gofiant, *No Life of My Own*.

Teithiwyd o Johannesburg i Durban a thra yno cefais alwad ffôn annisgwyl, yn gynnar un bore, gan un o'r heddlu yn dweud, "*Just checking that you're keeping to your schedule.*" Roedd yn amlwg eu bod yn cadw llygad barcud ar Tony a minnau gan wneud defnydd o'r daflen a roddwyd i'r awdurdodau yn y maes awyr.

Nid dyna'r unig dro i'r heddlu cudd geisio cysylltu â ni. Ddeuddydd yn ddiweddarach, a ninnau ar ein ffordd i swyddfa'r Methodistiaid yn Pietermaritzburg, hanner can milltir o Durban, mae'n debyg eu bod wedi ffonio yno i wybod os oeddem wedi cadw at ein hamserlen!

Wedi dychwelyd i Durban o Pietermarizburg aeth Cyfarwyddwr

mudiad ecwmenaidd Diakonia â ni i weld campws ar gyfer y
gweithwyr mudol (*migrant labour camp*) rai milltiroedd tu allan i'r
dref. Gwelwyd hosteli ar gampws anferth wedi eu hadeiladu ar gyfer
23,000 o ddynion. Er bod ystafell yr un ganddynt dim ond wyth
troedfedd sgwâr oedd eu maint. Byddai'n ofynnol i'r un person
wneud popeth yn y 'stafell honno: cysgu, coginio ei fwyd, bwyta,
ymolchi, a hyd yn oed ei defnyddio'n doiled. Rhaid oedd gweld yr
ystafell i gredu bod person yn gorfod byw yn y fath amgylchiadau.

Adeiladwyd yr hosteli hyn ar gyfer y gweithwyr duon, y
mwyafrif ohonynt o'r Transkei, talaith gannoedd o filltiroedd i
ffwrdd. Byddent yno am 11 mis o'r flwyddyn heb weld neb o'u
teulu, yna mynd adre' ar ddiwedd eu cytundeb a dim sicrwydd am
waith pellach. Oherwydd y fath reolau chwalwyd llawer priodas
ac amddifadwyd plant o gwmni eu tadau, gyda'r mamau yn unig
yn eu magu. Roedd y fath ddadwreiddio â'i ganlyniadau anochel
ar bob lefel.

Cynllun arall o eiddo'r llywodraeth oedd symud miloedd o'r
gweithwyr duon i sicrhau llafur rhatach i berchnogion ffatrïoedd y
bobol wyn. Drwy lafur rhad y duon byddai elw'r cwmnïau gymaint
yn fwy i'r cwmnïau rhyngwladol, perchnogion y ffatrïoedd.

Achosai polisïau'r llywodraeth bob math o drafferthion wrth
wahanu teuluoedd y bobol ddu a'r gwynion er mwyn chwyddo
cronfeydd cyfalafol y dyn gwyn mewn masnach a diwydiant, gan
ddistrywio ffordd o fyw'r bobol ac iselhau eu safonau moesol.

Roedd mawr alw, felly, ar fudiadau dyngarol ac Eglwysi i bwyso
ar lywodraethau'r gorllewin a chwmnïau masnachol rhyngwladol
i gadw draw o Dde Affrica er mwyn prysuro'r dydd y deuai
cyfiawnder i'r wlad a diwedd i'r drefn *apartheid*. Yn y cyfnod
hwn hefyd pwyswyd ar bobol yng ngwledydd y gorllewin i beidio
prynu nwyddau a bwydydd a ddeuai o Dde Affrica mewn ymgais
i weld terfyn ar *apartheid*.

Clywsom am nifer o enghreifftiau o ddioddefiadau'r duon yn Durban mewn sgwrs gyda bargyfreithiwr a weithiai yng Nghanolfan Adnoddau Cyfreithiol y ddinas. Y noson roeddem ni yn ei gyfarfod roedd wrth ei fodd gan iddo newydd ennill achos o blaid person du a gyhuddwyd ar gam o fod yn y dref gyda'r nos ac yn ddi-waith (Dywed y ddeddf nad oedd hawl gan ddyn du i fod mewn dinas neu dref gyda'r hwyr onid oedd yn gweithio yno ac yn meddu ar drwydded waith).

Llwyddodd y bargyfreithiwr i brofi fod gan y cyhuddedig reswm digonol am fod yn y dref ar y noson dan sylw a rhyddhawyd ei glient, a oedd eisoes wedi treulio tridiau yn y carchar cyn yr achos llys.

Yn ogystal â chefnogi achosion yn y llys roedd y Ganolfan Adnoddau Cyfreithiol yn cynorthwyo'r duon yn Durban drwy gyhoeddi taflenni am reolau a ddeuai i rym yn ddiarwybod iddynt, e.e. gallai person gael ei garcharu am ddwy flynedd heb sefyll prawf ac ni fyddai'n rhaid i'r heddlu roi gwybod i'w deulu ble ydoedd.

Mae sôn am yr heddlu yn arwain fy meddwl at safiad a dioddefaint un gŵr ifanc nodedig yn Ne Affrica, Steve Biko. Tra roeddem yn lletya ar aelwyd yn Kingwilliamstown dywedwyd wrthym am ei safiad a'i ddioddefiadau. Roedd un o feibion y teulu yn ffrindiau â Steve a threuliodd yntau lawer o'i amser ar eu haelwyd. Tra yng ngofal yr heddlu ar nifer o achlysuron cafodd ei niweidio ac yn eu gofal hwy ydoedd pan fu farw o dan amgylchiadau amheus.

Wrth gyfeirio at gyfraniad aberthol Steve Biko, yn anochel, daw enw'r gŵr mawr ei hun, Nelson Mandela, i'm meddwl. Bu ein hymweliad â Cape Town yn fodd inni wybod mwy am ei brofiadau dirdynnol – yntau a'i gydgarcharorion ar Ynys Robben am flynyddoedd lawer.

Gŵyr y byd am fywyd eithriadol Nelson Mandela ac y mae'r llyfrau sydd gennyf amdano yn drysorau am eu bod yn sôn am un o wŷr mawr yr ugeinfed ganrif. Pobol brin iawn yn ein byd yw personoliaethau o ansawdd yr ymgyrchwr hwn a ddioddefodd garchar gyhyd ac a ddaeth yn Arlywydd ei wlad, yr un a gefnogodd argymhelliad Desmond Tutu i roi cyfle i'r poenydwyr, a'r sawl fu'n gyfrifol am niweidio'r duon, ddod wyneb yn wyneb â rhai o'r dioddefwyr er mwyn ceisio cymod. Y mae bywyd a chyfraniad Mandela yn rhan annatod o hanes nid yn unig De Affrica ond o hanes y teulu dynol yn gyffredinol.

Medrem weld Ynys Robben ar y gorwel o Cape Town a chafwyd cyfle i fynd i Cowley House yn y ddinas, lle arhosai nifer o deuluoedd y carcharorion ar eu siwrne i weld eu hanwyliaid ar yr ynys. Treuliwyd bore yno yn gwrando ar un o'r swyddogion yn sôn am gyfraniad y ganolfan i deuluoedd y carcharorion. Derbyniai'r mudiad a ofalai am y Ganolfan nawdd gan Gyngor Eglwysi De Affrica, rhan o'r cyfraniad ariannol a ddeuai oddi wrth Gymorth Cristnogol. Yn ogystal â rhoi lletry i'r teuluoedd ceisiwyd cynorthwyo'r carcharorion i ail-sefydlu gyda'u teuluoedd yn dilyn eu rhyddhau o'r carchar.

Llym iawn oedd y rheolau ar gyfer ymwelwyr. Byddai swyddog yn bresennol gyda phob ymwelydd a'r sgwrs yn gorfod bod yn Saesneg neu Afrikaans. Ni fedrai'r mwyafrif siarad un o'r ieithoedd ac o'r herwydd ni welai llawer ohonynt ddiben i ymweld â'u hanwyliaid.

Ar ôl treulio tridiau yn Cape Town teithiwyd 'nôl i Johannesburg. Fore trannoeth buom yn swyddfa'r *Black Sash*, mudiad a ffurfiwyd gan wragedd gwynion er mwyn cynghori a chyfarwyddo'r bobol ddu am eu hawliau cyfreithlon. Deuai deddfau newydd i rym yn fynych ac felly roedd angen cyfarwyddyd arnynt i ddeall sut roedd y deddfau hyn yn eu heffeithio. Mawr oedd angen eu cynorthwyo gan fod y mwyafrif ohonynt heb gael y cyfle i fedru darllen ac ysgrifennu.

Byddai ugeiniau yn dod i'w swyddfa bob dydd i dderbyn cynghorion ar amryw faterion gan swyddogion *Black Sash*, ac roedd y gefnogaeth a roddwyd gan eu swyddogion yn gymorth i'r bobol ddu fagu hyder i wynebu'r awdurdodau cyfreithiol pe digwyddai iddynt gael eu holi am eu symudiadau.

Wrth ystyried y cyfarwyddwyd a roddwyd gan y mudiad hwn teimlwn, ar y pryd, pan ddeuai rhyddid i'r bobol ddu yn Ne Affrica, gyda rheolau a deddfau *apartheid* yn cael eu dymchwel, y byddai cyfraniad mudiad y *Black Sash* – nad oedd yn codi ceiniog am yr help a roddai – yn haeddu pob clod am y cymorth i'r duon ynglŷn â hawliau cyfreithlon y wlad.

Yn ogystal â chysylltu'n ffurfiol gyda Chyngor Eglwysi De Affrica a mudiadau a gefnogwyd gan Gymorth Cristnogol cafodd Tony a minnau gyfle, hefyd, i gwrdd â phobol tu allan i feysydd eglwysig oedd yn weithgar gyda'u rhaglenni datblygu.

Buom yn ffodus o fedru cyfarfod ag arweinydd un o'r mudiadau hyn yn Soweto, maestref y tu allan i Johannesburg, lle'r oedd dwy filiwn o bobol ddu wedi eu gorfodi i fyw. Braint arbennig oedd cyfarfod a gwrando ar Ellen Kuzwayo yn adrodd hanes sefydlu *Chwiorydd Zamani* (sy'n golygu "gwneud ymdrech").

Sefydlwyd y fenter ar gyfer y gwragedd oedd â'u gwŷr yn gorfod treulio'r rhan fwyaf o'r flwyddyn yn gweithio cannoedd o filltiroedd i ffwrdd, ac yn byw mewn hosteli tebyg i'r rhai a welsom yn Durban. Hyfforddir y gwragedd mewn gwaith tŷ, brodwaith a gwneud cwiltiau. Roedd yr hyfforddiant yn fodd i fagu eu hyder a'u calonogi drwy eu tynnu at ei gilydd mewn cymunedau, a hwythau o dan straen yn gorfod magu eu plant heb gefnogaeth eu gwŷr.

Rhai dyddiau wedi i mi ddychwelyd adref o Dde Affrica darllenais rifyn cyfredol o'r *Faner*. Cyd-ddigwyddiad annisgwyl, ond pleserus iawn, oedd darllen erthygl llawn tudalen am Chwiorydd Zamani o dan y pennawd, 'O Soweto i Sir Fôn.' Agorai'r erthygl gyda dyfyniad o eiddo Ellen Kazwayo, "Fel gwraig ddu 'rwy'n teimlo fod gwragedd duon wedi'u gormesu gan y Wladwriaeth, a hynny oherwydd eu diwylliant. Mae pobol yn meddwl nad ydi gwragedd duon yn werth dim. Ond fe all gwragedd duon wneud pethau. Rhaid iddynt ddangos eu gwerth fel pobol i gyflawni eu hanghenion eu hunain a'r gymuned."

Roedd corff yr erthygl yn olrhain hanes sefydlu Chwiorydd Zamani gan ofyn beth oedd a wnelo hyn ag Ynys Môn? Yr ateb oedd bod Chwiorydd Zamani yn teithio o gwmpas i nifer o wledydd gydag arddangosfa o'u gwaith a chafwyd lle i'w gosod, gyda ffilm am y sefyllfa yn Ne Affrica, yng Nghanolfan Gwehydd Bodeilio, Ynys Môn. Roeddent yn ddiolchgar iawn i un o'r perchnogion, Robert Williams, a oedd yn fab i fam Affricanaidd a'i dad yn Gymro, ac a oedd yn fawr ei sêl dros ymdrech neilltuol y mudiad cydweithredol hwn fel rhan o'i ymdrech yntau i gefnogi brwydr y duon oedd dan ormes yn Ne Affrica.

Fel y dywedai'r erthygl, wrth ymweld â Chymru a gwledydd eraill roedd cyfle i'r gwragedd ledaenu eu neges a gwneud mwy o bobol yn ymwybodol o'r gormes oedd yn eu hwynebu bob dydd.

Ymddangosodd ysgrif hefyd yn *Y Cymro* yr un wythnos gan Glyn Evans, yn cyfeirio at yr arddangosfa a hefyd at y ffilm, *Deffroad Wedi Galar*, sy'n portreadu gwaith ymddiriedolaeth Maggie Magaba. Roedd sefydlydd ac ysgogydd yr Ymddiriedolaeth, Betty Wolbert, wedi dod yno i lansio'r arddangosfa a'r ffilm. Cawn sôn amdani hi a'r ymddiriedolaeth yn nes ymlaen.

Cyd-ddigwyddiad pleserus oedd y cysylltiad agos a wnaed rhyngom, fel dwy genedl, drwy'r gwragedd ymroddedig hyn yn Soweto. Braint bersonol fu ymweld â'u canolfan a hwythau ymhen tridiau yn troedio daear Cymru gyda'u harddangosfa!

Tra'n ymweld â'r Ganolfan yn Soweto dywedodd Ellen Kazwayo yr hanes am sefydlu *The Maggie Magaba Trust,* gwybodaeth a ddaeth i glustiau'r cyhoedd yng Nghymru wythnos yn ddiweddarach! Mae'n berl o stori.

Dyma'r hyn ddigwyddodd. Galwodd dwy wraig croenwyn i weld Ellen a chyflwynodd un ohonynt ei hunan fel Elizabeth Wolbert. Roedd yn byw yn Llundain ac wedi dod yno i weld a oedd gwragedd Soweto yn ymwneud â phrosiectau hunan gymorth. Roedd mewn tipyn o frys gan ei bod yn mynd adref brynhawn trannoeth.

Yn dilyn ei hanerchiad mewn cyfarfod o Gyngor y Chwiorydd rhoddodd 3,000 rand tuag at waith y Mudiad. Yng ngeiriau Ellen Kuzwayo i Tony a minnau, "Ni fûm erioed mewn cyfarfod tebyg. Rhyfeddol oedd y wefr a'r gobeithion; gyda gonestrwydd a diffuantrwydd roedd y wraig o Lundain wedi ennill ymddiriedaeth pawb."

Cyn ymadael datgelodd i Ellen brif bwrpas ei hymweliad. Dymunai sefydlu Ymddiriedolaeth gan fuddsoddi swm enfawr i'r diben hwnnw. Gwireddwyd ei chynnig pan lansiwyd yr Ymddiriedolaeth yn ddiweddarach, mewn cydnabyddiaeth o safiad gwrol gwragedd duon De Affrica ac i gofio'n benodol am ei magwraeth gan Maggie Magaba, un o forynion ei thad pan oedd yn byw yn Johannesburg.

Dymunai fod gwragedd yn gyfrifol am holl weddau ariannol Yr Ymddiriedolaeth a threfnwyd hyfforddiant ar gyfer rhai ohonynt i weinyddu'r cyfrifon, a thrwy eu dycnwch a'u dyfalbarhad datblygodd y fenter. Torrodd gwawr obeithiol ar y mudiad a bu ei rhodd yn fodd i adeiladu gwell dyfodol i gannoedd o ferched Soweto. Cawn sôn yn nes ymlaen am Elizabeth Wolbert gan i'r hanes amdani ennyn fy edmygedd am ei gweithred hael.

Daeth ein harhosiad yn Ne Affrica i ben gyda'r ymweliad â

Soweto ond roedd yn ymweliad cofiadwy, fel y daith ar ei hyd. Cofiaf am y golygfeydd a welwyd, y cyfarfodydd a fynychwyd, a'r personoliaethau nodedig y cyfarfu'r ddau ohonom â nhw yn ystod ein pedair wythnos yn y wlad.

Trist iawn oedd gweld yr holl ddadwreiddio ymhob rhan o'r wlad oedd yn effeithio ar fywydau miliynau o bobol, yn enwedig y plant a'r oedrannus, y cam-faeth a'r doluriau y dioddefai cymaint ohonynt, y mudo diangenraid, dim ond er mwyn sicrhau'r fargen orau i'r bobol wyn a'r cwmnïau masnachol rhyngwladol a brynai gymaint o'r tir. Anodd iawn fyddai credu'r hyn a ddioddefai'r bobol ddu oni bai i ni gael gwrando ar eu profiadau erchyll a gweld eu sefyllfaoedd annynol.

Meddyliaf yn fynych am ddyn mewn gwth o oedran, dros ei naw deg oed gyda dagrau'n rhedeg i lawr ei ruddiau, yn gofyn i mi, "Fedrwch chi 'neud rhywbeth i stopio'r awdurdodau fy symud o'm cartref, a minnau wedi byw yma ers yn blentyn?" Roedd wedi cael gorchymyn i symud oddi yno ymhen wythnos gan eu bod yn bwriadu dymchwel ei dy.

Byddai'n gorfod mynd i fyw mewn lle o'r enw *Compensation Farm,* enw arwyddocaol o anffodus, lle byddai cannoedd o bobol debyg wedi eu gosod. Y rheswm am hyn? Er mwyn i gwmni masnachol rhyngwladol, gyda chefnogaeth y llywodraeth, fedru defnyddio'r tir i adeiladu ffatri.

Yn ogystal â De Affrica digwyddai hyn mewn nifer o'r gwledydd sy'n datblygu, nid oherwydd lliw croen ond er mwyn i gwmnïau masnachol rhyngwladol feddiannu'r tir i'w ddefnyddio i wneud elw ar draul y tlodion gwerinol oedd yn ddi-rym a di-lais.

Ar lefel debyg, ac eto'n wahanol, meddyliais am drigolion Tryweryn yn y pumdegau, gyda theuluoedd a fu'n byw yn eu bröydd ar hyd eu hoes yn gorfod symud o'u cynefin er mwyn darparu dŵr i ddinas Lerpwl.

Daeth dywediadau fel "adfeddiannu tiroedd," "caethgludo," "adleoli" yn eiriau cyfarwydd inni, gyda phawb yn casáu'r polisi o gael eu hadleoli a'u caethgludo. Dyma alltudion yn eu gwlad eu hunain!

Ar yr ochr arall, roedd arweinyddiaeth yr eglwysi yn gadarn, a lle'r oedd galw am safiad yn erbyn polisïau anfoesol y llywodraeth byddai Cyngor Eglwysi De Affrica yn cyfarfod â gweinidogion y llywodraeth i geisio hawliau tecach i'r duon. Yng ngeiriau Desmond Tutu, "Ni fydd heddwch hyd nes bydd heddwch i bawb – dim rhyddid hyd nes bydd rhyddid i bawb."

Ymhen rhai wythnosau wedi dod adre' roeddwn mewn cynhadledd yn cael sgwrs gydag aelod o'n staff yn Llundain oedd newydd ddod nôl o Dde Corea. Wrth gyfnewid profiadau dywedodd ei fod wedi ail-ddarllen llyfr Actau'r Apostolion. "*Snap,*" meddwn innau, "Gwnes innau yr un peth!" Roedd profiadau'r ddau ohonom mor debyg i hanes aelodau'r Eglwys Fore – pobol yn barod i ddioddef dros eu ffydd mewn sefyllfaoedd anodd.

Mewn canlyniad i'm hymweliad cefais nifer o gyfweliadau ar y radio a'r teledu, gydag un rhaglen yn benodol pan fu pedwar ohonom yn trafod a ddylid ymweld â'r wlad ai peidio. Hefyd, cefais gyfle i rannu fy mhrofiadau mewn 48 o gyfarfodydd yn ystod y misoedd dilynol ac ymweld â nifer o ysgolion i siarad a dangos tryloywon i blant o bob oedran. Er y pendroni ynglŷn â mynd yno, credaf imi wneud y penderfyniad iawn a chael profiadau cofiadwy yn ystod y mis oeddwn yno a llwyddo hefyd i ehangu gorwelion eraill trwy adrodd rhai o'm hatgofion wedi dod adre'.

Wrth feddwl am amgylchiadau bywyd yn Ne Affrica o dan *apartheid*, a gwledydd eraill sy'n dioddef oherwydd llywodraethau pwerus a gormesol, daw geiriau proffwydol Waldo i'm meddwl:

> Daw dydd y bydd mawr y rhai bychain
> Daw dydd ni bydd mwy y rhai mawr.

Y Gambia

Cefais gyfle i ehangu fy ngorwelion personol ymhellach yn 1987 pan ddwedwyd wrthyf fod trefniant ar y gweill i mi fynd ar daith dramor arall ac y byddwn yn ymweld â'r Gambia a Sierra Leone y tro hwn – dwy wlad yng ngorllewin Affrica a fu'n rhan o'r Ymerodraeth Brydeinig. Roedd Ysgrifennydd Cenedlaethol Iwerddon hefyd wedi derbyn gwahoddiad i wneud y daith ac edrychwn ymlaen at gael cwmni Ian McDowell, Celt arall, fel ar fy nhaith flaenorol. Byddem yn cychwyn ddechrau'r wythnos olaf o Fedi a dychwelyd ganol mis Hydref – tuag ugain niwrnod i gyd.

Er nad oedd y ddwy wlad ymhell oddi wrth ei gilydd yn ddaearyddol roedd nifer o wahaniaethau rhyngddynt. Rheolwyd Y Gambia gan Brydain am ddau gan mlynedd, tan i'r wlad gael ei hannibyniaeth yn 1965. Enillwyd y refferendwm a gafwyd yn 1970 gan y llywodraeth, i'w galluogi i sefydlu gweriniaeth gydag Arlywydd Gweinyddol.

Bu'r saithdegau yn gyfnod o ffurfio gwrthbleidiau gan achosi tensiynau, gydag ymrafael chwyrn yn 1981, ond daeth milwyr o Senegal, cymydog agosaf Y Gambia, i dawelu'r sefyllfa er i nifer gael eu lladd yn y terfysgoedd. Erbyn 1987 roedd y llywodraeth yn llwyddo i weinyddu'n gymharol ddirwystr, er bod y sefyllfa economaidd yn parhau'n fregus. Oherwydd problemau economaidd bu'n rhaid i'r llywodraeth dderbyn cefnogaeth oddi wrth Gronfa Cyllid y Byd (*IMF – International Monetery Fund*) – cronfa sy'n cwrdd â galwadau argyfyngus nifer o lywodraethau.

Ychydig wythnosau cyn mynd i'r Gambia roeddwn wedi cyfarfod ag athro yng Nghaerdydd oedd wedi treulio nifer o flynyddoedd yn un o'r ysgolion yno. Mwynhaodd ei arhosiad o bymtheng mlynedd yn y wlad ond roedd yn bryderus am y pleidiau gwleidyddol oedd yn brwydro â'i gilydd am eu hawliau. Doedd hyn ddim yn rhoi llawer o hyder i mi cyn cychwyn ac eto roeddwn yn awyddus i wybod mwy am sefyllfa'r brodorion a chael cyfle unwaith eto i gyfarfod â phartneriaid Cymorth Cristnogol a gweld eu rhaglenni datblygu.

Os byddai'r ymweliad fel yr ymweliadau eraill byddwn ar fy ennill drwy gael profiadau a fyddai'n rhoi gwell dealltwriaeth imi o amgylchiadau'r trigolion ac a fyddai'n fy ngalluogi i'w defnyddio ar gyfer cyfathrebu'n fwy effeithiol gyda'n cefnogwyr yng Nghymru.

Er mai gwlad fach, gul o ran tiriogaeth yw'r Gambia, gyda'r afon Gambia yn llifo drwy ei chanol, mae'r boblogaeth yn uchel, gydag amaethyddiaeth yn asgwrn cefn ei economi. Tyfir cotwm, reis, ŷd a sorgwm a daw tipyn o incwm drwy bysgota. Mae'n wlad sy'n dioddef o sychder enbyd, gyda chanlyniadau erchyll yn niweidio'r economi, heb sôn am effaith hyn ar y teuluoedd tlawd. Eto ceir adegau o'r flwyddyn pan fydd glawogydd trymion yn medru achosi trafferthion a phroblemau.

Wedi glanio yn y maes awyr yr hyn a'm trawodd wrth deithio i mewn i Banjul, y brifddinas, oedd prydferthwch yr ardaloedd gwledig, gwastad gyda'u meysydd o lesni hardd o ganlyniad i'w glawogydd trymion a gafwyd yn ystod yr wythnosau blaenorol.

Er bod y glaw wedi helpu'r cnydau nid felly'r ffyrdd! Gwelwyd a theimlwyd ei effaith wrth eistedd yn y *landrover*! Roedd y glaw wedi creu tyllau mawr ar y ffyrdd i'r brifddinas ac yn y ddinas ei hunan. Yn ogystal â'r tyllau roedd mwd ymhobman, gyda sawl cerbyd yn sownd ynddo!

Golygfa arall a dynnodd ein sylw oedd nifer y twristiaid oedd o gwmpas, gyda llawer ohonynt yn Brydeinwyr. Dywedwyd wrthym droeon, tra yno, nad oeddent fawr o help i economi'r wlad nac yn sicr i'r tlodion. Dim ond canran fechan o'r arian roedd yr ymwelwyr yn ei wario a ddeuai i goffrau'r llywodraeth.

Yn ogystal â'r diffyg elw ariannol a ddeuai yn sgîl twristiaid dywedwyd wrthym am eu heffeithiau a'u dylanwadau niweidiol ar safon foesol y wlad. Gwelwyd cynnydd yn y troseddau rhywiol a gyflawnwyd, yn bennaf, gan dwristiaid yn y brifddinas a mynegwyd eu pryderon am achosion o blant yn cael eu niweidio'n gorfforol a meddyliol wrth iddynt ddilyn yr ymwelwyr i gael eu harian. Gofid arall a fynegwyd wrthym oedd bod plant yn cael eu lladrata, gyda nifer o dwristiaid yn euog o'r fath anfadwaith.

Rhwystrwyd ni rhag teithio llawer pellach yn y ddinas oherwydd y llifogydd a threuliwyd tipyn o'n hamser yn ymweld â phrosiectau a welwyd naill yn Banjul ei hun neu yn yr ardaloedd cyfagos.

Gair a glywsom yn fynych yn Y Gambia oedd *"tesito,"* a olygai 'hunan ddatblygiad.' Gwelwyd hyn yng ngweithgaredd y bobol wrth iddynt fwrw ati'n ddiwyd gyda'u gwahanol raglenni datblygu, gyda'r gwragedd a'r gwŷr yn gweithredu'r egwyddor o 'hunan ddatblygu.'

Nid oeddent yn dibynnu'n gyfan gwbl ar eraill i wella eu hamgylchiadau byw drostynt ond, yn hytrach, roeddynt yn ceisio gwella eu sefyllfa eu hunain a bod yn hunangynhaliol. Arwydd calonogol oedd gweld hyn mewn llawer lle wrth iddynt fagu hunanhyder a dod yn hunanfeddiannol.

O weld eu parodrwydd i gynllunio a gweithio'n galed o blaid eu gwahanol raglenni datblygu roedd Cymorth Cristnogol yn barod iawn i'w cefnogi gyda grantiau er mwyn iddynt barhau gyda'u hymdrechion.

Ar wahân i'r prosiectau a welwyd, a chwrdd â'r bobol oedd yn gyfrifol am y rhaglenni datblygu, mae un olygfa yn fyw yn y cof nad oes a wnelo ag unrhyw bartneriaeth yn Y Gambia. Wrth inni deithio i mewn i Banjul ar brynhawn dydd Gwener gorfu i'n *landrover* stopio nifer o weithiau. Nid oherwydd y drafnidiaeth na chyflwr y ffordd ond am fod cannoedd o bobol yn cerdded o'n blaenau! Holwyd y gyrrwr pam fod cymaint yn cerdded gyda'i gilydd. Atebodd yn syth ar ffurf cwestiwn,"*Don't you know it's Friday?*" Cofiodd y ddau ohonom mai hwn oedd dydd addoli'r Mwslemiaid, a gan mai Islam oedd prif grefydd y wlad roedd y tyrfaoedd ar eu ffordd adre' o'r Mosgiau.

Y noson honno mewn cyfarfod o'r Cyngor Eglwysi Cenedlaethol un o'r eitemau ar yr agenda oedd trafod perthynas y Mwslemiaid â'r Cristnogion yn y wlad. Dywedwyd bod y Cyngor Eglwysi yn cefnogi'r Mwslemiaid gyda phrosiectau datblygu, a gwelwyd enghreifftiau o hyn yn rhai o'u rhaglenni. Yn sicr, roedd yn galonogol clywed am y cydweithio rhwng arweinwyr y naill grefydd a'r llall.

Ym Mhrydain, a hyd yn oed yng Nghymru, mae pobol yn amau cymhellion dilynwyr y grefydd Islam ond mae'r cydweithio a welwyd yn Y Gambia yn profi bod modd cefnogi ein gilydd er y gwahaniaethau crefyddol. Angen cyd-ddyn yw'r cymhelliad blaenaf; dyna welwyd wrth iddynt wynebu problemau'r tlodion a cheisio gwella'u hamgylchiadau.

Mae hyn yn fy atgoffa o weithred arloesol Francis o Assisi, ganrifoedd yn ôl, pan gafodd ganiatâd y Pab i fynd i Balesteina er mwyn cyfathrebu gyda'r Mwslemiaid a dod i ddeall mwy am eu crefydd. Dyna her i wleidyddion heddiw, ac yn sicr i arweinwyr crefyddol ein gwlad, sef ceisio adeiladu pontydd rhwng crefyddau a'i gilydd.

Yn sicr roedd y sant o Assisi o flaen ei oes gan mai cydnabod crefyddau a daliadau gwleidyddol ein gilydd, ac nid eu beirniadu ar gam, yw'r allwedd i fyd tecach a byd mwy heddychlon. Medrwn ganmol swyddogion Cyngor Eglwysi'r Gambia wrth iddynt geisio cyflwyno'r ffydd Gristnogol i bobol y wlad, gan droedio'n ofalus, fel na fyddai eu dulliau o gyflwyno Cristnogaeth yn cythruddo'r Mwslemiaid.

Rhoddwyd pwys a gwerth arbennig ar iechyd a diogelwch yn y wlad, yn enwedig ar y fenter Cymdeithas Cynllunio Teulu. Fe'i ffurfiwyd gan grŵp o feddygon yn 1968 a bellach cafwyd cefnogaeth gan y llywodraeth, a hynny drwy gymeradwyaeth y Cyngor Eglwysi. Rhoddwyd y cyfraniad gwreiddiol gan Gymorth Cristnogol tuag at y fenter.

Wrth ymweld ag un o'r canolfannau hyn gwelwyd bod eu rhaglen yn un gynhwysfawr. Roedd y rhaglen yn cynnwys darn o dir er mwyn tyfu llysiau a ffrwythau a fyddai'n sicrhau cyflenwad o fwyd iach i ddeuluoedd y gymuned. Hefyd perswadiwyd y mamau i dderbyn hyfforddiant i gynllunio teulu, gan ddefnyddio sloganau, "Mae teulu a gynlluniwyd yn deulu hapus" a "Dysgwch ddyn ac fe adeiladwch deulu – ond dysgwch wraig ac fe adeiladwch genedl." Yn y gorffennol bu daliadau crefyddol yn rhwystr i drefnu rhaglenni mewn atal cenhedlu ond, yn raddol, fe'u goresgynnwyd wrth i'r Gymdeithas Cynllunio Teulu integreiddio prosiectau datblygu mewn iechyd ac amaethyddiaeth.

Wrth adael Y Gambia roeddem yn gadael gwlad oedd yn atynfa arbennig i ymwelwyr gyda'r tymheredd uchel a'r golygfeydd ysblennydd ynghyd ag afon hudolus Y Gambia ond, gwaetha'r modd, dod â phroblemau i'r wlad wnâi'r diwydiant twristaidd.

O ystyried sefyllfa'r wlad yn gyffredinol, sylweddolwyd bod angen mawr yn Y Gambia am gefnogaeth gan elusennau fel Cymorth Cristnogol. Fe'n calonogwyd wrth weld nifer helaeth o'r brodorion yn ymdrechu i oresgyn eu pryderon a'u problemau er mwyn sicrhau dyfodol dedwyddach iddynt eu hunain ac i'w plant.

I hyn lwyddo byddai'n ofynnol i'r Moslemiaid a'r Cristnogion gyd-dynnu, ynghyd â'r llywodraeth, gan ymgodymu â nifer o'r problemau sydd i'w goresgyn.

Sierra Leone

Wedi gadael Y Gambia glanio wedyn ym maes awyr Sierra Leone a theithio i Freetown, y brifddinas – rhyw awr o siwrne, ac wedi cyrraedd ein llety deall nad oedd trydan yno! Dyna sefyllfa Freetown a llawer o drefi Sierra Leone gan na fedrai'r cyngor na'r llywodraeth ei fforddio.

Cwtogwyd y trydan i dair awr yn unig, rhwng saith a deg o'r gloch yr hwyr, a hwnnw'n cael ei gynhyrchu gan *generator* ar gyfer un rhan o'r ddinas yn unig. Doedd dim gobaith ffonio adre' i ddweud mod i wedi cyrraedd yn ddiogel fel yr arferwn ei wneud ar deithiau tramor eraill!

Trafod problemau'r wlad oedd prif destun ein sgwrs yn y cyfarfod y bore cyntaf gydag Ysgrifennydd Cyngor Unedig Cristnogol Sierra Leone, y Parchg. Ddr. Eustace Renner. Soniodd am rôl y Cyngor mewn perthynas â'r llywodraeth a'i fod yn ceisio cynrychioli'r bobl wrth bwyso ar y llywodraeth i weithredu tegwch. Roedd llawer o le i wella yn y cyfeiriad hwn meddai, gan fod elfen o berthynas meistr a gwas yn parhau mewn nifer o sefyllfaoedd rhwng y llywodraeth a'r bobl.

Soniodd wrthym am fethiannau'r cyn-Arlywydd Stevens, am iddo reoli'r wlad mewn dulliau treisgar gan adael Sierra Leone mewn cyflwr ariannol difrifol, gyda dyledion aneirif. Mawr oedd yr angen i newid agweddau a pholisïau er mwyn codi safonau bywyd y trigolion a chodi'r wlad ar ei thraed.

Wrth sôn am y problemau hyn ehangodd ein trafodaeth i siarad am gyflwr y byd, a chyfeiriodd Dr. Renner at ddameg Y Mab Afradlon. "Mae pobol Sierra Leone a llawer gwlad arall," meddai, "wedi cam-ddefnyddio eu hadnoddau a'u gwastraffu, fel y mab ieuengaf." Yr un oedd ei sylw hefyd am arweinwyr gwleidyddol a Christnogol ein byd, pan ddywedodd, "Mae gennym ni fel Cristnogion yr ateb i broblemau'n hoes, os byddwn barod i weithredu ..." gan ychwanegu drwy ddyfynnu o'r ddameg eto, "*... we must come to our senses.*"

Cyfeiriodd yn gynnil hefyd at yr Ail Ryfel Byd wrth sôn am gysylltiad Prydain â Sierra Leone, gan feirniadu lleoli canolfan forwrol Prydain yn Freetown rhwng 1942 a 1945. Yn ôl Dr. Renner bu'n andwyol a niweidiol i'r wlad ar bob lefel.

Wedi dod adref, wrth annerch cyfarfodydd am fy ymweliad â Sierra Leone, cyfeiriwn yn naturiol at fy arhosiad yn Freetown ac, yn fynych, cawn gyn-filwyr yn sôn am eu profiadau yn ystod y rhyfel mewn baracs yn Freetown. Dyna unig wybodaeth rai ohonynt am Sierra Leone!

Yn ystod ein sgwrs gyda Dr. Eustace Renner mynegodd ei amheuaeth ynglŷn â rhoddion enfawr. Credai eu bod yn sbwylio'r bobol tra bod rhoddion bychain yn rhoi annibyniaeth a hunan falchder iddynt. Dyna'r dull a ddefnyddid gan y Cyngor Unedig Cristnogol yn Sierra Leone gan fod angen, wedyn, i'r bobol eu hunain wneud ychydig o ymdrech tuag at unrhyw welliannau a gyflawnwyd.

Gadawyd Freetown fore trannoeth a theithio am ryw ddwy awr i dref fechan o'r enw Lunsar yng nghanol y wlad. Arhoswyd yno am dridiau i weld prosiectau ac i gyfarfod ag arweinwyr yr eglwysi lleol.

Rhoddwyd cryn bwyslais ar amaethyddiaeth, a hynny'n naturiol mewn ardal wledig a dangoswyd darn o dir i ni oedd newydd ei drin gan grŵp o fechgyn ifainc o dan hyfforddiant. Dywedwyd wrthym y medrai'r wlad dyfu digon o reis ar gyfer y boblogaeth, a bod yn hunangynhyrchiol pe byddai'r amaethwyr yn cael cefnogaeth ariannol ar gyfer sicrhau had o ansawdd da. Ond roedd yn rhy gostus i fwyafrif y ffermwyr. Roedd yr ychydig help ariannol oddi wrth Gymorth Cristnogol yn hynod dderbyniol ar gyfer hyn gan alluogi'r ffermwyr i dyfu reis o'r ansawdd gorau.

Tŷ bychan gwag fyddai ein llety yn Lunsar gyda dau wely isel – prin droedfedd o'r llawr – a rhoddwyd cannwyll i ni, digon o olau i weld haid o greaduriaid bychain yn crwydro ar hyd y llawr concrit a ninnau sawl gwaith yn cael ein hwynebau yng ngwe'r cor! Bach iawn o gwsg a gafwyd y noson gyntaf – glaw trwm, mellt a tharanau heb sôn am y creaduriaid bach crwydrol oedd yn gwmni i ni!

Trannoeth aethom i bentref diarffordd o'r enw Kasasi a chael cyfle i gyfarfod â gwraig arbennig, sefydlydd ac arweinydd Cymdeithas Datblygiad Amaethyddol y Gwragedd. Ffurfiwyd y Gymdeithas hon fel rhan o gynllun arbrofol ar gyfer y pentref.

Roeddent wedi rhoi ystyriaeth i'r ffordd orau i weithredu'r fenter i ddatblygu'r pentref ac mewn amser byr llwyddwyd i'w gweithredu am fod un person, Mrs. Sally Formeh Karma, wedi dod i'r adwy i'w cefnogi a'u cynorthwyo, mewn awydd i ymgymryd â'r dasg. Buddsoddodd swm sylweddol yn y fenter a dechreuwyd ar y rhaglen ddatblygu gan ymroi gyda'i chynlluniau ar gyfer y pentref gyda grant oddi wrth Gymorth Cristnogol.

Cefais sgwrs â Sally am ei chefndir a'i hawydd i gynorthwyo'r pentrefwyr. Roedd yn barod iawn i gynorthwyo pawb o drigolion presennol Kasasi gyda'i chyfraniad ariannol hael tuag at y rhaglen. Gyda'i phrofiad ym myd busnes medrai roi cyfarwyddyd a chyngor iddynt am y dulliau gorau o weithredu. Yn y fath sefyllfa roedd y wraig arbennig hon wedi dod â gobaith i'r pentrefwyr drwy sefydlu menter a fyddai'n sail i ddatblygu eu bywydau hwy a chenedlaethau'r dyfodol.

Y bore dilynol buom yn ysbyty'r Bedyddwyr a oedd yn arbenigo yn noluriau'r llygaid. Roedd gan yr Eglwys Babyddol hefyd ysbyty yn Lunsar oedd yn trin afiechydon cyffredinol. Er bod y ddau enwad begynau oddi wrth ei gilydd yn ddiwinyddol roedd yna gydweithio rhagorol rhwng staff y ddau ysbyty.

Wrth feddwl am barodrwydd y ddau enwad i gydweithio meddyliais am yr enwadau yng Nghymru o'u cymharu â'r gweithgaredd cyd-enwadol a welais yn y deg gwlad roeddwn wedi ymweld â hwy ar hyd y blynyddoedd. Er bod eu hamgylchiadau allanol, a diwinyddiaeth llawer o'r eglwysi, yn dra gwahanol roeddent yn barod i gydweithio, yn fwy awyddus yn wir na'r hyn a geir yn y mwyafrif o ardaloedd Cymru. Beth bynnag, roedd yn galonogol gweld y cyd-dynnu rhwng ysbytai'r Bedyddwyr a'r Pabyddion ym mhentref Lunsar.

Tu allan i ysbyty'r Bedyddwyr gwelem res hir o gleifion ar hyd y ffordd yn aros eu tro i weld yr arbenigwr llygaid – hwythau wedi cerdded milltiroedd lawer ers cyn toriad gwawr! Mae'n debyg bod 150 o gleifion allanol yno'r diwrnod hwnnw a thua'r un nifer bob bore Llun.

Cyn iddynt weld y meddyg byddai'r nyrs yn egluro iddynt am glefydau'r llygaid, yn enwedig dallineb afon. Dyma un o'r doluriau mwyaf cyffredin yn yr ardaloedd llwm am fod y bobl yn gorfod mynd i'r afon i 'nôl dŵr yn rheolaidd ac, wrth blygu i'w godi i'r bwced, byddai heidiau o wybed yn codi o'r afon a mynd ar eu hwynebau. Ymhen amser byddai'r gwybed yn niweidio'u llygaid ac yn achosi iddynt fynd yn ddall.

O ganfod y symptomau'n gynnar gellir trin y dolur, ac arbedir y claf rhag dallineb. Gan na fedrai'r mwyafrif ddarllen byddai'r nyrs yn egluro'r dolur iddynt drwy gyfrwng siartiau ar y wal. Cyd-ddigwyddiad oedd cyfarfod â nyrs oedd yno a dderbyniodd ran o'i hyfforddiant yn ysbyty Glangwili, Caerfyrddin, yn 1968.

Bu gweld y sefyllfa a chlywed am broblemau'r cleifion, ynghyd â chyfarfod â nyrs a meddyg i drafod eu pryderon am brinder arian ar gyfer offer meddygol, yn fodd i mi werthfawrogi ein gwasanaethau a'n holl ddarpariaethau iechyd yng Nghymru.

Cafwyd profiad o werthfawrogi'n breintiau hefyd ddeuddydd yn ddiweddarach wrth i ni aros yn Bo, tref rhyw 90 milltir i'r dwyrain o Freetown. Ar ôl swper gyda'n lletywr a thrafod hyn ac arall, a hynny o dan olau lamp olew, dyma fe'n neidio ar ei draed gan floeddio, "Mae wedi dod 'nôl!"

Eiliadau ynghynt roedd y trydan wedi dod ymlaen. Dyma'r tro cyntaf i'r dref gael trydan ers dwy flynedd! Aeth yntau ar ei union i'w weithdy, er ei bod wedi deuddeg o'r gloch y nos! Roedd ei beiriannau argraffu wedi bod yn segur am ddwy flynedd am na fedrai'r Cyngor, fel y mwyafrif o gynghorau'r wlad, fforddio talu am y trydan i gynnal holl angenrheidiau pobol.

Gall dygymod â'r amgylchiadau yn y fath wledydd llwm naill ai eich digalonni a threchu eich amynedd neu eich annog i ddyfalbarhau'n obeithiol am fodd ariannol i'w goresgyn. Dyna yn union a welwyd mewn llawer lle, a doedd dim unman gwell i'w weld nag mewn anghenion meddygol – pobol yn ymdrechu i fyw o dan amgylchiadau anodd ac eto'n hyderus y deuai newid byd cyn bo hir!

Gwelwyd ymdrechion teuluoedd y cleifion pan ymwelwyd ag ysbyty ar ein taith yn ôl i Freetown. Deuai teuluoedd i'r ysbyty i helpu bwydo eu perthnasau oedd yn gleifion yno a hefyd i olchi eu dillad gwely. Oni bai am hyn ni fyddai'r cleifion yn cael derbyn triniaeth yn yr ysbytai.

Cynhelir hefyd ddosbarthiadau Cynllunio Teulu ar eu cyfer. Yn y dosbarthiadau hyn defnyddir siartiau yn hytrach na deunydd ysgrifenedig gan nad yw'r mamau yn medru darllen, a thrwy eu cynghori ceisir eu hannog i gynllunio eu teuluoedd.

Byddai ymwelydd iechyd o'r ysbyty yn dod i'r clinigau hyn yn wythnosol gan ddod ag offer a chyffuriau ar eu cyfer. I'r ysbyty deuai cleifion o bell i dderbyn meddyginiaeth, gydag ond dau feddyg yno i gyflawni llawdriniaethau yn ogystal â gwaith clinigol.

Yn un o ardaloedd tlawd Freetown roedd Cyngor Unedig yr Eglwysi yn cefnogi Rhaglen Datblygu Trefol ar gyfer y 7,000 oedd yn byw yno. Prin iawn oedd y cyfleusterau a'r adnoddau ar eu cyfer, ac er mwyn cael dŵr glân rhaid oedd cerdded i ben rhiw serth a charegog a chario'r dŵr mewn bwcedi i'r cartrefi. Doedd dim darpariaeth carthffosiaeth yno chwaith ac, o'r herwydd, byddai canran uchel o'r boblogaeth yn dioddef o wahanol heintiau.

Fel mewn llawer gwlad dlawd daethai'r bobol oedd yn byw yn y cabanau hyn o ardaloedd gwledig i chwilio am waith. Ond, gwaetha'r modd, prin oedd y gwaith ar eu cyfer a phrinnach oedd y tai y medrent eu fforddio, eu prynu neu eu rhentu.

Doedd dim amdani ond byw mewn amgylchiadau digalon ac afiach yn y gobaith y deuai gwaith cyn bo hir i o leiaf un aelod o'r teulu fedru ennill ychydig i'w cynnal. Yr unig fodd i gael arian oedd tyfu ychydig o lysiau o'r darn tir fyddai wrth ymyl eu cabanau a gwerthu'r cynnyrch ar strydoedd y ddinas.

Wrth i ni ddod i ddiwedd ein hymweliad sylweddolwyd, unwaith eto, pa mor bwysig yw partneru â phobol. Mae'n hanfodol ein bod yn eu cefnogi i'w codi o'u tlodi a hwythau'n cael eu hamddifadu o'r hawliau dynol a gymerwn ni mor ganiataol.

Mae gan Sierra Leone, fel llawer gwlad yn Affrica, y potensial i fod yn hunangynhaliol. Ond i wireddu hyn rhaid i'r gwledydd cyfoethocaf eu cefnogi er mwyn eu galluogi i dyfu eu cnydau a'u masnachu ar yr un telerau â'r gwledydd cyfoethog.

Heb amheuaeth dyma'r ffordd ymlaen i wledydd a esgeuluswyd gyhyd gan y gwledydd cyfoethog. Drwy weithredu rhaglen *Masnach Deg* yng Nghymru a gweddill Prydain rhagwelir tro ar fyd i drigolion y gwledydd llwm.

Bu'r daith i'r Gambia a Sierra Leone yn fodd i'm hargyhoeddi o'r newydd nad ynysoedd o unigolion yw'r teulu dynol ac na fedrwn fyw i ni ein hunain nac er ein mwyn ein hunain. Er i'r unig Brif Weinidoges fu ym Mhrydain ddweud, yn yr wythdegau, nad oedd y fath beth â chymdeithas gwell gennyf gytuno â'r Prif Rabbi, Jonathan Sacks, pan ddywedodd, *"The growth of individualism has been responsible for a pervasive breakdown in trust."*

Drwy'r profiadau a gafwyd yn ystod fy ymweliad sylweddolais fod arweinwyr crefyddol y ddwy wlad, er eu gwahanol broblemau a'u hanawsterau mewn iechyd, addysg ac economi, yn ceisio pontio eu gwahaniaethau gwleidyddol a chrefyddol ar lefelau personol a gwladwriaethol am eu bod yn cyd-ddibynnu ar ei gilydd i sicrhau tecach a glanach byd i'r brodorion presennol, a'r rhai fydd yno yfory.

Fel ar y teithiau eraill cefais olwg newydd a gwerthfawr o ffordd o fyw pobol, ynghyd â'u hamgylchiadau, ar y ddegfed a'r olaf o'm teithiau tramor. Rhoddodd y daith hon neges gadarnhaol imi i'w chyflwyno i'n cefnogwyr yng Nghymru am sefyllfaoedd ein partneriaid yng Ngorllewin Affrica, a sylweddolais o'r newydd mor wir yw cwpled Waldo bod "rhwydwaith dirgel Duw yn cydio pob dyn byw."

Adran o Gyngor Eglwysi Cymru –
Y Pwyllgor Cenedlaethol

O'R CYCHWYN CYNTAF bu Cyngor Eglwysi Cymru yn gyfrwng effeithiol i bontio rhwng yr amrywiol enwadau ac roedd i'r Cyngor nifer o adrannau. Un o'i adrannau ers 1966 oedd Cymorth Cristnogol, a ffurfiwyd pwyllgor cenedlaethol gan y Cyngor i weinyddu gwahanol weddau o'r gwaith yng Nghymru.

Er ei fod yn bwyllgor cenedlaethol yn ymwneud â gweithgaredd Cymorth Cristnogol yng Nghymru cyfeiriwyd, yng ngweithgareddau Cyngor Eglwysi Cymru, at y pwyllgor fel Adran o'r Cyngor.

Cadeirydd yr Adran pan ymunais i â'r staff oedd Dr. Roderic Bowen, a llywiai'r cyfarfodydd gyda chryn brofiad ac yntau, tra'n aelod seneddol, wedi bod yn Ddirprwy Lefarydd yn Nhŷ'r Cyffredin am gyfnod.

Pan fyddai angen cefnogaeth i hyrwyddo'n gwaith yng Nghymru byddai cyfraniad Roderic yn cario cryn bwysau, yn enwedig fel aelod o Fwrdd Cymorth Cristnogol. Gwelwyd hyn ar sawl achlysur wrth gyflwyno amryw argymhellion ar ran yr Adran, yn arbennig wrth iddo ef a'r Trysorydd sicrhau bod y cyfraniadau a ddeuai o Gymru yn cael eu cyfrif a'u prosesu drwy'r Swyddfa Genedlaethol yng Nghaerdydd.

Soniwyd eisoes ei bod wedi cymryd nifer o flynyddoedd i argyhoeddi swyddogion yr adran gyllid yn Llundain, a'r

Cyfarwyddwr ei hun, fod modd derbyn cyfraniadau, cadw cyfrif a'u cydnabod gyda llythyron a derbynebau o'r Swyddfa Genedlaethol yng Nghaerdydd, a bu cyfraniad Roderic Bowen yn y mater yn un tra dylanwadol.

Fel Cadeirydd yr Adran rhoddai arweiniad doeth a diogel i'r aelodau ar nifer o faterion. Enghraifft o hyn oedd ei argyhoeddiadau ynglŷn ag argraffu'r derbynebau yn ddwyieithog, gyda llofnod Trysorydd Cymru ar y dderbynneb yn ogystal ag enw'r Cyfarwyddwr. Sicrhaodd Roderic hefyd fod y Gymraeg yn cael yr un statws â'r Saesneg yng Nghymru ar lawer o'r defnyddiau a gyhoeddwyd. Llwyddwyd yn raddol i sicrhau nid yn unig bod hyn yn digwydd yn yr ardaloedd lle'r oedd y Gymraeg yn iaith gyntaf y mwyafrif ond fe'i gwnaed yn bolisi i argraffu pob amlen gasglu i'w dosbarthu yng Nghymru gyfan yn ddwyieithog.

Araf iawn fu'r Pwyllgor Cenedlaethol hyd yn oed, yn enwedig rhai o'r aelodau uniaith Saesneg, i gefnogi'r egwyddor ond gyda dyfalbarhad llwyddwyd i'w hargyhoeddi i fabwysiadu polisi dwyieithrwydd ar gyfer posteri a dogfennau cyhoeddus, yn ogystal ag amlenni casglu.

Nid ar chwarae bach yr argyhoeddwyd ein prif swyddogion yn Llundain am yr angen i gyhoeddi defnyddiau yn ddwyieithog. Gan ein bod yn cefnogi hawliau cyfartal i bartneriaid tramor credem y dylid gweithredu'r un egwyddor i'n hiaith wrth gyfathrebu â'r cyhoedd yng Nghymru.

Byddai'r Pwyllgor Cenedlaethol yn cyfarfod ddwywaith y flwyddyn gyda'i aelodaeth yn cynnwys cynrychiolaeth o'r enwadau a berthynai i Gyngor Eglwysi Cymru. Yr oedd cynrychiolwyr hefyd ar ran yr Undodiaid, Mudiad Cristnogol y Myfyrwyr (*SCM*), Mudiad Addysg Gristnogol (*CEM*), Mudiad Cristnogol Dynion Ifainc (*YMCA*) a Mudiad Cristnogol Merched Ifainc (*YWCA*), gyda'r hawl i gyfethol i fyny at dri aelod.

Eitemau rheolaidd ar yr agenda fyddai adroddiadau chwemisol yr Ysgrifenyddion Rhanbarth gyda chyfle i'r aelodau eu holi am faterion yn eu hadroddiadau ac am eu gwaith yn gyffredinol. Cyflwynai'r Trysorydd ei adroddiad ymhob cyfarfod. Ar ddiwedd y flwyddyn ariannol cyhoeddwyd rhestr o siroedd Cymru a'r symiau a dderbyniwyd fesul sir.

Os byddai ymwelydd o wlad dramor yng Nghymru ar adeg cynnal pwyllgor fe'i gwahoddwyd i annerch, ac o bryd i'w gilydd deuai un o brif swyddogion Cymorth Cristnogol i sôn am y digwyddiadau a'r cynlluniau diweddaraf.

Un o gyfrifoldebau'r Pwyllgor hefyd fyddai trefnu Apêl Enwadol gyda'r staff yn cysylltu gyda swyddogion y gwahanol enwadau a threfnu gyda'r Adran Brosiectau pa faes neu wlad fyddai'n derbyn cyfraniadau'r apêl. Nid casgliad gan y cyhoedd mohono ond yn hytrach gan aelodau'r eglwysi a berthynai i'r enwad. Pan fyddai enwad yn trefnu apêl ni fyddai eglwysi'r enwad hwnnw yn derbyn gwahoddiad i gefnogi ein Hapêl Nadolig.

Wrth gyfeirio at y Nadolig byddai cyfarfod y gwanwyn o'r Pwyllgor yn treulio amser hir i ddewis y cardiau Nadolig i'w cyhoeddi yn y Gymraeg ac yn ddwyieithog. Roedd hyn yn dipyn o saga ac yn dreth ar amynedd nifer o'r aelodau. Er rhyddhad i bawb trefnwyd dull amgenach o ddewis y cardiau Nadolig i'w gwerthu. Ymddiriedwyd y cyfrifoldeb i aelodau'r staff yng Nghymru i wneud awgrymiadau ar sail y samplau a dderbyniwyd.

Un o brif ddibenion y Pwyllgor Cenedlaethol oedd bod yn ddolen gydiol â'r enwadau drwy eu cynrychiolwyr. Wrth gael eu gwybodaeth am yr hyn oedd dan sylw medrent gyflwyno eu hadroddiadau i brif swyddogion eu henwadau a rhoi cyhoeddusrwydd hefyd drwy bwyllgorau a chynadleddau eu henwad.

Byddai hefyd yn fodd i gyhoeddi adroddiadau am brif drafodaethau'r cyfarfodydd yn wythnosolion yr enwadau yng Nghymru, ond un o'i brif fanteision oedd bod argymhellion y cytunwyd arnynt mewn cyfarfod o'r Adran yn cael eu lleisio i gryfhau anghenion Cymru gan gynrychiolydd yr Adran ar Fwrdd Cymorth Cristnogol yn Llundain. Oherwydd hyn roedd yn ddolen gyswllt werthfawr.

At ei gilydd llwyddwyd i sicrhau consensws yn y cyfarfodydd gydag unfrydedd ar y mwyafrif o bynciau, er y medrai'r trafodaethau ar rai adegau fod yn eitha' bywiog! Teimlai'r Pwyllgor yn rhwystredig wrth drafod rhai pynciau, megis sicrhau mwy o ryddid i weithredu'n annibynnol ar ambell fater er mwyn hyrwyddo'r neges yn fwy effeithiol yng Nghymru. Yn Hydref 1973 bu trafodaeth ar hyn a mynegwyd anfodlonrwydd ynglŷn â pherthynas yr Adran o Gyngor Eglwysi Cymru â Bwrdd Cymorth Cristnogol yn ganolog. Cytunwyd i fynegi hyn i'r Bwrdd, gan obeithio y byddai gan yr Adran fwy o rym yn y dyfodol i ddatganoli rhai penderfyniadau ar faterion yn ymwneud â Chymru.

Yng nghyfarfod yr Adran yn 1974 mynegwyd beirniadaeth gref fod llun o dractor wedi ymddangos yn *Christian Aid News* gyda'r pennawd canlynol oddi tano, *Donated by Christian Aid England*. Cytunwyd i fynegi'n gwrthwynebiad, a hynny am ddau reswm. Yn gyntaf, Adran o Gyngor Eglwys Prydain ac Iwerddon oedd Cymorth Cristnogol (un o'r pedair cenedl a berthyn i'r elusen yw Lloegr) a hefyd, nid yw'n bolisi i ddynodi o ba wlad neu elusen y daw rhoddion tuag at ryw raglen ddatblygu. Ni welwyd cyfeiriadau tebyg yn y papur o hynny ymlaen!

Ymhlith y trafodaethau eraill a gafwyd dros y blynyddoedd cododd un mater dadleuol. Yn 1978 cyhuddwyd Cymorth Cristnogol, fel y mynegwyd eisoes, o gefnogi teroristiaid yn Zimbabwe (Rhodesia fel ydoedd bryd hynny) a gorfu i Gymorth

Cristnogol gyhoeddi datganiadau i egluro ei safbwynt. Trafodwyd hyn yn un o'r cyfarfodydd a bu cryn ddadlau ymhlith nifer o'r aelodau.

Mewn erthygl yn un o bapurau'r wasg Brydeinig gwnaed cyhuddiad fod Cymorth Cristnogol wedi rhoi grant tuag at y *Programme to Combat Racism*. Oherwydd hyn bu'n ofynnol i'r elusen gyhoeddi taflen arbennig ar ffurf cwestiynau ac atebion er mwyn goleuo a hysbysu'r cyhoedd o'r modd y defnyddid grantiau Cymorth Cristnogol.

Wrth drafod hyn mewn cyfarfod o'r Pwyllgor Cenedlaethol llwyddwyd i rannu gwybodaeth ac i esbonio i'r aelodau am broses Cymorth Cristnogol o roi grantiau, ac i egluro am yr anawsterau a godai o bryd i'w gilydd pan fyddai'n ofynnol i Gyngor Eglwysi'r Byd ddelio gyda rhai sefyllfaoedd sensitif iawn, fel yr un yn Rhodesia. Bu'r cyhoeddusrwydd a roddwyd i'r cyhuddiad yn gyfle i oleuo'r cefnogwyr a'r cyhoedd. Mewn gwirionedd daeth daioni allan o'r digwyddiad!

Yn sicr, dros y blynyddoedd, gwelwyd bod swyddogaeth y Pwyllgor Cenedlaethol fel Adran o Gyngor Eglwysi Cymru wedi bod yn gaffaeliad i hysbysu, i drafod, i argymell ac i hyrwyddo amcanion Cymorth Cristnogol ymhlith aelodau'r enwadau a'r mudiadau hynny oedd yn weithredol yng Nghymru.

Gan fod Pwyllgor Cenedlaethol yn yr Alban hefyd roedd elfen o ddatganoli yng ngweithgarwch y ddwy wlad Geltaidd, er nad oedd hawl ganddynt i wneud penderfyniadau chwyldroadol!

Apeliadau Enwadol

Ⓔ R CYN BWYSICED oedd addysgu'r cyhoedd am gyfrifoldebau Cymorth Cristnogol bara menyn yr elusen oedd codi arian. Ar wahân i'r Wythnos bob mis Mai, pan fyddai'r rhan fwyaf o'r incwm yn dod i law, deuai cyfraniadau hefyd mewn ymateb i Apêl y Cynhaeaf ac Apêl y Nadolig bob blwyddyn, er mai canran fechan a dderbyniwyd drwy'r apeliadau hyn o'i gymharu â'r hyn a godwyd adeg Yr Wythnos. Yn ogystal, derbyniwyd rhoddion personol drwy gyfrwng cyfamodau ac ewyllysiau.

Tua diwedd y chwedegau cyflwynwyd argymhelliad a gymerodd sawl blwyddyn cyn iddo dderbyn ymateb cadarnhaol gan yr eglwysi o bob enwad, yn enwedig yng Nghymru sy'n fynych yn glynu'n hir wrth y traddodiadol a'r ceidwadol cyn mentro i arloesi mewn rhyw ddull neu gynllun newydd. Awgrymwyd cynllun gan Gymorth Cristnogol i drefnu apeliadau ychwanegol at gynnal Yr Wythnos. Gwahoddwyd yr enwadau yn eu tro i drefnu apêl enwadol, gan annog aelodau eu heglwysi i gyfrannu tuag at raglen ddatblygu benodol yn un o wledydd y Trydydd Byd.

Tarddai'r syniad gwreiddiol o argymhelliad o eiddo'r Cenhedloedd Unedig pan wahoddwyd gwledydd cyfoethog y byd i gyfrannu 1% o Incwm Cyflawn Cenedlaethol *(Gross National Product)* eu gwlad tuag at waith datblygiad yng ngwledydd y Trydydd Byd.

Gwaetha'r modd ni lwyddodd y llywodraethau cyfoethog i ymateb yn gadarnhaol i'r cynllun a methwyd â'i wireddu. O'r herwydd, cytunwyd i ostwng y ganran a ddisgwylid gan y gwledydd datblygedig o 1% i 0.7%. Gwaetha'r modd, mae nifer o'r llywodraethau cyfoethog yn dal i fethu cyrraedd y nod hwn o'u Hincwm Cyflawn Cenedlaethol yn eu cyfraniadau tuag at yr anghenus.

Er gwaethaf methiant y llywodraethau i gyrraedd yr amcan gwreiddiol, penderfynodd Cymorth Cristnogol fabwysiadu'r cynllun a gwahoddwyd aelodau'r eglwysi i gyfrannu 1% o'u henillion tuag at brosiect penodol. Disgwylid i'r enwadau drefnu apeliadau ymhlith eglwysi oedd yn aelodau o'u henwad.

Awgrymwyd mai mater o egwyddor Gristnogol oedd i aelodau'r eglwysi weithredu eu cred. Gan fod Cymorth Cristnogol yn gwahodd y cyhoedd i gyfrannu adeg yr Wythnos onid oedd yn rhesymol disgwyl i aelodau'r eglwysi weithredu drwy esiampl a chyfrannu yn ôl 1% o'u henillion blynyddol?

Amcan arall y tu ôl i weithredu'r apeliadau hyn oedd addysgu. Byddai modd codi ymwybyddiaeth ymhlith aelodau'r eglwysi am gyflwr y wlad a'r ardal y cyfrennid tuag ati drwy'r apêl gyda gwybodaeth am y prosiect a gefnogwyd. Nid casgliad oddi wrth y cyhoedd fyddai hwn ond, yn hytrach, ymrwymiad personol gan Gristnogion.

Yn ddelfrydol gobeithiwyd cael yr enwadau i weithredu'r cynllun yn flynyddol ond sylweddolwyd na fyddai cynllun o'r fath yn ymarferol. Yn hytrach, neilltuwyd blwyddyn gyfan yn achlysurol ar gyfer yr apêl.

Yr Eglwys yng Nghymru oedd y cyntaf o'r enwadau i drefnu apêl yn 1970 pan gasglwyd £46,000. Er i'r ymateb fod yn un calonogol penderfynodd Yr Eglwys yng Nghrymu, rai blynyddoedd yn ddiweddarach, mai gwell oedd canolbwyntio ar apeliadau arferol

Cymorth Cristnogol na threulio amser ac adnoddau gydag apeliadau enwadol.

Mewn cyfarfod o Fainc yr Esgobion yn 1974 argymhellwyd bod pob esgobaeth yn ffurfio Pwyllgor Cymorth Cristnogol er mwyn annog eglwysi'r esgobaethau i gefnogi Apêl Nadolig flynyddol yr elusen a'r Wythnos ym mis Mai, yn hytrach na lansio apêl enwadol yn achlysurol. Dros y blynyddoedd, drwy sefydlu'r pwyllgorau hyn o fewn yr esgobaethau, cynhaliwyd nifer o gynadleddau addysgol ar gyfer offeiriaid a lleygwyr gyda staff Cymorth Cristnogol yn gyfrifol am baratoi deunydd a sicrhau siaradwyr i arwain trafodaeth.

Cefnogodd ambell eglwys a berthynai i'r Eglwys Ddiwygiedig Unedig (URC) y cynllun gyda brwdfrydedd, yn arbennig eglwys yr enwad yn Nhrefansel, Abertawe, a oedd yn esiampl i lawer. Roedd eisoes gan yr eglwys Bwyllgor Datblygiad Byd ac o dan arweiniad goleuedig ei gweinidogion yn eu tro, Y Parchgn. Dr. John Morgans ac Ifor Rees codwyd symiau sylweddol drwy'r cynllun hwn, gan barhau i wneud hyn ar hyd y blynyddoedd.

Bu ymateb Eglwys Bresbyteraidd Cymru i'r alwad i gynnal apêl enwadol yn rhyfeddol. Cydiodd y syniad yn arweinwyr yr enwad a llwyddwyd i drosglwyddo'r bwriad drwy eu cyfundrefn eglwysig i'r aelodau. Yn 1973 derbyniodd Eglwys Bresbyteraidd Cymru y cynllun, gyda swyddogion brwdfrydig yr enwad yn argymell sefydlu Pwyllgor Datblygiad Byd i drefnu'r casgliad ac i addysgu'r aelodau am amgylchiadau'r wlad a gefnogwyd gan yr apêl.

Lansiwyd apêl gyntaf yr enwad yn 1974 ar gyfer Rhaglen Iechyd yn Companyganj yn Bangladesh a chyhoeddwyd taflenni gwybodaeth a phosteri, gan anelu at gasglu £50,000. Ar y pryd roedd Cymorth Cristnogol wedi cynhyrchu stribed-ffilm, *The Cross of Bangladesh*, a chyfieithwyd y script i'r Gymraeg a'i recordio gyda un o'r Presbyteriaid eu hunain yn darllen y sylwebaeth. Trwy gysylltiad Mr. Alun Creunant Davies, Cyfarwyddwr y Cyngor Llyfrau Cymraeg, â rhai o staff y Llyfrgell Genedlaethol paratowyd casetiau yno er mwyn defnyddio'r sylwebaeth Gymraeg gyda'r stribed-ffilm.

Cydiodd yr Apêl yn nychymyg llawer a chynhaliwyd amryw o weithgareddau gan eglwysi lleol o fewn eu Henaduriaethau, ac yn eu plith y digwyddiad diddorol pan drefnwyd Taith Gerdded wahanol i'r arfer – cerdded mynydd Moel Famau. Dyma brofiad un o'r aelodau a wnaeth y daith y Sadwrn hwnnw ym mis Mehefin, 1974: "Rhyw brynhawn hir felyn tesog ydoedd", ys dywed Ellis Wynne, ond wrth ddringo i ben un o fynyddoedd Cymru ni chymerais spienddrych hir i " weld y pell yn agos na'r bychan yn fawr."

Wedi mynd heibio i'r drofa gyntaf agorodd mawredd rhyfeddol Dyffryn Clwyd o'm blaen … ymlaen eto i drofa arall a pharhau i gydgerdded gyda'm cyd-Bresbyteriaid, gyda chwys a blinder, gan ddringo rhan olaf y daith. Meddyliais am lwybrau serth gwlad Mizo, yr India, pan oeddwn yno, a'r awel yn cario nodau bywiog y gitâr i'm clustiau, gyda geiriau'r gân, *Pan oedd angen cymydog, b'le oet ti?*

A glywodd copa Moel Famau'r gofyniad hwn o'r blaen? Llithro'n dawel i du ôl y dyrfa a'r grŵp canu wedi tewi. Rhyngom a'r Eryri chwyrliai'r Ddraig Goch yn y gwynt. Aros yn fintai gref a chlywed y siaradwr yn cyfeirio at olygfeydd prydferth Cymru a'i meysydd ffrwythlon, a'n hatgoffa wedyn am dlodi Bangladesh, angen ei thrigolion, a chyfle Presbyteriaid Cymru i roddi mewn rhwymau cariad rodd i'w cynorthwyo drwy eu rhaglen iechyd yn Companyganj … arweiniad byr wedyn mewn ymgysegriad.

Am foment daeth Bangladesh bell yn agos at y tri chant oedd ar lethrau Moel Famau. Rhywsut, ni allwn beidio â gofyn i mi fy hun – pe bai'r llenor o Feirion yn fyw heddiw beth fyddai cynnwys ei weledigaethau tybed? A welai ef anghyfiawnder systemau economaidd, effeithiau tlodi, trachwant cyfalafwyr a phrinder miliynau?

Dyfalu ydwyf – heb spienddrych hir na dychymyg byw fe welwn ni, os mynnwn, faint problemau rhai o wledydd Asia, Affrica a De America. Sylweddolwn nad oes ateb hawdd. Ond rhaid ymateb. Un cynllun o blith nifer o raglenni yw ymateb gyda rhoddion o Gymru i Fangladesh, ond mae'n gam bach tuag at geisio tecach byd i eraill.

O wychder Moel Famau i harddwch Dyffryn Clwyd, o fryniau Eryri i fwynder Maldwyn, o geinder Ceredigion i gymoedd a bröydd Morgannwg, cofier am gymuned Companyganj, gan wrando eto gydag awelon hafaidd o'n cwmpas, eiriau'r gân, *Pan oedd angen cymydog, b'le roet ti?*

Un o lawer digwyddiad gan y Presbyteriaid yn ystod 1974 oedd profiad y sawl a ddringodd i gopa Moel Famau, ond pan dderbyniwyd cyfraniad olaf yr apêl roedd copa arall wedi ei gyrraedd. Ymatebodd aelodau'r enwad i gwestiwn y gân gyda chyfanswm anrhydeddus o £81,804. Bu'r fath ymateb yn her i enwadau eraill Cymru lansio apeliadau tebyg.

Trefnwyd apêl gan Undeb yr Annibynwyr Cymraeg yn yr un flwyddyn, gyda'u cyfraniadau, fel y Presbyteriaid, i'w clustnodi tuag at Raglen Iechyd Companyganj. Cafwyd ymateb yr un mor hael, pan dderbyniwyd £45,575.

Gweinyddwyd y cyfaniadau hyn gan Gomisiwn Cristnogol ar gyfer Datblygiad yn Bangladesh ac mae'n enghraifft o'r modd effeithiol y gweithreda Cymorth Cristnogol. Trwy ymddiried y cyfrifoldeb o weinyddu'r cyfraniad i un o bartneriaid lleol Cymorth Cristnogol, neu genedlaethol yn y wlad ei hun, gwneir y defnydd gorau o'r arian er lles y gymuned am mai gwybodaeth a phrofiad y bobol lleol ŵyr orau am flaenoriaethau eu cymunedau.

Ymhen blwyddyn wedi trosglwyddo'r arian daeth Dr. Colin McCord, Cyfarwyddwr y Prosiect, i Gymru er mwyn cyfarfod â swyddogion y ddau enwad i ddiolch iddynt am haelioni aelodau eu henwadau. Dywedodd na fyddent wedi mentro ar brosiect mor enfawr oni bai am y gefnogaeth a dderbyniwyd o Gymru. Roedd ei ymweliad, fel ymweliadau swyddogion prosiectau eraill a gefnogwyd, yn fodd i gadarnhau i'r cyfranwyr bod eu rhoddion yn cael eu defnyddio i'r pwrpas iawn.

Un o'r rhesymau am lwyddiant yr apeliadau hyn ar gyfer Bangladesh oedd consyrn llawer yng Nghymru, fel yn nifer o wledydd eraill, am ddioddefiadau'r brodorion o ganlyniad i'r rhyfel a fu yn y wlad er sicrhau annibyniaeth a gwladwriaeth newydd i'r genedl. Collodd miloedd eu bywydau, yn arbennig y dynion wrth ryfela, gan adael eu gwragedd, mamau eu plant, yn amddifad o fywoliaeth.

I gwrdd â'r fath sefyllfa daeth Cynllun Cymorth yr Eglwysi i'w cynorthwyo. Y cynllun hwn a fu'n gyfrifol am roi gobaith a bywyd newydd i'r trueiniaid oedd mewn cymaint o angen am well cyfleusterau iechyd a meddygaeth. Yn sicr, bu cyfraniadau'r Presbyteriaid a'r Annibynwyr drwy eu hapeliadau yn gaffaeliad gwerthfawr i gannoedd o bobol yn ardal Companyganj.

Gyda dau enwad wedi cael ymgyrchoedd llwyddiannus y Bedyddwyr oedd yr enwad nesaf i lansio apêl ac fe'i gwnaed yn niwedd 1975. Dilynwyd yr un patrwm, gyda'r arian i fynd at Brosiectau Iechyd Cymunedol, y tro hwn yn Nepal a Ludianna, yng ngogledd India.

Fe'i cyfyngwyd gan yr enwad i chwe mis am resymau penodol a gosod nod o £35,000. Yma eto, cafwyd ymateb rhagorol a derbyniwyd £41,205 tuag at y Prosiectau Iechyd. Yn wahanol i'r ddau enwad arall rhannwyd y swm a gasglwyd drwy Gymdeithas Genhadol y Bedyddwyr oedd â gweithwyr cenhadol yn Ludianna.

Roedd cael tri o brif enwadau Anghydffurfiol Cymru i gefnogi apeliadau enwadol wedi agor y drws i drefnu apeliadau tebyg yn y dyfodol. Ond, er cystal y bwriadau ni lwyddwyd i'w gwireddu, ar wahân i gefnogaeth gadarnhaol y Presbyteriaid. Yn dilyn llwyddiant yr apêl gyntaf trefnodd y Presbyteriaid apêl arall ymhen tair blynedd, yn hytrach nag aros pum mlynedd fel roeddynt wedi penderfynu ar y dechrau.

Clustnodwyd yr arian y tro hwn ar gyfer Rhaglen Iechyd yn Karjat, India, a chyhoeddwyd taflenni a phosteri Cymraeg a Saesneg fel cynt, gan anelu at gasglu £50,000. Pan gaewyd yr apêl roedd y cyfanswm wedi cyrraedd £65,250!

Gwelwyd nad digon oedd trefnu apeliadau heb addysgu. I'r diben hwn trefnwyd bod grŵp o'r enwad yn ymweld â'r wlad gan dreulio pythefnos yn yr ardal y byddid yn ei chefnogi er mwyn deall y sefyllfa ac arfogi aelodau'r grŵp â gwybodaeth i annerch cyfarfodydd yn eglwysi eu henwad. Yn ogystal, penodwyd Pwyllgor Datblygiad Byd gan yr enwad a chynhaliwyd cynhadledd benwythnos ar "Addysgu" yng Ngholeg Trefeca. Ers hynny cynhelir y gynhadledd hon yno bob mis Hydref.

Er nad oedd yr Eglwys yng Nghymru yn trefnu apeliadau enwadol yn genedlaethol bu rhai esgobaethau yn eu cynnal gan ei bod yn fwy effeithiol i'w gweinyddu o fewn esgobaeth nag ar lefel genedlaethol. Casglwyd symiau anrhydeddus yn eu tro ac, fel apeliadau'r enwadau Anghydffurfiol, sianelwyd eu hymdrechion tuag at raglenni datblygu penodol.

Parhaodd rhai o eglwysi'r Eglwys Ddiwygiedig Unedig (URC) i gefnogi rhaglenni datblygu yn rheolaidd, a'r un modd eglwysi unigol o fewn yr Eglwys Fethodistaidd Saesneg yng Nghymru. Ymhlith yr enwadau Anghydffurfiol cynhaliwyd apeliadau i'w haelodau yn rheolaidd gan y Presbyteriaid, gyda'r Annibynwyr hwythau yn trefnu rhai tebyg yn gyson. Achlysurol fu ymateb gweddill yr enwadau, ond pan wnaed apêl cafwyd casgliadau hael.

Drwy addysgu yn ogystal â chodi arian bu'r ymgyrchoedd enwadol yn llwyddiant, er na lwyddwyd i gael un enwad gwahanol bob blwyddyn i gynnal apêl enwadol. Er hynny, bu'r apeliadau hyn yn fodd i ennyn diddordeb llawer o aelodau eglwysi o bob enwad a'u hadeiladu mewn gwybodaeth am fywydau pobol yn nifer o ardaloedd y Trydydd Byd. Credir ei fod yn fuddsoddiad buddiol i barhau i gynnal y fath apeliadau.

Dathlu'r Nadolig

ELUSEN Â'I GWREIDDIAU wedi eu plannu'n ddwfn yn naear yr eglwysi cyfundrefnol roedd yn briodol bod Cymorth Cristnogol yn manteisio ar y gwyliau a'r tymhorau crefyddol i drefnu casgliadau.

Mewn amryw leoedd byddai misoedd Medi a Hydref yn gyfnod i gynnal Cyrddau Diolchgarwch am y cynhaeaf a lluniwyd trefn gwasanaeth i gynorthwyo eglwysi ar gyfer hyn, a'u gwahodd i ddanfon eu hoffrwm i gynorthwyo gwaith Cymorth Cristnogol. Er bod nifer o eglwysi yn danfon cyfraniad adeg y Cynhaeaf nid oedd y cyfanswm yn un uchel iawn.

Ond adeg Nadolig byddai Apêl ar thema'n gysylltiedig â'r ŵyl yn cael ei threfnu gyda llythyr yn mynd ar ran y Cyfarwyddwr, Cadeirydd y Bwrdd, ac i ni, yng Nghymru, yn enw ein Cadeirydd, Dr. Roderic Bowen. Paratowyd defnyddiau a'u danfon at weinidogion ac offeiriad oedd â'u heglwysi yn aelodau o Gyngor Eglwysi Cymru a'u gwahodd i'w defnyddio drwy dymor Yr Adfent ac mewn oedfaon adeg y Nadolig.

Byddai'r llythyr ar ran y swyddogion hyn wedi ei gyfieithu i'r Gymraeg a'i ddanfon o'n swyddfa yng Nghaerdydd at weinidogion ac offeiriaid a wasanaethai eglwysi Cymru. Yn naturiol fe'u gwahoddwyd i drefnu casgliadau mewn oedfaon ac os byddai grwpiau o'u heglwysi yn mynd allan i ganu carolau fe'u hanogwyd i glustnodi eu harian ar gyfer Apêl y Nadolig.

Nid oedd yr ymateb i'w gymharu â'r casgliadau adeg Yr Wythnos gan fod nifer o eglwysi yn casglu tuag at achosion lleol adeg y Nadolig. Roedd hynny'n ddealladwy ac o ganlyniad offrwm oedfa bore'r Nadolig fel rheol fyddai cyfraniadau llawer o'r eglwysi. Yma eto, fel casgliadau eraill, gwelwyd cynnydd dros y blynyddoedd yn nifer yr eglwysi a ymatebodd i'r Apêl.

Bu cyhoeddi a gwerthu cardiau Nadolig yn rhan o'r gweithgareddau tymhorol ers 1968 pan werthwyd 700,000 – gyda chyfarchion Saesneg yn unig wrth gwrs! I ni yng Nghymru gwelwyd bod angen cyhoeddi cardiau gyda chyfarchion yn y Gymraeg ac yn ddwyieithog yn ogystal â'r rhai Saesneg!

Trwy ddyfal donc llwyddwyd i ennill y dydd yn y maes hwn, fel gyda fersiynau Cymraeg o ddefnyddiau eraill a gyhoeddwyd gan Gymorth Cristnogol, drwy argyhoeddi swyddogion y Brif Swyddfa bod angen cyhoeddi cardiau gyda chyfarchion Cymraeg a rhai yn ddwyieithog a'u cynnwys yng nghatalog y Nadolig.

Buom fel staff yng Nghymru yn pwyso hefyd am yr hawl i ddewis cynlluniau ar gyfer y cardiau a fyddai â chyfarchion Cymraeg a dwyieithog. Gan mai ni oedd â'r cyfrifoldeb o'u marchnata ni hefyd ddylai fod yn gyfrifol am y dewis o gardiau a gynhyrchwyd.

Rhoddwyd y cyfrifoldeb i ni ond, gwaetha'r modd, cyfyng oedd y dewis. Gyda dyfodiad *Traidcraft* trosglwyddwyd y cyfrifoldeb o'u cyhoeddi i'r Cwmni hwn yn Gateshead ond ymddiriedwyd i staff Cymru ddewis y cynlluniau ar gyfer y cardiau fyddai â chyfarchion Cymraeg a dwyieithog!

Yn ogystal â chodi arian adeg y Nadolig drwy gasgliadau mewn oedfaon, a gwerthiant y cardiau, cynhaliwyd un digwyddiad nodedig yng Nghymru am bymtheng mlynedd. Roedd yn ddigwyddiad unigryw gan mai ond yng Nghymru, ar wahân i Israel, y gellid ei gynnal – taith gerdded i Fethlehem!

Tarddodd y syniad mewn sgwrs un noson ym Medi 1975 ar aelwyd caplan Coleg Llanymddyfri, y Parchg. Roy Doxsey, neu 'Father Roy' fel yr hoffai gael ei adnabod. Roedd Tom Evans newydd ddechrau fel ein Hysgrifennydd Rhanbarth a gan ei fod yn gyfarwydd â Roy galwodd i'w weld. Yn ystod eu sgwrs dywedodd Roy fod ganddo syniad gwreiddiol ar gyfer dathlu'r Nadolig. Eglurodd ei fwriadau. Byddai'n gofyn i ddisgyblion y Coleg gerdded gydag e' o Gaerdydd i bentref Bethlehem yn Sir Gaerfyrddin – taith o 70 milltir (tua'r un pellter â'r daith o Nasareth i Fethlehem ym Mhalesteina) a fyddai'n cymryd tri diwrnod i'w chwblhau.

Nid dyma fyddai'r tro cynta' i Roy ymgymryd â rhyw ddigwyddiad unigryw. Pan oedd yn gurad yn Aberdaugleddau cyflawnodd nifer o gampau anarferol a chododd symiau sylweddol tuag at yr anghenus adeg Yr Wythnos. Wedi iddo gael ei benodi'n gaplan Coleg Llanymddyfri daliai i gefnogi Cymorth Cristnogol gyda'r un brwdfrydedd â chynt, a chytunodd Tom ac yntau'r noson honno eu bod yn ystyried y syniad ymhellach.

Pan soniodd Tom wrthyf am y syniad tueddai'r ddau ohonom, ar y pryd, ei ystyried yn ormod o waith paratoi ymlaen llaw. Ond yna wythnosau'n ddiweddarach cytunwyd i fynd ati gyda'r paratoadau.

Disgwyliai Roy fod Tom a minnau yn gofalu am y cyhoeddusrwydd a'r trefniadau i gyd, gyda'r pwyllgorau lleol yn trefnu llety a lluniaeth i'r cerddwyr ar gyfer y fenter. Pwysleisiwyd o'r cychwyn cynta' nad taith gerdded nawdd mohoni, fel y cyfryw, ond un symbolaidd. Trefnwyd dyddiadau'r daith a'i chynnal yn ystod wythnos olaf tymor yr ysgol, wythnos cyn y Nadolig. Er nad codi arian fyddai'r amcan byddai cyfle i'r cyhoedd gyfrannu drwy roi yn y tuniau casglu a gariai rhai o'r cerddwyr ar eu taith.

Gwahoddwyd Arglwydd Faer Dinas Caerdydd i gyfarfod â'r cerddwyr yn Neuadd y Ddinas, gyda Chadeirydd yr Adran yng Nghymru, Dr. Roderic Bowen, i gyflwyno'r Maer a diolch i'r cerddwyr am ymgymryd â'r fath fenter anturus.

Daeth bore'r Daith i Fethlehem! Ymhlith y rhai a ymunodd i ddymuno'n dda i'r cerddwyr roedd yr hynaf oedd yn dal ar dir y byw o chwaraewyr rygbi rhyngwladol Cymru, sef Mr. Ewan Davies (chwaraeodd i Gymru yn 1912). Erbyn hyn roedd yn 84 oed, ac yr oedd yno hefyd fel un o gyn-ddisgyblion Coleg Llanymddyfri!

Yn dilyn y seremoni yn Neuadd y Ddinas dechreuwyd y Daith Gerdded gyda chriw ffilmio'r BBC a newyddiadurwyr o'r *Western Mail* a'r *South Wales Echo* yn bresennol. Dangoswyd cychwyniad "Y Daith" ar raglenni Newyddion Cymraeg a Saesneg teledu BBC y noson honno a dilynodd y criw ffilmio'r cerddwyr i Fethlehem, gan ddangos ffilm fer bob nos ar eu rhaglenni newyddion.

Trefnwyd bod y cerddwyr yn lletya'r ddwy noson gyntaf o'u siwrne yn Aberdâr a Phontardawe (mewn festri a neuadd). Darparwyd lluniaeth ar eu cyfer bob rhyw ddwy awr mewn gwahanol fannau gan aelodau'r pwyllgorau lleol a chawsant groeso cynnes ymhobman ar hyd y ffordd.

Cysylltwyd ymlaen llaw, wythnosau ynghynt, gyda gweinidog egnïol Bethlehem, y Parchg. Alwyn Williams, ynglŷn â'r fenter a chawsom gefnogaeth ragorol ganddo. Bob blwyddyn arferai Alwyn gynhyrchu pasiant Nadolig a'i lwyfannu yng nghapel Bethlehem a threfnodd fod y pasiant i'w gynnal ar y noson y byddai'r cerddwyr yn cyrraedd. Wedi gwylio'r perfformiad, croesawyd y cerddwyr yn gynnes i'r festri gan chwiorydd yr eglwys lle'r oedd gwledd o ddanteithion yn eu haros.

Gyda llwyddiant rhyfeddol y daith gyntaf trefnwyd "teithiau cerdded" yn flynyddol o Gaerdydd i Fethlehem, gyda disgyblion dosbarthiadau Chwech rhai o Ysgolion Uwchradd siroedd Mynwy, Ceredigion, Penfro a Chaerfyrddin yn cerdded o wahanol gyfeiriadau gan ymuno ym Methlehem yr un noson.

Cyn cyrraedd Bethlehem trefnwyd bod pob grŵp yn ymgynnull yn neuadd yr eglwys yn Ffairfach, ar gyrion Llandeilo, cyn iddi dywyllu. Yno, trwy garedigrwydd chwiorydd eglwysi Llandeilo, byddai lluniaeth ysgafn wedi ei ddarparu ar eu cyfer ac, yn bwysicach na dim, byddai modd iddynt gael trin briwiau a phothelli eu traed dolurus.

Ar ôl rhyw awr a hanner o hoe i ymlacio, esmwytháu eu traed poenus a mwynhau lluniaeth, ymlaen wedyn o dan olau lanternau a goleuadau'r ceir o'u blaenau i gyfeiriad pentref Bethlehem, ac yn benodol i'r capel ar gyfer y pasiant. Ac wrth gwrs at y wledd o swper a fyddai yn eu disgwyl yn y festri i ddiweddu'r noson!

Un flwyddyn cafwyd taith gerdded wahanol. Bu Owen, Ysgrifennydd Rhanbarth y Gogledd mewn cysylltiad â phennaeth Dosbarth VI Ysgol Uwchradd Dyffryn Nantlle ac awgrymu'r syniad bod rhai o'r Dosbarth yn cerdded o Nasareth, sir Gaernarfon i Fethlehem sir Gaerfyrddin. Ymatebodd y disgyblion yn frwdfrydig. Ffurfiwyd grŵp i gerdded y siwrne. Ymunodd Roy Doxsey a grŵp o ddisgyblion Coleg Llanymddyfri â hwy er mwyn cyd-gerdded pob cam i Fethlehem. Cyfarfu'r cerddwyr o Nasareth â cherddwyr o fannau eraill yn Ffair-fach gan gyd-gerdded chwe milltir olaf y siwrne i Fethlehem. Yn naturiol, oherwydd pellter eu siwrne o Nasareth, rhaid oedd cychwyn dau ddiwrnod yn gynt ac, fel y teithiau eraill, trefnu bod mannau iddynt gael lluniaeth ar hyd y daith a chanolfan i orffwyso dros nos.

Rhoddwyd cyhoeddusrwydd da i fenter ieuenctid y gogledd; daeth Archesgob Cymru, sef Esgob Bangor, y Parchedicaf Gwilym O. Williams ac Aelod Seneddol Arfon, Dafydd Wigley, Llywydd Plaid Cymru, i Nasareth i ddymuno'n dda i'r cerddwyr ar ddechrau eu "Taith". Rhoddodd y wasg leol sylw i'r digwyddiad gyda chriw teledu'r BBC yn eu dilyn ar hyd y ffordd.

Wedi gwneud y siwrne o Gaerdydd am rai blynyddoedd penderfynodd Roy nad oedd cerdded i Fethlehem yng Nghymru yn ddigon o anturiaeth! Un flwyddyn, er mwyn rhoi mwy o sylw i'r sefyllfa fregus ac argyfyngus ym Mhalesteina, ac i roi cyhoeddusrwydd i'r hyn a wnâi Cymorth Cristnogol o blaid hawliau dynol y Palestiniaid a'r Iddewon, aeth Roy a chwech o fechgyn i'r Dwyrain Canol a cherdded o Nasareth i Fethlehem yn llythrennol!

Wrth gerdded o bentref Nasareth i Fethlehem cerddwyd yr union bellter a deithiodd Joseff a Mair, yn ôl yr hanesyn gan Luc yn y Testament Newydd. Unwaith eto rhoddwyd cyhoeddusrwydd da i'w fenter gan y cyfryngau yng Nghymru.

Trwy ddyfeisgarwch a brwdfrydedd heintus Roy dathlwyd y Nadolig, drwy'r Teithiau Cerdded, yn ddi-dor am bedair blynedd ar ddeg a bu'r gweithgaredd blynyddol hwn yn fodd i roi cyhoeddusrwydd da i Gymorth Cristnogol, a derbyniwyd symiau sylweddol tuag at Apêl y Nadolig.

Daeth y Teithiau Cerdded i ben pan ymddeolodd Roy fel caplan yn Llanymddyfri a'i benodi'n ficer yn un o eglwysi Caerdydd. Cyflawnodd wasanaeth unigryw a haedda bob clod am ei gefnogaeth egnïol a'i ymroad cydwybodol, a'r cerddwyr, yn ogystal, a'i cynorthwyodd ar hyd y blynyddoedd. Bu'r anturiaethau yn rhai nodedig ac yn gyfraniad arbennig gan Gymru i wledydd tlawd. Drwy'r digwyddiadau hyn llwyddwyd i atgoffa'r cyhoedd fod mwy i'r Nadolig na gloddesta a phrynu anrhegion drudfawr. Cyhoeddwyd bod cyfiawnder a chydweithrediad yn rhinweddau hanfodol i fywyd.

Yn ogystal â'r teithiau cerdded i Fethlehem cynhaliwyd un digwyddiad gwahanol i'r arfer yng Nghymru oedd yn gysylltiedig â'r Nadolig. Er iddo gael ei gynnal ar ddydd Sadwrn yng nghanol Tachwedd roedd yn ymwneud â'r ŵyl. Syniad gwreiddiol un person ydoedd.

Un diwrnod cysylltodd David Beaumont, trefnydd lleol Cymorth Cristnogol yn Ninas Powys, â mi i siarad am ddull gwahanol o siopa Nadolig! Awgrymodd ein bod yn trefnu gwibdaith i Lundain! Roedd David â swydd uchel ym mhencadlys y Rheilffyrdd Prydeinig yng Nghaerdydd ac mewn cysylltiad â swyddogion allweddol a fedrai ei gynorthwyo gyda'i fwriadau.

Er tegwch i David bu'n gyfrifol am y cynlluniau rhag-blaen i gyd a dim ond cysylltu gyda phwyllgorau lleol oedd yn ofynnol i ni fel staff ei wneud. Dymunai logi trên am y dydd, yn enw Cymorth Cristnogol, i fynd i Lundain ar ddydd Sadwrn yn Nhachwedd. Byddai'r trên yn cychwyn o Gastell Nedd tua 8 o'r gloch y bore a stopio mewn prif orsafoedd hyd at Gasnewydd, yna yn ddi-stop i Paddington.

Danfonwyd llythyr at ein pwyllgorau, o Gasnewydd yn y dwyrain i Gastell Nedd a'r cyffiniau yn y gorllewin, a'u hannog i werthu tocynnau ymlaen llaw ar gyfer y diwrnod. Cafwyd ymateb rhagorol a phobol yn edrych ymlaen yn eiddgar at y fenter – yr hen a'r ifanc fel ei gilydd yn awyddus i ymuno'n un criw o gefnogwyr Cymorth Cristnogol. Argraffwyd posteri pwrpasol a'u gosod ar nifer o ffenestri'r trên i roi cyhoeddusrwydd i'r achlysur.

Bwriad y fenter oedd rhoi cyfle i bobol dreulio'r dydd yn Llundain i wneud eu siopa Nadolig ac, o gael Siop Cymorth Cristnogol ar y trên, i werthu nwyddau Nadolig a'r cardiau. Wrth logi trên am bris rhesymol a gwerthu'r tocynnau ymlaen llaw byddai modd gwneud elw sylweddol tuag at Apêl y Nadolig.

Cafwyd ymateb rhagorol i'r fenter a chynhaliwyd y teithiau am sawl blwyddyn gan wneud elw sylweddol. Ond gyda phris llogi trên yn cynyddu sylweddolwyd ymhen amser na fyddai'r elw yn cyfiawnhau yr holl waith o'i drefnu, a rhoddwyd y gorau i'r digwyddiad.

Fel y gwnaeth Roy Doxsey gyda'i daith gerdded defnyddiodd David Beaumont ei syniad o logi trên er budd yr Achos, a gwerthfawrogwyd ei frwdfrydedd egnïol ac ymarferol, a bu'r fenter yn llwyddiant ariannol ac yn fodd i hyrwyddo'r ymwybyddiaeth o anghenion ein cyd-ddyn ar drothwy'r Nadolig.

Ar feysydd y Prif Wyliau Cenedlaethol

YN FUAN WEDI i mi ymuno â Chymorth Cristnogol trafododd Owen a minnau'r syniad o gael stondin ar faes yr Eisteddfod Genedlaethol. Mae'n debyg bod hyn wedi ei ystyried cynt ond nid oedd neb wedi mentro. Fe rannwyd pabell gyda Chyngor Eglwysi Cymru yn Eisteddfod Maldwyn yn 1965 ond doedd hyn ddim yn digwydd yn rheolaidd a theimlai Owen a minnau y dylai'r mudiad bellach logi stondin ar y maes i hyrwyddo anghenion y tlawd trwy arddangos y gwaith a gyflawnid, a chyflwyno neges tlodi'r byd i lygaid y cyhoedd yng Nghymru.

Penderfynwyd cael stondin yn enw Cymorth Cristnogol am y tro cyntaf yn Eisteddfod Genedlaethol Rhuthun yn 1973. At ei gilydd bu'n eitha' llwyddiannus, nid yn ariannol am fod cryn gost o rentu stondin am yr wythnos, ond ymwelodd nifer dda â'r babell a theimlwyd ei bod yn fenter werth chweil.

Darparwyd paned o de a choffi i unrhyw un oedd yn eu dymuno a bu'n dipyn o atynfa, gyda chyfle i gymdeithasu, a chawsom ninnau fel staff gyfle i gwrdd â nifer o gefnogwyr a threfnyddion pwyllgorau lleol. Gwnaed rota ar gyfer menywod o eglwysi Rhuthun a'r cylch i roi ychydig oriau yn eu tro i weini'r ddarpariaeth gydol yr wythnos. Bu i'r trefniant a ddechreuodd yn 1973 barhad ar hyd y blynyddoedd a gwerthfawrogwyd yn fawr yr help a gafwyd gan ferched egnïol o eglwysi'r cylch lle cynhelid yr Eisteddfod.

Mae'n bwysig dweud pa goffi a the a wnaed gan y menywod caredig! Fel un o sylfaenwyr *Traidcraft,* bu Cymorth Cristnogol yn cydweithio'n agos gyda'r mudiad o'r cychwyn cyntaf, ac roedd y mudiad yn prynu coffi a the yn uniongyrchol o'r gwledydd tlawd ac yna yn eu prosesu. Cafwyd y coffi a'r te felly oddi wrth *Traidcraft* a'u gwerthu ym mhabell yr Eisteddfod. Medrai'r cyhoedd gefnogi'r tlawd drwy yfed eu cynnyrch a hynny heb fynd drwy ddwylo cwmnïau masnachol oedd yn manteisio arnynt drwy roi prisiau mor isel â phosibl i'r cynhyrchwyr lleol. O fwynhau blas y coffi a'r te roedd yn bosib eu prynu yn y fan a'r lle!

Dros y blynyddoedd datblygodd menter *Traidcraft* yn llwyddiannus a'r hyn sydd wedi deillio ohono yw *Masnach Deg.* Wrth brynu eu cynyrchiadau yn uniongyrchol gellir hepgor eu prosesu drwy'r cwmnïau masnachol a sicrhau pris tecach i'r cynhyrchwyr lleol. Wrth ddosbarthu taflenni gwybodaeth addysgwyd y cyhoedd am y sefyllfa a'r modd i gynorthwyo'r tlawd yn ymarferol.

Diben pennaf ein presenoldeb yn yr Eisteddfod Genedlaethol oedd hyrwyddo'r gwaith ac addysgu'r cyhoedd am amgylchiadau byw yn y gwledydd sy'n datblygu. Trefnwyd ymlaen llaw gyda'r pwyllgor lleol i gael cefnogaeth aelodau'r eglwysi. Ymwelwyd ag ysgolion a chafwyd cydweithrediad parod yr athrawon i baratoi arddangosfa o waith rhai o ddosbarthiadau Daearyddiaeth ac Addysg Grefyddol Ysgolion Uwchradd y cylch. Deuai hyn ag elfen o gyhoeddusrwydd lleol gan ennyn hefyd ddiddordeb yr ifanc yn rhai o'r prosiectau yr oedd Cymorth Cristnogol yn eu cefnogi.

Yn ogystal â'r arddangosfa, gan fod cardiau Nadolig yn cael eu cyhoeddi yng Ngorffennaf, gwerthwyd rhai Cymraeg a dwyieithog ar y stondin. Er syndod gwerthwyd tipyn, hyd yn oed ym mis Awst!

Rhaid dweud bod paratoi paned o de a choffi yn medru bod yn atynfa i rai ymweld â'r stondin! Doedd neb eisiau gweld glaw ar faes yr Eisteddfod, ond ar dywydd gwlyb byddai rhai yn troi i mewn i gysgodi a beth oedd yn well na phaned i godi calon, cymdeithasu a gweld yr arddangosfa!

Mae un profiad o ddarparu te a choffi yn sefyll allan. Ddydd Sadwrn olaf Eisteddfod Aberteifi yn 1976 cododd y gwynt yn gryf gan godi'r llwch a'i chwythu i bob man, yn enwedig i yddfau'r dynion oedd yn aelodau o'r Corau Meibion oedd yno ar gyfer eu cystadlaethau. Dyna'r diwrnod prysuraf a gafwyd wrth weini diod i wlychu corn gyddfau cantorion! Fe'i labelwyd gennym yn 'ddiwrnod gwlychu'r llwnc i atal llwch!' Parhawyd i gael pabell yn yr Eisteddfod ar hyd y blynyddoedd ac i ddarparu paned ond ni chafwyd diwrnod tebyg i'r un yn Aberteifi!

Yng nghanol yr wythdegau dechreuwyd rhannu'r babell gyda CAFOD, (Mudiad Dyngarol Tramor yr Eglwys Babyddol) – arwydd calonogol o ddau fudiad Cristnogol yn cydweithio a helpu i rannu'r costau.

Yr adeg yma hefyd, oherwydd llwyddiant y babell yn y Genedlaethol, dechreuwyd cael pabell ar faes Eisteddfod Genedlaethol yr Urdd, ond gyda phabell dipyn llai. Arddangoswyd defnyddiau ar gyfer ysgolion cynradd ac uwchradd gyda phlant o ysgolion lleol yn dangos eu gwaith creadigol yn ymwneud â phrosiectau ar dlodi.

Byddai nifer o athrawon yn manteisio ar y cyfle i weld y cyfarpar a'r defnyddiau ar gyfer gwersi Daearyddiaeth a chrefyddau byd yn benodol. Roedd hefyd yn gyfle i'r staff gyfarfod ag athrawon, yn enwedig penaethiaid adrannau Crefydd a Daearyddiaeth yn yr ysgolion uwchradd.

Ond nid cael pabell oedd yr unig beth a wnaed ar faes yr Eisteddfod Genedlaethol am ddwy flynedd yn y saith degau. Pan gynhaliwyd Eisteddfod Cricieth yn 1975 soniodd Owen am y posibilrwydd o gynnal rhyw weithgarwch gyda'r nos yn ogystal â chael stondin ar y maes. Cyflwynodd ei syniad i bwyllgor lleol Cymorth Cristnogol a chafodd gefnogaeth frwd – un gwreiddiol ydoedd hefyd.

Dyma'r hyn oedd ganddo i'w ddweud wrth y pwyllgor y noson honno: "Fel y gŵyr y cyfarwydd, anfarwolwyd y Lôn Goed unigryw gan R. Williams Parry yn ei gerdd, 'Eifionydd,' a honno wedi ei lleoli yma ar gyrion tref Cricieth. Gwahoddir pobol i gerdded y lôn gyda'r hwyr un noson yn ystod wythnos yr Eisteddfod a phrofi gyda'r bardd ...," ac aeth ymlaen i ddyfynnu'r pennill canlynol:

> A llonydd gorffenedig
> Yw llonydd y Lôn Goed,
> O fwa'i tho plethedig
> I'w glaslawr dan fy nhroed.
> I lan na thref nid arwain ddim,
> Ond hynny nid yw ofid im.

"Ar ôl i'r cerddwyr ddod i ben y Lôn byddant yn cyrraedd ffermdy, ac yn sgubor y fferm bydd lle iddynt eistedd i fwynhau lluniaeth a chyngerdd gan rai o artistiaid y fro. Gwerthir tocynnau ar ein stondin ar faes yr Eisteddfod a bydd y tâl yn help i gwrdd â chostau llogi'n stondin ar y maes."

Derbyniwyd ei awgrym yn ddi-gwestiwn. Aeth aelodau'r pwyllgor ati'n syth i ddechrau ar y trefniadau angenrheidiol: argraffu tocynnau a hysbysebu'r digwyddiad. Yna'n ddiweddarach, yn agos at y dyddiad, paratoi a darparu'r lluniaeth yn y sgubor.

Daeth y noson a'r tywydd yn hynod braf a bu i hyn sicrhau bod nifer dda wedi dod i fwynhau'r olygfa ryfeddol wrth droedio'r lôn, mwynhau'r gymdeithas a'r lluniaeth a chael awr a hanner o adloniant gyda'r baledwr lleol enwog, Harry Richards, yn un o'r cantorion, ynghyd â doniau eraill y fro ddiwylliedig hon. Bu'n fenter lwyddiannus.

Y flwyddyn ddilynol, gan fod yr Eisteddfod yn Aberteifi, fy nhro i oedd ceisio trefnu noson o adloniant. Byddai'n amhosibl cael noson debyg i'r un yng Nghricieth; doedd dim Lôn Goed yn yr ardal i'w cherdded oni bai ein bod yn cynnal rhyw weithgaredd yng nghyffiniau'r castell hanesyddol i ddathlu Eisteddfod enwog Yr Arglwydd Rhys! Ond doedd cyflwr y castell na'r amgylchiadau yn caniatáu hynny.

Fodd bynnag, trefnwyd cyngerdd yng nghapel Bethania yng nghanol y dre. Trwy gysylltiad ac adnabyddiaeth â rhai artistiaid llwyddwyd i gael doniau talentog a chafwyd cyngerdd o safon uchel. Gwerthwyd tocynnau ymlaen llaw yn ystod wythnos yr Eisteddfod a daeth cynulleidfa dda yno i fwynhau gwledd o gân ar y nos Fercher yn wythnos yr Eisteddfod.

Ymhlith yr artistiaid a roddodd eu gwasanaeth y noson honno yr oedd merch ifanc, dalentog roeddwn yn ei hadnabod yn dda, Miriam Bowen o Benygroes, sir Gaerfyrddin, hithau yn meddu ar lais soprano cyfoethog. Enillodd Miriam ei gradd yng Ngholeg Brenhinol Cerdd Manceinion yn 1971. Oddi ar y cyfnod cynnar hwnnw bu galw am ei gwasanaeth ledled Prydain a thu hwnt. Cafodd yrfa ddisglair fel cantores broffesiynol gan berfformio gyda nifer o gwmnïau opera, yn cynnwys Cwmni Opera Glyndebourne a Chwmni Opera Cenedlaethol Cymru. Treuliodd gyfnod o 30 mlynedd yn hyfforddi cannoedd o gantorion yng Ngholeg Cerdd a Drama, Caerdydd, a bu'n beirniadu nifer o weithiau mewn amryw eisteddfodau gan gynnwys yr Eisteddfod Genedlaethol. Bellach mae wedi ymddeol fel cantores broffesiynol.

Trwy gysylltiadau o ddyddiau Coleg gydag Elfed Lewys

roedd yntau'n barod iawn i gymryd rhan a chafwyd datganiadau gwefreiddiol gan y baledwr a'r canwr gwerin poblogaidd. Mawr a dylanwadol fu cyfraniad Elfed ym maes canu gwerin ac arweinydd aelwydydd, yn benodol ym Maldwyn a sir Benfro, lle bu'n ysbrydoli llawer o bobol ifanc am flynyddoedd lawer. Colled enbyd i lawer, yn enwedig ym maes canu gwerin, fu ei farwolaeth sydyn a chynnar gan iddo ymroi yn frwdfrydig o blaid ei ffydd, ei ddaliadau gwleidyddol cenedlaethol a'i gerddoriaeth.

Wrth werthfawrogi cyfraniadau clodwiw yr artistiaid yn ein digwyddiadau yng Nghricieth ac Aberteifi bu'r ddau achlysur yn fodd i roi hwb pellach i'r achos yn ogystal â chyflwyno ychydig o ddiwylliant i ddwy gynulleidfa. Yn ogystal â hyn roedd yr elw a wnaed yn gymorth tuag at gostau'r babell ar y maes yn y ddwy eisteddfod.

Byr fu parhad y digwyddiadau ychwanegol gan fod trefnyddion yr Ŵyl wedi cynyddu'r gweithgareddau ar y maes gyda'r hwyr ac anodd iawn fyddai denu cynulleidfa gydag atyniad arall. O'r herwydd ni threuliwyd egni ac amser i drefnu gweithgareddau gyda'r nos yn ystod yr Eisteddfod.

Er na threfnwyd adloniant ffurfiol yn y Genedlaethol o hynny ymlaen cafwyd un digwyddiad nodedig adeg Eisteddfod Llambed yn 1984. O dan drefniant Tom, yr Ysgrifennydd Rhanbarth lle cynhaliwyd yr Eisteddfod, agorodd Cyril ac Irene Williams eu cartref yng Nghwmann i gynnal "Swper Go Iawn." Daeth cynulleidfa gref ynghyd i fwynhau gwledd o noson gymdeithasol bleserus a derbyniwyd dros £700 tuag at Apêl Newyn Ethiopia.

Er y gost o gael pabell ar faes y Genedlaethol sylweddolwyd ei fod yn fuddsoddiad gwerthfawr gan ei fod yn gyhoeddusrwydd da ac iddo werth addysgol yn ogystal â bod yn fodd i adeiladu perthynas â'r cyhoedd a chyfarfod â nifer o aelodau'r pwyllgorau lleol fyddai'n ymweld â'r Eisteddfod. Cafwyd help gan ambell i unigolyn hael tuag at gostau ein stondin ar faes yr Eisteddfod o bryd i'w gilydd. Yn 1976 er enghraifft, pan fu yn Aberteifi, am fod Roderic Bowen o'r dre' honno rhoddodd gyfraniad sylweddol i helpu cwrdd â'r costau ac, yn naturiol, gwerthfawrogwyd hyn yn fawr.

Wrth edrych nôl ar y modd y tyfodd Cymorth Cristnogol yn rhan o fywyd eglwysi Cymru gellir dweud bod y mudiad, dros y blynyddoedd, wedi torri drwodd i fod yn rhan naturiol o fywyd y genedl a hynny oherwydd i ni lwyddo i ennill cefnogaeth y Cymry Cymraeg drwy fod yn rhan o'r ddwy Eisteddfod Genedlaethol bob blwyddyn.

Hwyrach fod Cymorth Cristnogol wedi ennill ei lle fel y mwyaf Cymreig o'r elusennau dyngarol tramor â'u swyddfeydd yng Nghymru am i ni unieithu gyda mudiadau Cymraeg ac adeiladu perthynas agos â'n gilydd, nid drwy apeliadau codi arian yn unig ond yn bennaf mewn cydweithio ar lefelau addysgol hefyd.

Yn ogystal â chael stondinau yn y ddwy Eisteddfod byddai gennym arddangosfa o ddefnyddiau Cymorth Cristnogol yn y Sioe Genedlaethol (y *Royal Welsh)* yn Llanelwedd. Er nad oedd pabell ei hunan gan yr elusen yno fe rannwyd, bob blwyddyn, gyda Chyngor Eglwysi Llanfair ym Muallt.

Fel rheol defnyddiau yn ymwneud ag amaethyddiaeth ac o ddiddordeb i ffermwyr fyddai'n cael eu harddangos, gyda nifer dda o bobol yn ymweld â'r stondin, a thrwy hyn gwnaed cysylltiad gyda phobol, nid yn unig o fyd ffermio ond hefyd gydag ymwelwyr a ddeuai yno o bob cwr o Brydain. Rhoddwyd canolbwynt y cynnwys ar amgylchiadau amaethu a ffermio yn y gwledydd sy'n datblygu, gan bwysleisio'r anawsterau oedd yn rhaid i'r tyddynwyr bychain eu hwynebu, yn enwedig wrth geisio cynnal eu teuluoedd a brwydro am degwch wrth geisio gwerthu eu cynnyrch.

Mae'r arfer o gael stondin ar y tri maes cenedlaethol yn parhau, ac y mae hyn yn arwydd o fenter sy wedi profi'n fuddsoddiad da mewn cyhoeddusrwydd wrth geisio ehangu gorwelion pobol Cymru am fywydau eu cyd-ddyn sy'n dyheu am yr un profiadau â hwythau, mewn amgylchiadau sydd mor wahanol i'n rhai ni.

Maes y Sioe Genedlaethol oedd lleoliad un digwyddiad nodedig yn hanes Cymorth Cristnogol, ac yn benodol Cyngor Eglwysi Cymru. Ddydd Sadwrn, 24 Mai 1986, cynhaliwyd Gŵyl Teulu Duw i ddathlu deng mlynedd ar hugain sefydlu'r Cyngor.

Daeth o gwmpas 18,000 o bobol i'r Ŵyl gyda'r Esgob Desmond Tutu (yn ddiweddarach fe'i dyrchafwyd yn Archesgob) yn annerch mewn cyfarfod i gloi'r gweithgareddau. Roedd amrywiol gyfarfodydd yn ystod y dydd a sesiynau ar gyfer pob oedran o'r teulu, gyda nifer o stondinau yn y neuaddau.

Yn naturiol, rhaid oedd i Gymorth Cristnogol gael stondin a chynnal gweithgaredd arbennig drwy gyfleu gwybodaeth am rai o'r rhaglenni datblygiad a gefnogwyd ar y pryd. Ond yn ogystal â rhoi ymwybyddiaeth i bobol o amgylchiadau byw'r difreintiedig cynlluniwyd, fisoedd ymlaen llaw, i godi swm sylweddol tuag at y tlawd.

Rhai blynyddoedd ynghynt roedd Dewi, tra'n Ysgrifennydd Rhanbarth yng nghylch Rhydychen, wedi meddwl am y cynllun ac o'i gyflwyno i ni fel staff cytunwyd i'w weithredu. Enw'r ymgyrch fyddai C4C. Na, nid hyrwyddo sianel deledu oedd yr amcan! Yn hytrach cynllun ydoedd i godi arian drwy gefnogi plant oedd yn dioddef o afiechyd a cham-faeth yn y gwledydd datblygol.

Roedd yr C4C yn cynrychioli 400 o eglwysi neu grwpiau gyda phob un yn casglu £100 er mwyn gwneud cyfanswm o £40,000 i gyfateb i'r 40,000 o dan bum mlwydd oed oedd yn marw bob dydd yn y gwledydd tlawd oherwydd afiechyd neu gam-faeth. Anogwyd eglwysi a grwpiau i godi'r arian yn nhymor y Garawys a danfon yr arian ymlaen i swyddfeydd Cymorth Cristnogol yng Nghymru cyn yr ŵyl yn Llanelwedd.

Er na chyrhaeddwyd y nod roedd yn hynod galonogol i glywed bod y syniad wedi cyffwrdd â chymaint o bobol, yn enwedig yr ifanc yn yr eglwysi ac mewn clybiau, gan gasglu symiau sylweddol drwy wahanol ddigwyddiadau nawdd. Yn sicr bu'n fenter gwerth chweil ac yn ysbrydiaeth i lawer gyda miloedd o blant yn cael gobaith am well iechyd gan alluogi timau meddygol i ddarparu gwell cyfleusterau ar eu cyfer.

Cafwyd diwrnod i'w gofio yng Ngŵyl Teulu Duw gan bawb a fu yno, a chredwn fod cyfraniad Adran Cymorth Cristnogol o Gyngor Eglwysi Cymru wedi bod yn un anrhydeddus.

Ychwanegu at y Staff (1982 – 90)

YNYDDU BU HANES staff Cymorth Cristnogol ym Mhrydain ac Iwerddon ar hyd y blynyddoedd a hynny am fod y gwaith yn cynyddu, wrth geisio ymateb i sefyllfa druenus trigolion cynifer o'r gwledydd tlawd, a bod angen a chyfrifoldeb ar y gwledydd cyfoethog i'w cefnogi.

Gyda thri Ysgrifennydd Rhanbarth yng Nghymru ers 1975 gwelwyd cynnydd nid yn unig yng nghyfanswm blynyddol y derbyniadau ond hefyd yn yr amrywiol alwadau arnom. Yna, yn 1982, gyda marwolaeth sydyn Owen, gorfu i ni ddygymod â cholli ffrind a chydweithiwr o'r radd flaenaf.

Aeth rhai misoedd heibio cyn hysbysebu am olynydd. Yna hysbysebwyd y swydd a rhoddwyd cyfweliadau i dri, ond gwaetha'r modd, methwyd penodi person addas. Roedd hyn yn naturiol yn siom, ac eto roedd yn hanfodol y byddai'r un a benodwyd yn meddu ar y sgiliau angenrheidiol i gyflawni'r swydd yn deilwng, a bod y person a benodwyd o reidrwydd yn ddwyieithog. Bu'n egwyddor sylfaenol o'r cychwyn cyntaf, wrth benodi staff Cymorth Cristnogol yng Nghymru, fod pob swyddog yn rhugl yn y Gymraeg a'r Saesneg. Ailhysbysebwyd am olynydd i Owen gan obeithio llwyddo y tro hwn. A oedd rhywun ar gael i gwrdd â'r cymwysterau priodol ar gyfer y swydd?

Ar ddiwedd y saithdegau roedd Dewi Lloyd Lewis wedi dychwelyd i fod yn aelod o staff Cymorth Cristnogol unwaith eto, fel Ysgrifennydd Rhanbarth Sir Rhydychen a Berkshire. Tybed a fyddai'n barod i ddychwelyd i weithio yng Nghymru?

Derbyniwyd nifer o geisiadau am Ysgrifennydd Rhanbarth ar gyfer Gogledd Cymru ac yn eu plith roedd enw Dewi. Fe'i penodwyd. Dychwelodd i Gymru gyda'i frwdfrydedd o blaid Cymorth Cristnogol gymaint ag erioed. Sicrhawyd swyddfa iddo ym Mangor gyda'i briod, Fiona, yn ailafael mewn gweinyddiaeth swyddfa i gynorthwyo ei phriod yn rhan amser.

Unwaith eto roedd tri Ysgrifennydd Rhanbarth yng Nghymru, gyda thair swyddfa, un genedlaethol yng Nghaerdydd, a'r ddwy arall yn Aberhonddu a Bangor gydag ysgrifenyddesau gweinyddol rhan-amser ynddynt. Roedd Fiona ym Mangor a Linda Hicks yn swyddfa Aberhonddu gyda'r Swyddfa Genedlaethol yng ngofal Beryl.

Roedd y cynnydd yn nifer y staff yn gymesur â'r cynnydd yn y gwaith. Sefydlwyd mwy o bwyllgorau lleol a thrwy ymroddiad cynyddol y cefnogwyr nid yn unig gwelwyd yr incwm ar i fyny ond hefyd awydd pobol am fwy o wybodaeth am amgylchiadau byw trigolion y gwledydd tlawd.

I'r diben hwn cyhoeddwyd mwy o ddefnyddiau addysgol i blant ac oedolion ac anogwyd yr Ysgrifenyddion Rhanbarth i roi mwy o bwyslais ar addysgu. Golygai hyn fod angen i Ysgrifenyddion Rhanbarth dreulio mwy o'u hamser yn addysgu mewn ysgolion a chyfarfodydd gyda'r nos.

Yn 1986, yn dilyn llawer o drafodaethau yng nghyfarfodydd yr Adran, mynegwyd yr angen i benodi Ysgrifennydd Rhanbarth ychwanegol i dîm Cymru i alluogi Tom i leihau ei ddyletswyddau yn ei ranbarth er mwyn neilltuo mwy o amser i gwrdd â'r gofynion ychwanegol ym maes addysg datblygiad byd. Ystyriwyd gwahanol strwythurau ac yna cyflwynwyd cais i'r Cyfarwyddwr i fynegi'n dymuniad i Fwrdd Cymorth Cristnogol fod pedwerydd Ysgrifennydd Rhanbarth i'w benodi i weithio yng Nghymru.

Talgylch y swyddog newydd fyddai Gogledd Dyfed, De Powys a Gwent, gyda Tom yn parhau i ofalu am Ganol a Gorllewin Morgannwg ond hefyd i fod yn Ysgrifennydd Addysg yng Nghymru.

Ymatebodd y Bwrdd yn ffafriol i'r cais a chafwyd caniatâd i hysbysu am Ysgrifennydd Rhanbarth ychwanegol. Penodwyd y Parchg. T. Jeffrey Williams, gweinidog gyda'r Annibynwyr yn Sgeti, Abertawe.

Ymaflodd Jeff yn ei gyfrifoldebau gyda brwdfrydedd egnïol a chafodd dderbyniad cynnes gan bwyllgorau ei ranbarth. Gyda'i bersonoliaeth hawddgar ynghyd â'i ddoniau amryddawn bu cael Jeff yn aelod o'r staff yn gaffaeliad gwerthfawr. Roedd yn frwd o blaid ecwmeniaeth a hyn yn fodd i ehangu gorwelion cefnogwyr a gwirfoddolwyr ym mhwyllgorau ei ranbarth wrth iddo eu cyfarwyddo ym meysydd gweithgaredd Cymorth Cristnogol, a'u hannog i gefnogi'n ymarferol yr amryw gynlluniau oedd gennym.

Yn ogystal â phenodi Ysgrifennydd Rhanbarth newydd roedd Branwen Jones eisoes wedi ymuno â'r staff yn 1985 yn Ysgrifenyddes Weinyddol yn y Swyddfa Genedlaethol. Cafodd hithau gyfarwyddyd profiadol Beryl i'w rhoi ar ben y ffordd.

Gydag ychwanegiad i'r nifer oedd yn gweithio yn y Swyddfa Genedlaethol yn 1986 roedd angen mwy o ystafelloedd a chytunwyd gyda'r Y.M.C.A., perchnogion yr adeilad yn yr Eglwys Newydd, i rentu mwy o ystafelloedd. Neilltuwyd un o'r ystafelloedd hynny yn swyddfa i Tom fel Ysgrifennydd Addysg Cenedlaethol, gyda Branwen yn Ysgrifenyddes Weinyddol iddo.

Yna yn 1988 penderfynodd Beryl ymddeol ac wrth orfod ffarwelio â hi collwyd o'n plith wasanaeth un a gyfrannodd gymaint i lwyddiant Cymorth Cristnogol dros y blynyddoedd. Pan ddechreuodd yn ei swydd dim ond helpu allan am rai wythnosau oedd ei bwriad! Ond mawr oedd dyled pawb o'r staff iddi, yn enwedig yr Ysgrifennydd Cenedlaethol, am ei gwasanaeth cydwybodol a thrwyadl am gyfnod maith yn y swyddfa Genedlaethol.

Penodwyd Susan King yn olynydd i Beryl gyda chyfrifoldeb am weddau ariannol y swyddfa, i fod hefyd yn gofnodydd i'r Pwyllgor Cenedlaethol ac i weithredu fel ysgrifenyddes i'r Ysgrifennydd Cenedlaethol.

Bu'r flwyddyn honno, felly, yn un o newidiadau ymhlith y staff ac o roi'n cynlluniau newydd ar waith. Gwelwyd bod y newidiadau yn llwyddiant, gyda'r aelodau newydd ynghyd â'r rhai profiadol yn cydweithio'n egnïol gyda'u hamrywiol gyfrifoldebau.

Yna, wedi cwta dwy flynedd yn ei swydd, penderfynodd Susan symud i swydd arall yng Nghaerdydd a phenodwyd Nerys Williams yn Brif Weinyddwraig yn y Swyddfa Genedlaethol a hithau yn ymuno â'r staff gyda deng mlynedd o brofiad mewn swydd gyffelyb yn swyddfa Dr. Barnardo.

Hefyd, ychydig yn ddiweddarach, ymddiswyddodd Branwen gan iddi dderbyn swydd yn un o adrannau'r llywodraeth yn Llundain. Yn dilyn ei hymadawiad penodwyd Angela Jones i'w holynu fel ysgrifenyddes i Tom. Gwelwyd newid hefyd yn swyddfa Jeff yn Aberhonddu pan symudodd Linda Hicks i swydd arall a chymerwyd ei lle gan Mairwen Davies fel cynorthwyydd gweinyddol rhan-amser.

Yn 1989 daeth ergyd galed i brofiad Dewi gyda marwolaeth ei briod annwyl, Fiona, wedi afiechyd blin a chreulon. Gadawodd ei hymadawiad wacter enbyd ym mywyd Dewi a'i deulu. Erys atgofion melys i bawb ohonom am wraig rinweddol gyda'i phersonoliaeth hawddgar a'i hegwyddorion cadarn ar faterion pwysig bywyd. Bu'n gymar tra chefnogol i Dewi yn ei alwedigaeth yng nghyfnod cynnar hanes Cymorth Cristnogol yng Nghymru a

bol ifanc Eglwys Ddiwygiedig Unedig Trefansel, Abertawe gyda'r map a luniwyd
nddynt. Casglwyd £503 gan aelodau'r eglwys tuag at brosiectau yng ngwledydd Chad a
dan

Y Canon Sibur Biswas, Calcutta un o bartneriaid ffyddlon Cymorth Cristnogol, a drefnodd gludiant o fwyd ac offer i Bangladesh adeg yr argyfwng ar ôl y Rhyfel Cartref.

Meddyg yn archwilio plentyn yn un o ysbytai Calcutta – un o'r Rhaglenni Iechyd a gefnogwyd gan Gymorth Cristnogol

echgyn ifanc mewn ardal wledig yn Y Gambia yn codi dŵr trwy ei gludo o'r naill i'r llall i feiriad eu cartrefi

m meddygol yn archwilio yng Nghanolfan hyd Karjat, Yr India

Grŵp o blant yn ysgol Gynradd Abergwaun adeg "Awr Dawel Noddedig" a drefnwyd gan athrawon yr ysgol yn ystod Yr Wythnos

Cefnogir Yr Wythnos gan nifer o ysgolion cynradd a noddwyd y dosbarth hwn i codi aria trwy wau

Y Parchg. Ddr. Noel A. Davies
(Ysgrifennydd Cyngor Eglwysi Cymru
1978 - 1990)

Parchg. D. R. Thomas, Coleg y Brifysgol,
erystwyth (ysgolhaig, ysgogydd ac
ngyrchwr o blaid hawliau dynol a
blygiad byd)

Mr Lyn Howell yn derbyn siec am £41,000 oddi wrth Mr Maldwyn Jones (Trysorydd Apêl enwadol Undeb yr Annibynwyr Cymraeg) tuag at Raglenni Datblygu yn Zimbabwe. Ar y chwith gweler Dr. Roderic Bowen (Cadeirydd Pwyllgor Cymru) a'r Parchg. Derwyn Morris Jones (Ysgrifennydd yr Annibynwyr) gyda swyddogion eraill yn y cefndir

Mrs. May Llewellyn, yr arweinydd brwdfrydig, gyda rhai o weithwyr selog Castell Nedd y cyflwyno cyfraniad derbyniadau'r Wythnos i'r awdur yn 1978.

Y Parchg. Thomas Eirwyn Evans
Ysgrifennydd Rhanbarth (1975 - 1989)

Y Parchg. Jeff Williams
Ysgrifennydd Rhanbarth
(1986 - 1990)

Sulwyn Thomas yn cyflwyno sieciau (elw cyngerdd 'Byd Bont') i Osian Wyn Jones o "Arian Byw" ac i'r awdur ar ran Cymorth Cristnogol yn 1986

Andrew Rees a Llŷr Hughes Griffiths (dau o ddisgyblion Ysgol Uwchradd Bro Myrddin) a drefnodd weithgareddau i godi arian mewn ymateb i newyn Ethiopia yn 1986

Mr Lyn Howell, (Trysorydd Cymorth Cristnogol Cymru) yn derbyn sieciau oddi wrth grŵp ieuenctid Ferndale, Rhondda. Trefnwyd y gweithgareddau gan y Parchg. Handel Bowen ar y chwith yn y rhes gefn)

Mrs Muriel Powell, trefnydd egniol pwyllgor y Garnant a Glanaman am dros chwarter nrif gyda'i chyd-weithwyr yn paratoi ar gyfer eu "Moes a Phryn" blynyddol

Arglwydd Faer Caerdydd a'r Faeres yn dymuno'n dda i'r Parchg. Roy Doxsey a'i gyd-gerddwyr cyn ymadael â Chaerdydd ar eu "Taith Gerdded" i Fethlehem, sir Gaerfyrddin

Archesgob Bangor, Y Gwir Barchg. Gwilym O. Williams yn hebrwng y Parchg. Roy Doxse a'i gyd-gerddwyr (disgyblion Ysgol dyffryn Nantlle a Choleg Llanymddyfri) wrth iddynt gychwyn eu "Taith Gerdded" o Nasareth, Gwynedd am Fethlehem, sir Gaerfyrddin

Y Parchg. Roy Doxsey a'i gyd-gerddwyr yng nghwmni'r Gwir Barchg. Michael Marshall, Esgob Woolwich, Llundain cyn ymadael am Balesteina er mwyn cerdded o Nasareth i Fethlehem cyn Nadolig 1978.

Yr Archesgob Desmond Tutu yn derbyn croeso plant Cymru ar un o'i fynych ymweliadau

Ellen Kuzwayo
Ymgynghorydd "Cyngor Chwiorydd
Zamani" yn Soweto, De Affrica
a Chadeirydd "Ymddiriedolaeth
Maggie Magaba"

"Chwiorydd Zamani" wrthi'n brysur yn eu Canolfan yn Soweto, De Affrica

wy a roddodd 25 o flynyddoedd yr un o wasanaeth gwirfoddol i'w pwyllgor lleol yn
ambed, Hazel Davies (Trefnydd) ac Irene Williams, (Cadeirydd)

ai o aelodau'r Pwyllgor Cenedlaethol wedi cyfarfod yn Aberystwyth.
chwith i'r dde: Alun Rowlands (trysorydd), Iori Thomas (aelod), Nerys Williams
sgrifenyddes weinyddol), Jeff Williams (Ysgrifennydd Rhanbarth), Ymwelydd o Dde
frica) J. E. Wynne Davies (aelod), Peter Heneker (Cafod) a'r awdur

Staff a swyddogion Cymorth Cristnogol Cymru yn swper ffarwel yr awdur
O'r chwith i'r dde: Noel Davies, Elenid Jones, Wynn Vittle, Beryl ap Robert, Roderic Bowen, Dewi Lloyd Lewis ac Alun Rowlands

hefyd ym mlynyddoedd olaf ei bywyd wrth weithio yn y swyddfa ym Mangor. Nid Dewi a'i deulu oedd yr unig rai i weld eisiau Fiona ond roedd staff Cymru yn gyffredinol, a chefnogwyr Gwynedd a Chlwyd yn arbennig, yn ymdeimlo â'r golled.

Ymhen rhai misoedd wedi colli Fiona ceisiwyd olynydd iddi yn swyddfa Bangor. Penodwyd Olga Jones ac mewn byr amser ymgartrefodd yn ei swydd gan gynorthwyo i ofalu am y gweddau gweinyddol.

Yn ddiweddarach yn yr un flwyddyn wynebwyd ar newid arall. Penderfynodd Tom symud i alwedigaeth wahanol gyda'i benodiad yn Drefnydd Crefydd gyda'r BBC. Bu ei ymadawiad yn golled nid yn unig i faes addysgu am ddatblygiad byd ond hefyd i rengoedd Cymorth Cristnogol a'r mudiadau eraill y bu'n cydweithio'n llwyddiannus â hwy yn ystod yr wythdegau. Gwnaeth gyfraniad ymroddedig am y pedair blynedd ar ddeg y bu yn aelod o staff Cymorth Cristnogol.

Hysbysebwyd am olynydd i Tom a phenodwyd Mrs. Elenid Jones i'r swydd. Fe'i magwyd yn Llanelli ond roedd wedi treulio nifer o flynyddoedd, oherwydd swydd ei diweddar briod, yn Yr Iseldiroedd. Gyda dyfodiad Elenid daeth i'n plith academydd yn meddu ar amryw sgiliau. Setlodd yn ei swydd yn gyflym gan baratoi deunydd priodol i'w gyflwyno i ieuenctid ac oedolion fel ei gilydd.

Gyda mwy o aelodau ar y staff roedd angen am fwy o gydweithio a mwy o gyfarfodydd staff i drefnu'r amrywiol raglenni er mwyn cydlynu ein gweithgareddau.

Er bod staff Cymorth Cristnogol yn hollol ar wahân bu cysylltiad agos a hapus rhyngom a staff Cyngor Eglwysi Cymru, yn benodol oddi ar 1978 o dan arweinyddiaeth oleuedig yr ysgrifennydd, y Parchg. Noel Davies a'i ysgrifenyddes weinyddol Mrs. Wendy Richards, gyda'u swyddfa yn Abertawe.

Cyflwynwyd adroddiadau Adran gan yr Ysgrifenyddion Rhanbarth o'u gweithgarwch i'r Cyngor bob blwyddyn a hwythau yn rhinwedd eu swyddi yn aelodau ohono. Yn ogystal â bod yn aelod o Bwyllgor Cenedlaethol Cymorth Cristnogol roedd cyfraniad Noel yn allweddol a chynorthwyol ar lawer lefel. Nid yn un unig yn rhinwedd ei swydd fel Ysgrifennydd Cyngor Eglwysi Cymru ond hefyd oherwydd ei wybodaeth am eglwysi pob enwad ledled y wlad, ei berthynas â Chyngor Eglwysi Prydain a'i gysylltiad â Chyngor Eglwysi'r Byd.

Roedd Noel bob amser yn barod gyda'i gyngor, ei gefnogaeth a'i gydweithrediad, gyda'r staff a phawb yn elwa o'i arbenigedd mewn amryw feysydd, yn enwedig fel aelod o Bwyllgor Addysg Datblygiad Cymorth Cristnogol.

Bu Cymorth Cristnogol yn ffodus iawn ar hyd y blynyddoedd mewn staff cyflogedig a'u swyddogion gwirfoddol – pobol ymroddedig yn rhoi o'u gorau drwy eu doniau amrywiol er lles y mudiad.

Am gyfnod byr bu Prifathro Coleg y Drindod, Caerfyrddin, Clive Jones Davies, oedd yn aelod o'r Pwyllgor Cenedlaethol, yn cynrychioli Cymru ar Fwrdd Cymorth Cristnogol, yna pan ymddiswyddodd oherwydd pwysau gwaith cydsyniodd Noel â'n dymuniad i'w olynu. Fel yr oeddid wedi disgwyl bu'n gaffaeliad, gan roi cyfnod hir o wasanaeth goleuedig i'r Bwrdd ac i eglwysi Cymru yn gyffredinol. Ymhen rhai blynyddoedd, ar gyfrif ei gyfraniadau gwerthfawr a'r parch a enillodd gan ei gyd-aelodau, fe'i penodwyd yn Is-Gadeirydd.

Gwelsom newidiadau yn yr wythdegau ymhlith ein swyddogion gwirfoddol hefyd. Wedi pedair blynedd ar ddeg fel Trysorydd penderfynodd Lyn Howell ymddeol yn 1982 ac ar gyfrif ei wasanaeth di-baid a chlodwiw fe'i hetholwyd yn Aelod Anrhydeddus o Adran Cymorth Cristnogol Cymru.

Fe'i holynwyd yn y swydd gan gyd-flaenor iddo yn eglwys y Presbyteriaid, Heol y Crwys, Mr Alun Rowlands. Roedd Alun yn gyn-was sifil wedi graddio mewn amaethyddiaeth ond bellach wedi ymddeol ac yn byw yng Nghaerdydd. Bu Alun ar hyd y blynyddoedd yn gefnogwr brwdfrydig, yn aelod gwerthfawr o bwyllgor Cymorth Cristnogol ei enwad ac yn un o brif ysgogwyr apeliadau ei enwad.

Bellach roedd swydd y Trysorydd wedi newid cryn dipyn i'r hyn ydoedd pan afaelodd Lyn yn yr awenau yn 1968, a doedd dim cymhariaeth yng nghyfrifoldebau'r Trysorydd. Er hynny parhawyd gyda'r swydd gan mai ef fyddai'n cyflwyno adroddiad am incwm Cymru yng nghyfarfod blynyddol y Pwyllgor Cenedlaethol.

Wedi un mlynedd ar hugain yn Gadeirydd y Pwyllgor Cenedlaethol penderfynodd Dr. Roderic Bowen ymddeol a chadeiriodd ei gyfarfod olaf ar 13 Hydref 1989. Yn y cyfarfod hwn cyflwynwyd rhodd iddo ar ran aelodau a staff Adran Cymorth Cristnogol. Wrth gyflwyno'r rhodd dywedodd Ysgrifennydd Cymru mor ddiolchgar ydoedd am ei gefnogaeth ar hyd y blynyddoedd ac am i Roderic Bowen ddefnyddio'i ddoniau a'i wybodaeth eang, ynghyd ag arbenigedd ei alwedigaeth ar lawer achlysur, er budd Cymorth Cristnogol.

Bu ei adnabyddiaeth â chynifer o bobol allweddol ymhob rhan o'r wlad mewn amryw feysydd yn fantais i gysylltu â nifer o gymdeithasau a mudiadau yng Nghymru, a hynny o blaid yr achos. Llywiodd gyfarfodydd yn feistrolgar a bu ei farn ar nifer o faterion yn gytbwys ac yn hynod dderbyniol gan bob Cyfarwyddwr Cymorth Cristnogol ar hyd y blynyddoedd.

Wedi iddo gydnabod y rhodd, a mynegi ei ddiolch am yr anrhydedd a ymddiriedwyd iddo am gyfnod mor hir, clodd Roderic ei sylwadau drwy wahodd yr aelodau i fyfyrio uwchben un cwestiwn, "Beth gyflawnodd Cymorth Cristnogol yng Nghymru yn ystod yr un mlynedd ar hugain y bu'n Gadeirydd? Fe'i hatebodd gyda'r sylwadau canlynol:

'Drwy ein gweithgaredd yng Nghymorth Cristnogol ac asiantaethau eraill mae pobol Cymru yn llawer mwy ymwybodol o amgylchiadau byw gwledydd y Trydydd Byd heddiw na'r hyn oeddynt un mlynedd ar hugain yn ôl. A'r hyn sy'n bwysicach yw'r gri barhaus i geisio datrys yr achosion am ddioddefiadau pobol, ynghyd â'r dulliau i'w goresgyn. Mae hyn yn arbennig o wir am yr aelodau a'r gweinidogion yn yr eglwysi. Ehangwyd eu gorwelion drwy'r wybodaeth a'r defnyddiau a gyhoeddwyd gan Gymorth Cristnogol.

Daeth gweinidogion ac offeiriaid a'u gwrandawyr yn fwy ymwybodol fod cyfrifoldebau tuag at y Trydydd Byd yn codi o rywbeth sy'n dipyn mwy na chydwybod gymdeithasol, sef ein dyletswydd i gario allan ddisgwyliadau'r ffydd Gristnogol a broffeswn fel aelodau eglwysig.

Yn ystod un mlynedd ar hugain cafwyd cydweithio agos gyda phob enwad yng Nghymru, a phwysleisiaf *bob* enwad, i gefnogi'r gwaith da a phwysig o gynorthwyo'r gwan. Os bu unrhyw anghydweld, daethpwyd i gytundeb yn gyfeillgar, a phrysuraf i ddweud nad materion enwadol oedd yr un ohonynt. Oni ddylai arweinwyr yr enwadau geisio darganfod y modd i wireddu gwir ecwmeniaeth, megis Cymorth Cristnogol?

Ymatebodd pobol Cymru yn anrhydeddus pan alwyd arnynt i gefnogi eu brodyr a'u chwiorydd llai ffodus a hefyd yr amcanion Cristnogol y ceisiwyd eu cyflawni. Codwyd yng Nghymru, nid miloedd, na channoedd o filoedd ond miliynau o bunnoedd. Parhaed i ysgogi cydwybod pobol.

Mae'r clod am yr hyn a gyflawnwyd yn mynd i'r Ysgrifennydd Cenedlaethol a'i dîm o gydweithwyr, i Adran Cymorth Cristnogol yng Nghymru, i'r holl bwyllgorau egnïol lleol a'r eglwysi ynghyd â phobol Cymru oll."

Ar derfyn ei anerchiad cyflwynodd ei ddymuniadau gorau i'w olynydd, Y Gwir Barchg. Ifor Rees, Esgob Cynorthwyol Tyddewi.

Gyda phenderfyniad unfrydol yr aelodau etholwyd Roderic yn Aelod Anrhydeddus o Adran Cymorth Cristnogol Cymru. Cyfrifai Lyn ac yntau hyn yn fraint arbennig, ond i bawb arall roeddynt yn haeddu eu hanrhydeddu am eu cyfraniad nodedig i'r achos.

Pennod 13

Addysgu am Ddatblygiad Byd

ER MAI ELUSEN yw Cymorth Cristnogol wedi ei chofrestru gan y Comisiwn Elusennau dim ond un wedd o'r gwaith yw casglu arian a'i ddosbarthu. Rhan hanfodol o'i pholisi yw addysgu. Un o nifer o Adrannau a leolwyd yn y Brif Swyddfa oedd yr Adran Addysg a'r Adran hon fu'n gyfrifol am ddarparu adnoddau a deunydd addysgol i'r staff a'r cyhoedd o'r cychwyn cynta'.

Prif amcan yr holl adnoddau a gyhoeddwyd, yr argraffedig a'r gweledol, oedd addysgu pobol am sefyllfaoedd trigolion y Trydydd Byd am mai dyna'r neges a ddeuai oddi wrth bartneriaid Cymorth Cristnogol: "Dysgwch a hyfforddwch eich cefnogwyr am safon ac ansawdd bywyd yn y gwledydd tlawd." Cyfrifoldeb yr elusen felly fyddai ceisio gweithredu dymuniad y partneriaid hyn gan ddefnyddio canran resymol o'r incwm ar gyfer addysgu.

At ei gilydd mae mwy o ramant yn perthyn i gasglu arian nag addysgu pobol, yn enwedig pan gynhelir gweithgareddau noddedig, ac mae mwy o barodrwydd gan bwyllgorau a'r cyhoedd yn gyffredinol i drefnu casgliadau na thrwytho'u cefnogwyr ym materion datblygiad byd. Hwyrach bod y term 'datblygiad byd' yn amwys i lawer a bod angen egluro yr hyn y ceisir ei gyflawni wrth addysgu amdano.

Yn eu hanfod mae'r gwledydd datblygedig yn dra gwahanol i'r rhai sydd ag angen eu datblygu ac y mae bwlch enfawr rhyngddynt. Daw diffiniad Kofi Annan, Cyn-Ysgrifennydd y Cenhedloedd

Unedig, yn agos ati pan ddywed, "Mae gwlad ddatblygedig yn un sy'n caniatáu i bob un o'i dinasyddion fwynhau bywyd rhydd ac iachus mewn amgylchfyd diogel."

Roedd y gwledydd hyn yn cael eu disgrifio fel gwledydd y *Byd Cyntaf* tra mai gwledydd yr *Ail Fyd* oedd y rhai Comiwnyddol, gyda'r term *Trydydd Byd* yn disgrifio'r gwledydd hynny oedd wedi eu coloneiddio, rhai trefedigol ac mewn cyflwr o dlodi gan ddibynnu ar gymorth o wledydd eraill am eu cynhaliaeth.

Dechreuwyd defnyddio'r term 'Trydydd Byd' yng nghyfnod y "Rhyfel Oer" i ddiffinio gwledydd nad oeddent yn rhan o Gytundeb Gogledd Iwerydd (NATO) na'r bloc Comiwnyddol. Defnyddiwyd y derminoleg i gategoreiddio'r cenhedloedd i dri dosbarth yn seiliedig ar raniadau cymdeithasol, gwleidyddol ac economegol. Roedd y Trydydd Byd yn cynnwys nifer o wledydd a fu'n drefedigaethau yn Affrica, Asia ac America Ladin.

Erbyn diwedd y chwedegau cydnabuwyd fod gwledydd y Trydydd Byd yn cynnwys gwledydd Affrica, Asia ac America Ladin oedd yn dioddef graddfeydd uchel o dlodi, afiechyd, marwolaethau cynnar, anllythrennedd a diweithdra ac, o'r herwydd, yn dibynnu ar gymorth oddi wrth elusennau a llywodraethau yn y gwledydd cyfoethog.

Yng ngoleuni sefyllfaoedd annheg ac anghyfiawn gwledydd y Trydydd Byd priodol ac angenrheidiol oedd ceisio eu cynorthwyo, nid yn unig mewn rhoddion ariannol ond hefyd drwy roi gwybod i'r cyhoedd yng Nghymru a gwledydd eraill Prydain am eu hamgylchiadau.

Mawr oedd yr alwad a'r pwyslais i addysgu er mwyn hysbysu'n cefnogwyr, arweinwyr eglwysig, athrawon ysgolion a darlithwyr colegau am gyflwr ein cyd-ddyn difreintiedig. Wrth ddarparu defnyddiau addysgol ar gyfer gweinidogion ac offeiriaid, aelodau eglwysig, plant mewn ysgolion cynradd ac uwchradd a phrifysgolion byddai modd, maes o law, newid agwedd a syniadau pobol. Yn y pen draw, drwy addysgu pobol, gobeithiwyd medru dylanwadu ar bolisïau llywodraethau'r gorllewin i wella bywyd trigolion y Trydydd Byd ac yn wir, i chwyldroi ansawdd eu bywydau. Roedd yn bwysig hefyd ein bod yn cyrraedd yr eglwysi i adeiladu gwybodaeth eu haelodau o ddatblygiad byd.

Gyda hyn mewn golwg trefnwyd dwy gynhadledd ddeuddydd gennym fel staff yng Nghymru ar gyfer myfyrwyr diwinyddol: gweinidogion ac offeiriaid y dyfodol. Yn 1973 cynhaliwyd un ym Mangor o dan arweiniad Prifathro Coleg Bala-Bangor, y Parchg. Ddr. R.Tudur Jones a'r llall yng Ngholeg Mihangel Sant, Llandaf, o dan arweiniad y Warden, y Parchg. Geoffrey Rees. Themâu'r cynadleddau hyn oedd "Datblygiad Byd a'i weddau Diwinyddol."

Gwahoddwyd aelodau o'n Hadran Addysg yn Llundain i'r cynadleddau hyn i arwain y sesiynau ac agor trafodaethau. Cafwyd budd a bendith wrth gyflwyno gwybodaeth i ddarpar weinidogion ac offeiriaid am ddatblygiad byd a'r modd roedd partneriaid Cymorth Cristnogol, y mwyafrif yn eglwysi yn perthyn i wahanol enwadau, yn gweithredu eu ffydd mewn dulliau ymarferol. Yn dilyn y cynadleddau hyn byddai Ysgrifenyddion Rhanbarth yn ymweld â'r colegau diwinyddol er mwyn adeiladu perthynas gyda'r myfyrwyr a rhoi deunydd iddynt i'w ddefnyddio wrth ymweld ag eglwysi a phan fyddent wedi eu hordeinio i ofalaethau.

Soniwyd eisoes fel y bu addysgu yn sail i feddylfryd arweinwyr Cymorth Cristnogol ar ddechrau'r saithdegau pan ffurfiwyd mudiad dyngarol tramor fel 'Mudiad Datblygiad Byd' (*World Development Movement*) ar lefel Brydeinig, gyda Chymorth Cristnogol yn rhoi swm sylweddol tuag at gychwyn y mudiad, a pharhawyd i'w noddi ar hyd y blynyddoedd.

Cyflogodd y mudiad staff gydag arbenigedd mewn datblygiad

byd a chyhoeddwyd erthyglau mewn cylchgronau megis y *Spectator* a chyhoeddiadau'r mudiad ei hun.

Yna, yn 1977, penderfynodd Mudiad Datblygiad Byd neilltuo wythnos benodol bob blwyddyn i addysgu'r cyhoedd am anghenion trigolion y Trydydd Byd a phenodwyd Cyfarwyddwr, Mr Pat Gerrard, gan alw'r fenter yn "Wythnos Un Byd." Neilltuwyd ystafell yn swyddfa iddo yn adeilad Prif Swyddfa Cymorth Cristnogol yn Llundain a bu cydweithio agos rhwng y ddau fudiad pan ffurfiwyd pwyllgor o groestoriad o bobol, gyda'i aelodaeth o bob rhan o Brydain, yn cynnwys cynrychiolaeth o'r eglwysi, mudiadau ac asiantaethau dyngarol tramor.

Anogwyd eglwysi i ffurfio grwpiau yn eu cymunedau er mwyn trefnu cyfarfodydd addysgol ynghyd â chysylltu ag ysgolion uwchradd i'r plant hŷn gynnal gweithgareddau yn ystod Wythnos Un Byd a fyddai i'w chynnal ym mis Hydref bob blwyddyn.

At ei gilydd cafwyd ymateb calonogol i'r fenter yng Nghymru, fel yng ngweddill Prydain, gyda nifer o bwyllgorau lleol Cymorth Cristnogol yn gyfrifol am drefnu amrywiol weithgareddau mewn cydweithrediad â'r mudiadau dyngarol tramor, OXFAM a Chronfa Achub y Plant. Rhoddwyd cyhoeddusrwydd i'r fenter arbrofol gan y cyfryngau, gydag erthyglau yn y wasg a chyfweliadau mewn rhaglenni newyddion ar y radio a'r teledu.

Er cyn bwysiced oedd neilltuo un wythnos bob blwyddyn i addysgu'r cyhoedd, y ffordd orau i addysgu trwch y boblogaeth oedd cynnal cyfarfodydd lleol gydol y flwyddyn, gyda'r mudiadau dyngarol tramor yn trefnu cynadleddau mewn ysgolion uwchradd, sef, ymhlith oedolion y dyfodol.

Wrth anelu at yr ifanc byddai gobaith eu hennyn i gefnogi'r ymgyrchoedd gwleidyddol a drefnid gan Gymorth Cristnogol a'r mudiadau eraill. Erbyn dechrau'r wythdegau sylweddolwyd bod mawr angen am drefnu ymgyrchoedd er mwyn pwyso ar y llywodraeth i weithredu cyfiawnder wrth ymwneud â phroblemau'r gwledydd tlawd. Wedi'r cyfan, rhaid oedd gwneud penderfyniadau gwleidyddol i unioni'r cam yr oedd trigolion y gwledydd hyn yn ei ddioddef.

Byddai angen lobïo llywodraeth y dydd, ac yn benodol Gweinidogion Adrannau Datblygu a Thramor, yn ogystal ag atgoffa'r Prif Weinidog ei hunan, pan fyddai'n mynychu cynadleddau Ewropeaidd a rhai byd-eang, i drafod materion yn ymwneud â hawliau'r gwledydd sy'n datblygu er mwyn iddynt fedru masnachu ar yr un lefel â'r gwledydd cyfoethog.

Gwelwyd felly fod galw ar Gymorth Cristnogol nid yn unig i weithredu'n elusennol ond, hefyd, i addysgu a threfnu gweithgareddau drwy ymgyrchu o blaid y di-rym a'r di-lais er mwyn i lywodraeth Prydain fod yn ymwybodol o'i chyfrifoldebau tuag at wledydd y Trydydd Byd.

Ymdeimlai nifer o aelodau Cyngor Eglwysi Cymru â'r alwad hon ac yn 1979 penderfynodd y Cyngor sefydlu Pwyllgor Datblygiad Byd gyda'i aelodaeth yn cynnwys cynrychiolaeth o Adran Eglwys a Chymdeithas ac Adran Cymorth Cristnogol gyda swyddogion a staff y ddwy Adran yn aelodau *ex officio*.

Prif amcanion y Pwyllgor fyddai hyrwyddo ac annog materion datblygiad byd ym mywyd eglwysi'r enwadau, creu ymwybyddiaeth oddi mewn i'r eglwysi am natur datblygiad byd-eang, ysgogi gwell dealltwriaeth o amgylchiadau'r gwledydd sy'n datblygu, ennyn parodrwydd ymhlith aelodau'r eglwysi i ymateb yn gadarnhaol gyda chymorth ariannol yn ôl y galw er mwyn sicrhau bywyd mwy cyfiawn a chydradd ar lefel genedlaethol a byd-eang.

I gyflawni'r amcanion hyn byddai disgwyl i'r pwyllgor wneud astudiaeth o broblemau'r Trydydd Byd a'u heffaith ar Brydain. I gyflawni hyn byddai angen ceisio cydweithrediad Adran

Efrydiau mewn Datblygiad, Coleg y Brifysgol, Abertawe, cadw mewn cyswllt gyda'r Weinyddiaeth Datblygu Tramor a'r Pwyllgor Ymgynghorol dros Gymru, bod mewn cyswllt â phwyllgorau cyfatebol Cyngor Eglwysi Prydain a Chyngor Eglwysi'r Byd a gweithredu yng Nghymru ar eu rhan pan fyddai galw am hynny.

Yn ogystal â'r amcanion uchod byddai'r pwyllgor hefyd yn trefnu ymgyrchoedd a chynadleddau i hyrwyddo'r amcanion yn lleol a chenedlaethol gan sicrhau bod materion datblygiad byd yn cael sylw'r eglwysi roedd eu henwadau yn aelodau o Gyngor Eglwysi Cymru.

Dros y blynyddoedd cyflawnodd y pwyllgor waith mawr gyda'i ysgrifennydd, y Parchg. Arthur Meirion Roberts, yn cyflawni ei swydd yn ddiwyd a chydwybodol. Bu'r pwyllgor yn effeithiol a dylanwadol mewn llawer maes a chyfeiriaf ymhellach at enghraifft o hyn wrth gyflwyno Adroddiad Brandt i eglwysi Cymru a'r cyhoedd.

Yng nghanol yr wythdegau gwelwyd bod yn rhaid symud ymlaen ar hyd trywydd addysgu ar bob lefel. Gyda'r Adran Addysg yn Llundain yn paratoi deunydd addysgol ar gyfer y staff a'r cyhoedd prin oedd yr amser y medrai'r staff ei roi i'r dasg, a bu llawer o drafod gan staff Cymru a'u cyd-aelodau ar lefel Prydain ac Iwerddon am hyn.

Oherwydd pwyslais Cymorth Cristnogol ar addysgu'r cefnogwyr a'r cyhoedd mabwysiadwyd cynllun addysg penodol. Lluniwyd strwythur newydd i gefnogi grwpiau lleol oedd yn darparu cyrsiau ar ddatblygiad byd yn eu cymunedau a'u hardaloedd a neilltuwyd arian o gyllideb arbennig i roi grantiau i'w cynorthwyo i gyflawni eu gweithgareddau.

Yng ngoleuni'r strwythur newydd, yn 1986 ffurfiwyd Pwyllgor Addysg Datblygiad Byd o fewn Cyngor Eglwysi Cymru, a gwahoddwyd Y Gwir Barchg. Alwyn Rice Jones, Esgob

Llanelwy, yn Gadeirydd. Cyflawnodd y swydd yn ei ddull dihafal a diymhongar ei hun a bu ffurfio'r pwyllgor hwn yn gaffaeliad i hyrwyddo'r gweithgaredd mewn amryw ardal yng Nghymru. Ffurfiwyd pwyllgorau tebyg i'r un Cymreig mewn rhanbarthau yn Lloegr a rhai cenedlaethol yn Yr Alban ac Iwerddon.

Gan fod nifer o grwpiau yng Nghymru bellach yn darparu cyrsiau i addysgu pobol am ddatblygiad byd byddai Cymorth Cristnogol yn eu cefnogi'n ariannol gyda Tom Evans, yr Ysgrifennydd Addysg, yn eu cyfarwyddo. Byddai Tom yn benodol, a hefyd yr Ysgrifenyddion Rhanbarth, yn dod i wybod am y grwpiau hyn a byddent yn eu dwyn i sylw'r Pwyllgor yn ôl y canllawiau a osodwyd gan yr Adran Addysg. Ymddiriedwyd i'r pwyllgor hwn y dasg o asesu ceisiadau'r grwpiau a phenderfynu maint y grant ar eu cyfer mewn ymgynghoriad â Phennaeth yr Adran Addysg.

Ar gyfartaledd rhyw bedwar grŵp fyddai'n cael eu hystyried ar y tro, ac yn derbyn grant. Dros y blynyddoedd derbyniodd dwy ganolfan symiau cyson wrth iddynt gyflawni gwaith arloesol, sef Canolfan Addysg Byd o dan nawdd Coleg y Brifysgol, Bangor, ac Athrofa Gogledd Ddwyrain Cymru yn Wrecsam.

Bu Mr Rheinallt Thomas a'i gyd-weithwyr yn y Ganolfan Addysg Grefyddol ar safle'r hen goleg hyfforddi, y Santes Fair, ym Mangor yn cyhoeddi amryw ddefnyddiau yn y Gymraeg a'r Saesneg ar ddatblygiad byd ar gyfer adrannau crefydd mewn ysgolion uwchradd ac ysgolion Sul. Bu hybu'r gweithgarwch hwn gyda grantiau cyson yn gyfraniad teilwng i hyrwyddo'r gwaith mewn llawer ysgol ac eglwys.

O dan arweiniad goleuedig Mr Gareth Wheatley roedd Athrofa Gogledd Ddwyrain Cymru yn Wrecsam hefyd yn cyflawni gwaith clodwiw ym maes datblygiad byd, ac yma eto roedd cyflwyno grantiau i'r athrofa yn fodd i gefnogi'r ymdrechion hyn.

Mae'n briodol cyfeirio at wahaniaethau yn amcanion y ddau Bwyllgor Datblygiad Byd yng Nghymru – roedd y cyntaf a ffurfiwyd yn ceisio canllawiau priodol ac effeithiol i osod datblygiad byd ar agenda'r eglwysi, a'r llall a sefydlwyd saith mlynedd yn ddiweddarach yn asesu ac yn cefnogi'n ariannol gynlluniau addysgol lleol er hyrwyddo datblygiad byd.

Ar wahân i ffurfioldeb pwyllgorau defnyddiwyd cyfryngau eraill i addysgu am ddatblygiad byd gan Gymorth Cristnogol, megis y ffilmiau a gynhyrchwyd gan yr elusen. Credaf mai *Exiles in our own Land* – 'Alltudion yn eu Gwlad eu Hunain' – oedd y mwyaf effeithiol at bwrpas addysgu.

Lleolwyd y ffilm yng ngogledd-ddwyrain Brasil a dangoswyd y miloedd o'r trigolion a orfodwyd i adael eu cynefin am fod y llywodraeth (oedd mewn dyled enfawr) wedi gwerthu'r tir i gwmni coffi rhyngwladol. Roedd eu profiadau yn enghraifft o dynged trueiniaid mewn llawer gwlad, yn colli eu tiroedd, gadael eu cynefin a throi'n alltudion wrth symud i chwilio am waith a lle i fyw am fod un o'r cwmnïau masnachol rhyngwladol wedi meddiannu eu tir. Amddifadwyd y tlodion o'u cartrefi a'u bywoliaeth gyda pholisïau trachwantus yn creu tlodi yn y byd sy'n datblygu.

Wrth addysgu pobol am sefyllfaoedd fel hyn a'r annhegwch ddeuai o'r herwydd i fywydau miloedd o bobol, a thrafod y sefyllfaoedd mewn ysgolion uwchradd, cyfarfodydd a chynadleddau ceisiwyd ehangu gorwelion yr ifanc ac oedolion fel ei gilydd am yr annhegwch a ddioddefai eu cyd-ddyn.

I hyrwyddo'r wedd addysgol ymhellach cynhaliwyd nifer o gynadleddau penwythnos mewn neuaddau preswyl ar gampws coleg ar gyfer arweinwyr pwyllgorau lleol. O ganlyniad byddai mynychwyr y cynadleddau yn medru rhannu'r wybodaeth am gyflwr anghyfiawn y difreintiedig gyda'r cefnogwyr yn eu hardal.

Ond sylweddolwyd gennym fel Ysgrifenyddion Rhanbarth ar ddechrau'r saithdegau, cyn ffurfio unrhyw Bwyllgor Datblygiad Byd yn swyddogol gan Gyngor Eglwysi Cymru, fod yn rhaid i ni fel staff yn ein cyfarfodydd bwysleisio'r wedd addysgol i'n gwaith yn ogystal â chasglu arian.

Yn ogystal, dros y blynyddoedd, cynhaliwyd nifer o gynadleddau undydd i weinidogion ac offeiriaid ar themâu tebyg mewn nifer o wahanol ganolfannau, gan fod nifer ohonom yn credu y dylai arweinwyr yr eglwysi, o bawb, sylweddoli bod gan Gristnogaeth gyfraniad penodol i wyrdroi'r annhegwch roedd miliynau o drigolion y byd yn ei ddioddef.

Roeddem yn argyhoeddedig fod gwerth mawr mewn parhau i gynnal cynadleddau addysgol, gan gynnwys rhai ar gyfer ein cefnogwyr. Yna yn yr wythdegau cynhaliwyd nifer o gynadleddau addysgiadol ar y cyd gyda'r elusen CAFOD, drwy gydweithrediad Peter Heneker, Trefnydd y mudiad yng Nghymru.

Yn ogystal â chydweithio gydag elusen Babyddol byddai Cymorth Cristnogol yn gweithio'n agos iawn, fel y gwnaeth ar hyd y blynyddoedd, gyda'r gwahanol gymdeithasau cenhadol ac roedd yr Ysgrifenyddion Rhanbarth, yn rhinwedd eu swyddi, yn aelodau o Gyngor Cenhadol Unedig Cymru. Yn ein tro bu tri ohonom yn Gadeiryddion y Cyngor.

Roedd Cymorth Cristnogol hefyd yn cydweithio'n fynych gyda Mudiad Addysg Gristnogol trwy gyd-drefnu cynadleddau ar gyfer dosbarthiadau pump a chwech mewn ysgolion uwchradd. Cynhaliwyd cynadleddau yn achlysurol hefyd gydag OXFAM a CEWC (Cyngor Addysg Mewn Addysg Byd – *Council for Education in World Cizenship*).

Roedd cynnal seminarau ar gyfer dosbarthiadau pump a chwech mewn ysgolion uwchradd o'r pwys mwyaf a bu cyfraniad Tom Evans a swyddog CEWC yn allweddol wrth i

CBAC (Cyd Bwyllgor Addysg Cymru) gytuno i gynnig cwrs ac i gynnwys papur ar "Astudiaethau Byd" yn arholiadau lefel O ac A. Ymatebodd nifer dda o ysgolion a'u disgyblion yn sefyll yr arholiad yn llwyddiannus.

Gyda dyfodiad Sianel Pedwar ar y donfedd deledu ar ddechrau'r wythdegau cafwyd cyfres o raglenni addysgol ar ddatblygiad byd yn 1983. Trwy berswâd brwdfrydig Tom, cynrychiolydd Cymorth Cristnogol Cymru ar Ymddiriedolaeth Darlledu Rhyngwladol, llwyddwyd i ddangos y gyfres, *Diddordebau Cyffredin*, ar S4C ac ehangwyd gorwelion cenhedlaeth ifanc o Gymry am amgylchiadau eu cyd-ddyn mewn llawer gwlad.

Yn ogystal â chydweithio gyda Mudiadau Addysg ar gyfer yr ifanc mewn ysgolion a cholegau cynhaliwyd dosbarthiadau nos o bryd i'w gilydd, gyda Chymdeithas Addysg y Gweithwyr, mewn nifer o drefi yng Ngwynedd a Chlwyd yn bennaf, trwy gefnogaeth Mr. Rufus Adams eu Trefnydd yng Ngogledd Cymru. Er enghraifft, cynhaliwyd un ym Mae Colwyn yn Nhachwedd 1989 ar y thema "Dyled," yn trafod agweddau a phroblemau pobol yn y wlad hon ac yng ngwledydd y Trydydd Byd.

Er cystal y cydweithio rhwng y mudiadau addysgol yng ngwahanol ardaloedd Cymru, at ei gilydd gwell oedd gan y rhan fwyaf o gefnogwyr Cymorth Cristnogol, aelodau o'n pwyllgorau lleol gan amlaf, weithio o dan eu baner eu hunain. Gellir deall hyn, a hwyrach mai dyna oedd orau, rhag i'r mudiad golli ei hunaniaeth fel dolen gydiol rhwng eglwysi Cymru mewn partneriaeth â'u cydweithwyr tramor.

Roedd cynfas gweithgareddau addysgol o dan arweiniad yr Ysgrifennydd Addysg, yn eang, a phan drefnodd Tom Evans Gynhadledd Amaeth yn Aberystwyth yn Nhachwedd 1988 daeth dros 70 yno. Cafwyd trafodaethau buddiol a chytunwyd ar nifer o benderfyniadau a'u danfon at y Llywodraeth yn San Steffan a'r Gymuned Ewropeaidd.

Gyda'n pwyslais ar addysgu roedd Tom, yn rhinwedd ei swydd, wedi adeiladu perthynas agos gyda nifer o athrawon Addysg Grefyddol a Daearyddiaeth mewn ysgolion uwchradd.

Daeth hefyd i gysylltiad â rhai o adrannau Colegau'r Brifysgol, yn arbennig Mr R. Gerallt Jones, darlithydd yn yr Adran Efrydiau Allanol yn Aberystwyth. Bu amrywiol gyfraniadau Gerallt i hyrwyddo gwaith Cymorth Cristnogol yn rhai tra gwerthfawr dros y blynyddoedd. Mynegodd ei awydd i ymgymryd â nifer o wahanol 'deithiau cerdded,' nid i godi arian ond i gynnal seminarau mewn ysgolion uwchradd ar ddatblygiad byd yn y mannau y byddai'n aros dros nos, ac yn fynych byddai'n cynnal cyfarfodydd i annerch oedolion.

Derbyniwyd ei gynnig parod a'i gefnogi trwy drefnu cyfarfodydd ac ymweliadau i ysgolion yn ystod ei siwrneiau. Defnyddiodd Gerallt ei wybodaeth academaidd a rhoi o'i amser yn wirfoddol trwy ysgrifennu drama, *Bwrw'r Sul,* ar thema problemau datblygiad byd. Hon oedd drama gomisiwn Eisteddfod Genedlaethol Llambed yn 1984 a bu Cwmni Theatr Crwban yn llwyfannu'r ddrama ledled Cymru ar daith o chwe wythnos.

Drwy gefnogaeth nodedig Gerallt llwyddwyd i ddefnyddio cyfryngau amrywiol i addysgu plant, ieuenctid ac oedolion am angen a chyflwr pobol yn y gwledydd tlawd drwy ddulliau a chyfryngau newydd a gwahanol.

Roedd addysgu'n cefnogwyr a'r cyhoedd am y Trydydd Byd o'r pwys mwyaf. Byddai hyn nid yn unig yn ehangu eu gorwelion personol hwy ond byddai hefyd, maes o law, yn ehangu gorwelion miloedd wrth iddynt gael cyfle i fasnachu eu cynnyrch. Sylweddolwyd bod eu sefyllfaoedd yn galw am weithredu ar lefel wleidyddol yn ogystal ag addysgu'r boblogaeth. Erbyn canol yr wythdegau roedd Penaethiaid Adrannau Cymorth Cristnogol yn pwysleisio'r alwad am ymgyrchu gwleidyddol.

Gyda sefyllfa *apartheid* yn dwysáu yn Ne Affrica ymdeimlai Cymorth Cristnogol fod galwad arnom i ddyblu ein cefnogaeth i'r dioddefwyr ac i brotestio mor daer â phosibl yn erbyn y fath ddeddfau annynol. Yn 1989 cynhaliwyd dwy gynhadledd i'r diben hwn ar Dde Affrica, un ym Mangor a'r llall yn Abertawe. Trwy ddycnwch a dyfalbarhad y gymuned fyd-eang yn rhoi pwysau a sancsiynau ar lywodraeth De Affrica llwyddwyd i dorri'r iâ wedi hir ddioddefiadau miloedd ar filoedd o'r bobol ddu eu croen. Diwrnod i'w gofio yn hanes byd cyfan oedd hwnnw pan welwyd Nelson Mandela yn cerdded yn rhydd o'r carchar wedi saith ar hugain o flynyddoedd caeth.

Yn ogystal â sicrhau tegwch mewn hilyddiaeth daeth yn fwy amlwg bod angen rhoi mwy o bwys ar ymgyrchu o blaid tegwch i'r tlodion i'w galluogi i fedru masnachu'n deg. Pwyswyd ar lywodraeth San Steffan i weithredu ac i ddiddymu unrhyw atalfa a rhwystr i'r gwledydd tlawd werthu eu cynnyrch heb eu clymu gan reolau masnachol rhag cael tâl teg am eu nwyddau a'u cynhyrchion.

Gofynnwyd i'r Ysgrifenyddion Rhanbarth berswadio'r cefnogwyr i gysylltu â'u haelodau seneddol a'u hannog i weithredu o blaid y dioddefus. Gwasgwyd hefyd ar aelodau seneddol i ddylanwadu ar Adran Datblygiad Byd a Swyddfa Dramor y llywodraeth iddynt gefnogi datblygiad byd fel mater o egwyddor a pholisi.

Trefnwyd ralïau mewn llawer dinas a thref a chefnogwyd rali fawr yn Llundain gyda nifer o fysiau'n cludo ymgyrchwyr yno o bob rhan o Gymru i ddangos eu hochr o blaid y bobol orthrymedig yn ein byd.

Gwelwyd bod y deisebu a'r ymgyrchu a wnaed gan Gymorth Cristnogol a mudiadau eraill yn ystod y cyfnod hwn yn cydredeg â meddylfryd a daliadau nifer o wleidyddion blaenllaw mewn llawer gwlad. Sylweddolwyd bod nifer o wleidyddion mewn llywodraethau ar draws y byd â chonsyrn am anawsterau'r tlawd, a'u bod yn awyddus i drafod ag eraill er mwyn cytuno ar argymhellion a fyddai'n unioni'r anghyfiawnder a ddioddefai tlodion. Ystyriwn beth fu'r canlyniadau.

Ymateb i Adroddiad Brandt

$\mathcal{E}$RS DIWEDD YR Ail Ryfel Byd gwelwyd yn fynych luniau o'r tlawd a'r newynog ar ein setiau teledu ynghyd ag erthyglau amdanynt yn y wasg. Un o ddau beth fedr dynoliaeth wareiddiedig ei wneud: gadael i'r sefyllfa waethygu neu fynd i'r afael â'r broblem a cheisio ei datrys.

Yn 1977 ar anogaeth Robert MacNamara, Pennaeth Banc y Byd, ffurfiwyd Comisiwn er mwyn astudio'r problemau hyn. Sefydlwyd y Comisiwn o dan lywyddiaeth Willy Brandt, cyn-Ganghellor llywodraeth Yr Almaen. Etholwyd deunaw cynrychiolydd i'r Comisiwn gyda'r aelodau yn cynrychioli'r pum cyfandir.

Roedd yr aelodau hyn i weithredu'n annibynnol gyda phob un ohonynt yn arbenigwr yn ei faes a phob un hefyd â phrofiad o fod mewn llywodraeth. Cynrychiolwyd Prydain gan y cyn-Brif Weinidog, Edward Heath, A.S.

Cyfarfu'r Comisiwn nifer o weithiau a bu trafod trwyadl ar wahanol weddau o sefyllfa drychinebus y tlawd a'r newynog, a'r diffyg tegwch o ran hawliau dynol oedd yn rhwystro gwella amgylchiadau dirdynnol y miliynau oedd yn dioddef ac yn eu rhwystro rhag cael pris teg wrth fasnachu eu cynnyrch.

Yna, yn 1980, cyhoeddwyd Adroddiad hir ddisgwyliedig y Comisiwn. Datganodd y *Sunday Times* ar 17 Chwefror 1980 yn ei erthygl flaen mai digwyddiad pwysicaf y flwyddyn oedd cyhoeddi'r Adroddiad. Is-deitl yr Adroddiad oedd, "Rhaglen ar gyfer Goroesi" (*A Programme for Survival*) a dyma raglen a fyddai'n sobreiddio'r mwyaf gobeithiol ac yn herio pawb oedd yn teimlo dros yr anghenus i geisio gweithredu o'u plaid.

Yn ei gyflwyniad i'r Adroddiad soniodd y Cadeirydd, Willy Brandt, am y cyfarfodydd a gynhaliwyd ar ddechrau 1978 gan gyfeirio at y gynrychiolaeth fyd-eang o blith yr aelodau. Aeth yr Adroddiad ymlaen i ddadansoddi sefyllfa pobol mewn gwahanol rannau o'r byd, yn enwedig trigolion y gwledydd tlawd, a pha fath ar ddyfodol a fyddai iddynt oni weithredid yn gadarnhaol i oresgyn eu problemau dirdynnol.

Codwyd y cwestiwn tyngedfennol yr oedd yn rhaid ei wynebu, sef dinistr neu ddatblygiad? Yn sicr, mae'r teulu dynol yn awyddus ac yn dyheu am gael goroesi, ond sut? Yn enwedig gyda chynifer o fygythiadau yn erbyn y tlodion ar wahanol lefelau ac o wahanol gyfeiriadau.

Ymhlith yr anawsterau cyfeiria'r Adroddiad at yr holl arian oedd yn cael ei wario ar filitariaeth, gan nodi bod cyfanswm y gwariant ar filitariaeth yn 1978 yn 450 biliwn o ddoleri Americanaidd, tra bod cyfrifon swyddogol cymorth mewn datblygiad yn llai na 5% o'r ffigwr hwn. Rhoddwyd pedair enghraifft o'r hyn yr oedd gwledydd yn ei wario ar filitariaeth:-

1. Byddai'r hyn a ddefnyddid ar filitariaeth mewn hanner diwrnod yn ddigon i ariannu'r gost o ddiddymu malaria, yn ôl rhaglen Mudiad Iechyd y Byd, gydag angen llai na hyn i goncro'r clefyd a elwir yn 'ddallineb afon,' sy'n dal i fod yn bla i filiynau.

2. Roedd tanc modern yn costio miliwn o ddoleri (y pris yn 1978) a gallai'r swm hwn gwrdd â chost storio 100,000 tunnell o reis, ac felly arbed 4,000 tunnell neu fwy yn

flynyddol, gan fod un person yn medru byw ar ddim ond ychydig dros bwys o reis y dydd. Gallai'r un swm ddarparu mil o ystafelloedd dosbarth ar gyfer 3,000,000 o blant mewn ysgolion.

3. Am bris un awyren jet at bwrpas bomio (20 miliwn doler) gellid cwrdd â chostau sefydlu 40,000 pentref yn y gwledydd tlawd gyda fferyllfa ymhob un.

4. Byddai ond 1% o'r gwariant ar filitariaeth yn medru talu am yr holl offer ffermio a oedd yn angenrheidiol i ychwanegu at gynhyrchu bwyd, a chwrdd â gofynion y gwledydd o gyflogau isel ynghylch hunanddigonolrwydd mewn bwydydd erbyn 1990.

Gyda'r enghreifftiau uchod dangoswyd yr hyn y gellid ei gyflawni pe bai gan wledydd y byd yr ewyllys i wireddu Adroddiad y Comisiwn. Fel mewn llawer maes arall, "pe" yw'r gair allweddol a thyngedfennol. Heb yr ewyllys i weithredu ofer pob siarad a phenderfyniad, ond gydag ewyllys gadarnhaol gellid achub y sefyllfa a sicrhau dyfodol i filiynau.

Cafodd yr Adroddiad sylw haeddiannol gan y cyfryngau mewn llawer gwlad. Ym Mhrydain anogwyd pobol i ymateb yn gadarnhaol o blaid y dioddefwyr. Ond, o du'r llywodraeth, llugoer oedd yr ymateb ac yn ôl Patrick Keatley mewn erthygl yn y *Guardian* yn Nhachwedd 1980 roedd llywodraeth Prydain yn llusgo traed ynghylch holl faterion Adroddiad Comisiwn Brandt.

Ymateb y Prif Weinidog, Margaret Thatcher, oedd, "Y mae gennym ni ein problemau, mae ganddynt hwy eu problemau hefyd." Doedd y fath agwedd ddim mewn cytgord â nifer helaeth y boblogaeth ac yn sicr yn dra gwahanol i'r cefnogaeth a roddwyd gan wleiddion Prydain yn 1945 pan ffurfiwyd y mudiadau dyngarol tramor, Cymorth Cristnogol ac *OXFAM*. Er arafwch y llywodraeth i weithredu argymhellion yr Adroddiad bu'r ymateb yn galonogol ar lawer lefel, gyda grwpiau lleol yn trafod y cynnwys ac yn ymroi i geisio gweithredu rhai o'r argymhellion.

Dyma pryd y ffurfiwyd Pwyllgor Datblygiad Byd gan Gyngor Eglwysi Cymru a chynhaliwyd nifer o gyfarfodydd i drafod yr Adroddiad. Er mwyn cyrraedd cynifer â phosib o bobol trefnwyd cyfarfodydd lleol ar gyfer aelodau'r eglwysi oedd â'u henwadau yn aelodau o Gyngor Eglwysi Cymru. Roedd angen deffro eglwysi Cymru i weithredu'n ymarferol yn hytrach na byw'n fewnblyg, nid gyda rhoddion ariannol bob hyn a hyn ond gyda chrwsâd o blaid tecach bywyd i drigolion y gwledydd sy'n datblygu.

Mewn ysgrif yn rhifyn Ionawr 1978 o'r *Traethodydd* cyfeiriodd y Parchg. D. R. Thomas, darlithydd yn yr Adran Grefydd yng Ngholeg y Brifysgol, Aberystwyth at 'Her i'r Eglwysi Heddiw' gan ddweud, "I raddau helaeth, llwyddwyd i liniaru tipyn ar ddioddefaint y tlawd yn ein plith ond pan ystyrir cyflwr y teulu dynol mae'r agendor yn echrydus ac yn mynd yn waeth; erbyn hyn aeth Cymorth Cristnogol yn barchus ac y mae'n cynnig gwasanaeth godidog, ond nid yw'n gwneud mwy na chyffwrdd â'r broblem."

Gwelai D. R. Thomas fod rhaid i eglwysi Cymru a Chymorth Cristnogol, sef eu cyfrwng a'u hasiantaeth ddyngarol, weithredu'n broffwydol a gwleidyddol oherwydd fel y dywed, "Rhaid sylweddoli ein bod yn byw mewn un byd a hwnnw'n fyd bychan. Dywed Adroddiad Brandt fod gennym yr adnoddau i ddifodi newyn yn llwyr mewn deng mlynedd. Yr unig beth sydd ei angen yw'r ewyllys boliticaidd."

Bu'r Pwyllgor Datblygiad Byd yn ffodus i gael cyfraniadau goleuedig D. R. Thomas i egluro a dadansoddi arwyddocâd Adroddiad Brandt o safbwynt Cristnogol. Paratowyd llyfryn ganddo ac yn 1981 cyhoeddwyd fersiynau Cymraeg a Saesneg.

Cafwyd ffrwyth ei brofiad fel gweinidog ac ysgolhaig yn y llyfryn, ond hefyd ei ymateb fel Cristion. Yn y rhagair i'w lyfryn, *Arweiniad,* dywed yr awdur mai ei fwriad oedd ennyn trafodaeth o safbwynt Cristnogol, "Hyd yn oed os ydym yn anghydweld â'i ddehongliad, ni fedrwn wadu'r ffeithiau a dylai hyn ein gorfodi i ofyn, Beth yw ystyr ein crefydd mewn byd fel hwn?"

Croesawyd ei gyfraniad yn fawr a bu galw arno i annerch cyfarfodydd ac i arwain trafodaethau ar y pwnc ledled Cymru. Trefnodd Ysgrifenyddion Rhanbarth Cymorth Cristnogol nifer o gyfarfodydd pan anerchwyd gan amryw o aelodau seneddol Cymru o bob plaid, megis yr Arglwydd Cledwyn, Dafydd Elis Thomas, Anthony Meyer ac eraill.

Cafwyd ymateb calonogol gyda chynulleidfaoedd da. Un o'r goreuon oedd yn Llanrwst, gyda dros 200 yn bresennol i wrando ar y Parchg. D. R. Thomas a Tom Ellis, A.S. Bu cyfarfodydd tebyg mewn mannau eraill yn arwydd calonogol fod gan bobol gonsyrn am yr annhegwch a'r awydd i geisio gwella sefyllfa'r miliynau oedd yn dioddef.

Prif thema Adroddiad Brandt oedd 'Heddwch, Cyfiawnder a Gwaith' gan bwysleisio bod yn rhaid i'r newidiadau gael eu gwireddu ar lefel byd-eang. Roedd yr Adroddiad yn argyhoeddedig na fedrai un wlad ddatrys y broblem ar ei phen ei hun ac na allai Ewrop, yn wledydd gyda'i gilydd, gyflawni'r newidiadau angenrheidiol. Rhaid oedd wrth gydweithrediad rhwng gwledydd ymhob pegwn o'r cwmpawd byd. Yn ôl Adroddiad Brandt mae tynged poblogaeth y byd yn nwylo pob gwlad, a ninnau'n byw bellach mor agos at ein gilydd drwy'r dechnoleg fodern.

Er mwyn hybu'r ddealltwriaeth o'r Adroddiad trefnodd Pwyllgor Datblygiad Byd Cyngor Eglwysi Cymru fod 'person cyswllt' ar gael mewn nifer o ardaloedd a bod ganddynt becynnau o lyfrau a chyfarpar addysgol ar y pwnc, a'u bod i drefnu gweithgarwch lleol ar faterion datblygiad byd.

Yn ogystal â'r defnyddiau a gyhoeddwyd teimlem, fel staff Cymorth Cristnogol, y dylid trefnu cyfarfod cenedlaethol er mwyn rhoi mwy o gyhoeddusrwydd i argymhellion yr Adroddiad. Byddai'r achlysur hefyd yn fodd i ddathlu chwarter canrif o gynnal Yr Wythnos drwy rannu gwybodaeth am y rheolau masnachol oedd yn rhwystro'r tlodion i werthu eu nwyddau ar yr un telerau â'r gwledydd cyfoethog.

O ganlyniad i sgwrs rhwng Cadeirydd ein Pwyllgor Cenedlaethol a'r Ysgrifenyddion Rhanbarth penderfynwyd cynnal Cyfarfod Arbennig yn Neuadd Brangwyn, Abertawe, a gwahodd cynrychiolydd Prydain ar y Comisiwn, y cyn-Brif Weinidog, Edward Heath, A.S. i draddodi anerchiad. Gyda'r cyfarfod yn Abertawe ni fyddai disgwyl i bobol deithio yno o'r gogledd gan fod nifer o gyfarfodydd llwyddiannus eisoes wedi eu cynnal mewn nifer o fannau eraill megis, Caergybi, Llanrwst, Pwllheli a Wrecsam.

Cyn belled â chael Edward Heath i ymateb i'n gwahoddiad byddai cysylltiad Roderic Bowen ac yntau yn gaffaeliad, gyda'r ddau wedi bod yn gyd-Aelodau Seneddol am gyfnod. Trefnwyd bod Roderic yn cysylltu â'r siaradwr a da dweud i'r gŵr gwadd dderbyn y gwahoddiad i ddod i annerch y cyfarfod ar nos Wener, 30 Hydref 1981. Sicrhawyd Neuadd Brangwyn a gwerthfawrogwyd cefnogaeth Cyngor Abertawe yn rhoi'r neuadd yn ddi-dâl.

Pa mor dda bynnag fyddai anerchiad y gŵr gwadd byddai angen eitemau o adloniant i ysgafnhau'r noson a hefyd i ddenu mwy o gynulleidfa. Treuliwyd amser yn meddwl pwy fedrem ei gael i ddiddanu'r gynulleidfa. Yn ffodus daeth gwaredigaeth! Rhyw chwe wythnos cyn dyddiad y cyfarfod roeddwn yn Ysgol Uwchradd Y Merched, Mynydd-Bach, Abertawe yn siarad gyda dau o'r dosbarthiadau. Digwyddais sôn am y noson yn Neuadd Brangwyn mewn sgwrs gyda'r Brifathrawes a bod angen eitemau arnom ar gyfer y noson. Doeddwn i ddim wedi gorffen fy mrawddeg a dyma hi'n dweud, "Ewch i siarad ag Eric Jones, ein Pennaeth Cerdd, dwi'n siŵr bydd yn barod i ddod â'n Côr Merched ni i'r Brangwyn."

Gwnes yn union fel y dywedodd. Roedd arweinydd y côr gyda'i gwrteisi arferol yn barod iawn, ond rhaid oedd gofyn i'r merched yn gyntaf! Fe'u gwelodd yn ystod yr awr ginio a chytunodd pawb eu bod am ddod. Gadewais yr ysgol yn ddyn bodlon iawn. Rhyddhad rhag pendroni rhagor! Gwyddwn y byddai cyfraniad y côr yn un safonol, gyda dawn gerddorol yr arweinydd yn gyfarwydd i lawer, a'r côr yn fodd i ddenu cynulleidfa gref a hwythau newydd ennill mewn nifer o eisteddfodau'r flwyddyn honno ac wedi perfformio mewn amryw neuaddau ledled de Cymru.

Anogwyd y pwyllgorau lleol i ddosbarthu rhaglenni ar gyfer y cyfarfod a threfnwyd nifer o fysiau i gludo pobol yno o amryw ardal. Drwy'r cyhoeddusrwydd yn y wasg a'r cyfryngau cafwyd ymateb calonog. Ni chodwyd tâl mynediad ond gwahoddwyd y gynulleidfa i gyfrannu mewn casgliad yn ystod y cyfarfod.

Daeth y noson. Roedd y neuadd yn orlawn gyda'r Dr. Roderic Bowen yn llywyddu'r cyfarfod dwyieithog. Cafwyd anerchiad arbennig o feistrolgar gan y cyn-Brif Weinidog. Roedd yntau, gyda'i wybodaeth eang o'r pwnc, yn dra awyddus i gael y cyhoedd a'r llywodraethau cyfoethog i ymateb yn gadarnhaol i argymhellion Adroddiad Brandt. Canwyd pedair cân gan Gôr Merched Mynydd-Bach, o dan arweiniad Mr. Eric Jones, a'r gynulleidfa wrth ei bodd. Roedd darpar Gyfarwyddwr Cymorth Cristnogol, Yr Athro Charles Elliott, ar y llwyfan hefyd, yntau bryd hynny yn athro ym Mhrifysgol Cymru, Abertawe. Ymhen wythnosau byddai wrth y llyw yn ein Prif Swyddfa yn Llundain.

Yn sgîl Adroddiad Brandt a'r trafodaethau a gafwyd yn ystod y misoedd dilynol gydag amryw fudiadau, pleidiau gwleidyddol ac eglwysi, daeth pobol yn fwy ymwybodol o'r angen i gefnogi anghenion eu cyd-ddyn difreintiedig.

Yn yr wythdegau, tyfodd yr alwad am fwy o addysgu. Roedd hyn ynddo'i hunan yn arwydd o'r symud ymlaen mewn addysg Datblygiad Byd. Dibynna Cymorth Cristnogol a mudiadau dyngarol tramor eraill, nid ar gefnogaeth ariannol yn unig, ond ar addysgu'r cyhoedd am hawliau dynol i'r tlawd i'w galluogi i fasnachu'n deg a gwella pob gwedd arall o'u bywydau. Yn ogystal, trefnwyd deisebau ac ymgyrchoedd gwleidyddol yng Nghymru a ralïau yn Llundain ynghyd â lobïo yr Aelodau Seneddol yn San Steffan.

Ymateb i Drychinebau

$\mathscr{P}$RIF AMCAN Cymorth Cristnogol o'r cychwyn cyntaf oedd ceisio cwrdd ag angen y tlawd a'r newynog yn eu hangen dybryd, ond yn benodol i'w cefnogi i sefyll ar eu traed eu hunain. Y modd gorau i wneud hyn yw trwy brosiectau datblygu i alluogi pobol i fod yn hunangynhaliol.

O bryd i'w gilydd fodd bynnag byddai trychinebau yn digwydd, gyda miloedd, ar rai achlysuron, yn colli eu bywydau a nifer diri' yn dioddef o bob math o heintiau ac afiechydon angheuol. Byddai trychineb ddifrifol yn galw am ymateb unionsyth.

Gwaetha'r modd bu nifer o argyfyngau o'r fath dros y blynyddoedd. Pan ddigwyddai trychineb byddai Cymorth Cristnogol fel rheol yn ymateb yn ddiymdroi gyda chyfraniad sylweddol o'r gronfa cymorth brys a neilltuwyd i gwrdd â'r fath alwadau. Deuai'r arian ar gyfer y gronfa hon yn bennaf o incwm casgliadau'r Wythnos, ac roedd yn hanfodol bod y gronfa hon ar gael i gwrdd â'r fath ofynion.

Fel rheol byddai'r arian yn mynd ar unwaith at bartneriaid yn y wlad lle digwyddai'r trychineb. Os na fyddai partneriaid gan Gymorth Cristnogol yno cysylltid â phartneriaid mewn gwlad gyfagos gan ymddiried y cyfrifoldeb o drosglwyddo'r arian i'w ddefnyddio'n syth i'r pwrpas gorau posibl.

Pan ddigwydd trychineb ceir ymateb syfrdanol gan y cyhoedd, gyda llawer yn dymuno danfon dillad a bwydydd i'r dioddefwyr.

Y dasg yn fynych fyddai eu darbwyllo rhag casglu rhoddion o'r fath gan apelio yn hytrach am roddion ariannol. Byddai Cymorth Cristnogol bob amser yn ymddiried i drefnyddion rhaglenni datblygu lleol yn eu gwledydd i benderfynu'r ffordd orau i ddefnyddio'r cyfraniadau. Nid hawdd oedd argyhoeddi pobol am hyn am eu bod yn awyddus i ymateb yn ymarferol o weld lluniau o drychinebau ar y teledu. Un flwyddyn derbyniodd asiantaeth ddyngarol dramor filoedd o flancedi nad oedd eu hangen a bu'n rhaid eu storio mewn *hangers* maes awyr. Gwaetha'r modd, rhaid oedd eu llosgi maes o law am nad oedd defnydd iddynt.

Fel gweddill Prydain, ar adegau o argyfwng ni fyddai Cymru'n llusgo traed ac ymfalchïem yn ymateb haelionus trwch y boblogaeth. Ymhlith y nifer o'r ardaloedd a ymatebodd yn gadarnhaol i drychinebau rhaid cyfeirio at adwaith trigolion pentref Aberfan pan ddaeth y newydd am ddaeargryn ddifrifol yn Guatemala yn 1976. Yn ddieithriad roeddent gyda'r cyntaf ymhlith nifer o ardaloedd yn trefnu casgliad pan ddigwyddai trychineb.

Cofiwn am yr ergyd greulon a brofodd trigolion Aberfan ddeng mlynedd ynghynt, pan gollodd dros gant o blant a'u hathrawon eu bywydau. Yn union wedi clywed am y drychineb yn America Ganol cafwyd ymateb diymdroi gan bobol Aberfan. Mae'r sawl sy'n brofiadol o golledion ac ergydion creulon bywyd yn ymwybodol o wir angen dioddefwyr ac yn barod i weithredu cydymdeimlad ymarferol gyda phobol mewn sefyllfa debyg. Nid oedd Aberfan yn eithriad.

A phwy oedd yn byw yno erbyn hyn, sef yn 1976, ond Erastus Jones a'i briod Lun, arloeswyr Cymorth Cristnogol yng Nghymru yn y pumdegau. Ymateb i 'alwad' a wnaeth Erastus a Lun i gynorthwyo'r galarus ac i geisio ailgodi bywydau a ddrylliwyd wedi'r gyflafan yn 1966.

Fel ym Mlaendulais yr un modd yno, yn Aberfan; bu'r ddau yn gefnogol i ddioddefwyr ac yn y cyswllt hwn yn arwain ymateb y bobl wrth iddynt uniaethu eu hunain â thrueiniaid Guatemala gan estyn eu cefnogaeth gyda'u cyfraniadau.

Yn ogystal â thrychinebau naturiol byddai amrywiol resymau eraill am drychinebau a'r galw am gymorth brys. Rhyfeloedd, a'u canlyniadau anochel, arweiniodd at nifer ohonynt gan greu sefyllfaoedd y tu hwnt i'n dirnadaeth. Mawr oedd yr alwad i gynorthwyo'r trueiniaid anghenus.

Rheswm arall am gymorth brys, ar wahân i frwydrau, oedd prinder glaw neu'r gwrthwyneb – sychdwr. Dros y blynyddoedd gorfu i rai gwledydd ddygymod â digwyddiadau dirdynnol yn fwy mynych nag eraill.

Dyna fu hanes rhai o wledydd Affrica, yn fynych oherwydd prinder dŵr, gydag ardaloedd eang yn cael eu hamddifadu o lawogydd digonol i gwrdd â'r gofynion. Yn 1973 cyhoeddwyd sefyllfa o argyfwng o ganlyniad i'r sychdwr enbyd oedd wedi taro chwech o wledydd gogledd-orllewin Affrica. Cafwyd newyn echrydus yng ngwledydd Mali, Niger, Chad, Senegal, Mauritania a Folta Uchaf (Bukino Faso heddiw), gwledydd i'r de o anialwch y Sahara, y rhan o Affrica a elwir yn Sahel.

Roeddent wedi dioddef am saith mlynedd cyn i'r byd ymateb i'r argyfwng, gyda bywydau chwe miliwn o bobol yn cael eu bygwth. Ar y gorau, yn eu bywyd arferol, rhyw lusgo byw a fyddent oherwydd yr hinsawdd, gyda methiant tyfiant oherwydd prinder dŵr yn arwain at heintiau a marwolaethau. Amcangyfrifwyd y byddai can mil o bobol yn colli eu bywydau o ganlyniad i'r sefyllfa echrydus.

Gwnaed apêl i'w cynorthwyo a chafwyd ymateb anrhydeddus gan y cyhoedd ond, yn wahanol i'r arfer, daeth cais i gynorthwyo mewn ffordd ymarferol.

Gofynnodd y Cenhedloedd Unedig a Marchnad Gyffredin Ewrop i swyddogion y Fyddin Brydeinig am ugain *landrover* o'u heiddo ynghyd â milwyr i'w gyrru, er mwyn cludo cyffuriau ac offer chwistrellu i'w defnyddio yng ngwledydd Mali a Niger yn y Sahel. Byddent yn gadael y *landrovers* yno i'r milfeddygon eu defnyddio i ddosbarthu cyffuriau ac offer i roi brechiadau i'r anifeiliaid, i'w harbed a'u hatal rhag cario heintiau a fedrai effeithio yn anuniongyrchol ar y brodorion.

Am fod gan Cymorth Cristnogol bartneriaid yn rhai o'r gwledydd hyn gofynnwyd i'r mudiad ryddhau tri aelod o'r staff i fynd gyda gosgordd o *landrovers* y fyddin. Ymatebwyd yn gadarnhaol i'r cais a theithiodd y tri gyda'r grŵp i'r Sahel. Aeth dau ohebydd newyddiadurol hefyd gyda'r criw a chyhoeddwyd hanes y siwrne yn y wasg yn ystod eu taith. Am unwaith, ac am newid, bu milwyr yn cynorthwyo i achub bywydau yn hytrach na fel arall – sefyllfa lawer mwy buddiol na rhyfela.

Teithiwyd yn gyntaf wedi seremoni yn Eglwys Gadeiriol Guildford i Southampton ac oddi yno dros y môr i Le Havre, ymlaen wedyn drwy Ffrainc a gwledydd eraill, croesi Môr y Canoldir, a chyrraedd gogledd Affrica. Ymlwybro drwy anialdir y Sahara oedd rhan olaf eu siwrne nes cyrraedd pen eu taith.

Mae enw un o'r mannau a ddioddefai yn gyfarwydd i bawb, gan i ni ddefnyddio'r enw heb wybod mewn gwirionedd ble ydoedd. Pwy sydd heb ddweud o bryd i'w gilydd, "Dos i Timbuktu?" Pan gyrhaeddwyd y dre fechan hon mae'n debyg bod y newyn a'r heintiau a ddioddefai'r brodorion yn arswydus ac fe'i disgrifiwyd gan aelod o'r staff a oedd yno, trwy ddweud, *"Hell is a place called Timbuktu."*

Rhai wythnosau wedi iddynt ddychwelyd cefais sgwrs am ei brofiadau gydag un a fu ar y siwrne. Soniodd Richard Kayes wrthyf nid yn unig am y golygfeydd tor-calon a welodd ond hefyd am y sawr a'r awyrgylch ddolurus oedd o gwmpas am ugeiniau o filltiroedd a bod tre' Timbuktu yn union fel y disgrifiwyd hi gan ei gyd-aelod o'r tîm a aeth yno. Nid digon yw darllen am wir newyn, heintiau ac afiechydon, na'u gweld ar ein setiau teledu, rhaid bod yno i amgyffred yn iawn brofiadau'r dioddefwyr.

Cwblhawyd y siwrne ac roedd llwyth y Tuareg, perchnogion y mwyafrif o'r anifeiliaid, yn falch iawn o gymorth y milfeddygon wrth iddynt fynd ati i frechu'r anifeiliaid oedd yn dal yn fyw, gan fod y brodorion yn dibynnu ar eu hanifeiliaid am eu bywoliaeth a hwythau'n darparu cigoedd i rannau o gyfandir Affrica.

Er bod bywydau llawer wedi eu colli a channoedd o anifeiliaid hefyd wedi marw, drwy'r cynllun hwn arbedwyd bywydau a diogelwyd ffordd o fyw, drwy sicrhau dyfodol mwy gobeithiol i'r trigolion diarffordd yng ngogledd-orllewin Affrica. Dros y blynyddoedd dioddefodd cyfandir Affrica drychinebau erchyll naill ai oherwydd rhyfeloedd mewn rhai gwledydd neu ddigwyddiadau byd natur mewn mannau eraill, fel y bu yn hanes y Sahel.

Yna ryw chwe blynedd wedi argyfwng y Sahel dioddefodd trigolion gwlad ar gyfandir arall newyn difrifol. Yn 1979 gorfu i Kampuchea yn Asia wynebu colledion dirifedi oherwydd prinder bwyd i gynnal y boblogaeth. Gwnaed apêl frys gan Gyngor Eglwysi'r Byd am £1.5 miliwn. Ymatebodd Cymorth Cristnogol ar unwaith ar gyfer prynu bwydydd a chyfarpar meddygol gyda chyfraniad o £100,000.

Cefnogwyd yr apêl yn frwd mewn cyfarfod o Gyngor Eglwysi Cymru a gynhaliwyd yn Hydref, 1979 a chyhoeddwyd llythyr yn y wasg Gymreig gan y Parchg. Noel Davies, yr Ysgrifennydd, yn annog pobol i ymateb yn gadarnhaol i'r angen. Dywedodd fod pedwar cynrychiolydd ar ran Cyngor Eglwysi'r Byd wedi ymweld â'r wlad i drafod gyda'r llywodraeth am anghenion

Kampuchea yn wyneb y sefyllfa drychinebus ac effeithiau brawychus y brwydro a fu yno dan Pol Pot a'r Khmer Rouge, a hefyd yn yn y wlad gyfagos, Cambodia, yn ystod y pedair blynedd flaenorol.

Bu'r llythyr ar ran Cyngor Eglwysi Cymru yn cadarnhau'r berthynas glós rhwng y Cyngor a Chymorth Cristnogol gyda Noel yn apelio ar bobol Cymru i ymateb i'r trychineb drwy asiantaeth yr eglwysi eu hunain ac i ddanfon eu cyfraniadau i'n Swyddfa Genedlaethol.

Nid bod cystadleuaeth rhwng y gwahanol asiantaethau dyngarol tramor am gyfraniadau pobol, ond drwy bartneriaid Cymorth Cristnogol yn Kampuchea, a gwledydd eraill a ddioddefai drychinebau o bryd i'w gilydd, medrid sicrhau bod yr hyn a gyfrennid yn cyrraedd yn unionyrchol i gwrdd â'r gofynion yn syth.

Amcangyfrifwyd i ddwy filiwn o bobol gael eu lladd rhwng 1975 a 1979 yn Kampuchea a Cambodia a mawr oedd yr angen, nid yn unig am gymorth brys ond hefyd, am flynyddoedd yn ddiweddarach, cefnogwyd eu rhaglenni datblygu wrth ailadeiladu bywyd y bobol a oroesodd y gyflafan erchyll.

Bu galwad ar hyd y blynyddoedd i ymateb i bob math o drychinebau brys, yn fynych oherwydd brwydrau mewn rhyfeloedd, gydag effeithiau a chanlyniadau angheuol, megis Swdan, Ethiopia ac Eritrea yng ngogledd-ddwyrain Affrica. Yn ogystal ag effeithiau rhyfel dioddefodd y gwledydd hyn yn enbyd oherwydd newyn drwy'r saithdegau ac ymlaen i'r wythdegau, gyda Chymorth Cristnogol yn cynorthwyo nifer o'n partneriaid mewn sawl gwlad.

Er i elusennau dyngarol tramor roi rhybuddion i lywodraethau'r gorllewin am y sefyllfa yn Ethiopia ac Eritrea yn arbennig, ni wnaed dim ynglŷn â'r sefyllfa ym Mhrydain hyd nes i Michael

Buerk, gohebydd gyda'r BBC fynd allan yno yn 1984 a ffilmio amgylchiadau trigolion y gwledydd.

Cyflwynodd raglen deledu ar y sefyllfa drychinebus ac o'r diwedd argyhoeddwyd y gwleidyddion. Bu ei raglen deledu yn agoriad llygad i'r cyhoedd yn gyffredinol ym Mhrydain. Roedd wedi codi cwr y llen ar un o drychinebau mwyaf yr ugeinfed ganrif. Bu'r bywydau a gollwyd y tu hwnt i bob amgyffred. Amcangyfrifwyd bod miliwn wedi marw a bywydau miliynau eraill yn y fantol oherwydd y newyn, heb sôn am y nifer aneirif a fu farw'n ddiweddarach o amryw afiechydon.

Ar y dechrau roedd y rhagolygon yn dywyll iawn ar gyfer gweddill trigolion y ddwy wlad, yn enwedig Ethiopia. Bu'r ymateb i'r hyn a welwyd ar y teledu yn anhygoel a threfnwyd casgliadau ar hyd a lled Prydain ac Iwerddon, gyda chyfraniadau hael yn llifo i mewn oddi wrth filoedd o bobol.

Galwyd cyfarfod o'r Pwyllgor Argyfwng Trychinebau yn ddiymdroi. Mae'r pwyllgor hwn, yn cynnwys nifer o asiantaethau dyngarol tramor, yn cael ei alw pan ddigwydd trychineb ddifrifol er mwyn lansio un apêl enfawr. Fe'i sefydlwyd yn 1963 a'i alw'n Pwyllgor Argyfwng Trychinebau *(Disaster Emergencies Committee)*. Yr elusennau dyngarol tramor, sef OXFAM, Cymorth Cyd-Eglwysig, (Cymorth Cristnogol yn ddiweddarach), *War on Want*, Y Groes Goch a Chronfa Achub y Plant oedd ei aelodau gwreiddiol gyda chynrychiolwyr hefyd o Swyddfeydd Tramor a Threfedigaethol y llywodraeth a Chyngor y Ffoaduriaid.

Y bwriad wrth ffurfio'r fath bwyllgor oedd 'llenwi i mewn' am nad oedd gan y llywodraeth bryd hynny adrannau ar gyfer cymorth tramor. Byddai'r pwyllgor hefyd yn arwydd cadarnhaol gan yr elusennau tramor ac adrannau'r llywodraeth o'r angen i gyd-weithio er mwyn darparu cymorth brys pan ddigwyddai trychinebau tramor.

Sicrhawyd i'r cyhoedd y byddai cyfraniadau i'r Pwyllgor Argyfwng Trychinebau *(DEC)* yn cyrraedd y mannau hynny lle roedd mwyaf eu hangen ar y pryd ac y byddent yn cael eu defnyddio i'r pwrpas gorau, ar fyrder, gan yr elusennau oedd yn aelodau o'r pwyllgor.

Gwnaed yr apêl gyntaf yn enw'r *DEC* yn 1966 pan fu daeargryn ddifrifol yn Twrci gyda 2,300 o bobol yn colli eu bywydau, gyda'r ddaeargryn yn creu difrod erchyll. Cefnogwyd yr apêl gyda'r BBC a'r Teledu Annibynnol yn cyflwyno'r sefyllfa ar y teledu a gwahodd y cyhoedd i gyfrannu drwy roi cyfraniadau yn y swyddfeydd post a'r banciau lleol. Gwnaed ymrwymiad ffurfiol gan y BBC a'r teledu annibynnol i gyd-weithio gyda Phwyllgor Argyfwng Trychinebau, y banciau a'r swyddfeydd post wrth iddynt brosesu rhoddion y cyhoedd. Mewn ymateb i'r apêl casglwyd £560,000.

Gweithredwyd yr un broses oddi ar hynny pan ddigwyddai trychineb oedd yn galw am i'r pwyllgor gyfarfod a chyhoeddi apêl arbennig. Un o fanteision sefydlu'r pwyllgor oedd trefnu apêl gyhoeddus mewn tridiau ar gyfer y teledu, gyda ffigwr poblogaidd, fel rheol, yn sôn am y drychineb a'r sefyllfa wrth wahodd y cyhoedd i ymateb.

Dros y blynyddoedd ymunodd mwy o asiantaethau elusennol â'r Pwyllgor Argyfwng Trychinebau wrth iddynt gefnogi'r apêl os oedd ganddynt gysylltiadau yn y wlad oedd yn derbyn cymorth. Wedi cyfnod o rai wythnosau byddai'r gronfa apêl yn cau a'r incwm yn cael ei rannu rhwng yr asiantaethau oedd wedi ymuno yn yr apêl.

Mae'r ymateb i apêl felly yn anhygoel. Yn achos apêl Ethiopia yn yr wythdegau, er enghraifft, bu'r ymateb yn rhyfeddol a pharhawyd i godi arian am fisoedd lawer gyda nifer o grwpiau a mudiadau drwy amrywiol weithgareddau yn codi symiau enfawr tuag at y newyn gwaethaf i ergydio'r teulu dynol ers degau o flynyddoedd.

Un o'r bobol a fu'n rhan bwysig o'r cyhoeddusrwydd a roddwyd i'r sefyllfa yn Ethiopia oedd Bob Geldof, y canwr poblogaidd. Gadawodd y drychineb argraff ddofn iawn arno, i gymaint graddau nes iddo fynd ati yn ddi-oed i gysylltu â gwleidyddion gan bwyso arnynt i sicrhau bod y llywodraeth yn ychwanegu at ei chyfraniad tuag at yr angen dybryd yn Ethiopia. Ond yn fwy na hynny cysylltodd Bob Geldof â nifer o gantorion enwog eraill a'u gwahodd i gymryd rhan mewn cyngerdd enfawr a gynhaliwyd yn Stadiwm Wembley, sef *Live Aid*.

Cyfansoddwyd cân arbennig a ffurfiwyd côr o gantorion enwog gan wneud record a'i gwerthu er budd dioddefwyr y newyn. Drwy gyfraniadau *Band Aid* a *Live Aid* casglwyd symiau enfawr i gynorthwyo'r trueiniaid dioddefus yn Nwyrain Affrica. Cynhaliwyd digwyddiadau ar hyd a lled Prydain; eithriad oedd tref neu bentref heb gynnal rhyw weithgaredd tuag at y drychineb.

Bu ymateb pobol Cymru i'r argyfwng yn un tra anrhydeddus gan i eglwysi, pwyllgorau lleol Cymorth Cristnogol, mudiadau dyngarol tramor eraill, clybiau a grwpiau lleol drefnu amrywiol weithgareddau. Gwelwyd dyngarwch y natur ddynol ar ei orau wrth i bobol fynegi eu cydymdeimlad mewn dulliau ymarferol a buddiol.

Un o'r gweithgareddau amlycaf oedd ffurfio côr yn cynnwys nifer o gantorion enwog Cymraeg. Gwnaed record o gân a gyfansoddwyd yn arbennig ar eu cyfer sef, *Dwylo Dros y Môr,* a ddaeth yn gyfarwydd i filoedd ohonom.

Ymhlith yr holl gyngherddau a digwyddiadau noddedig a gynhaliwyd ym mhob rhan o Gymru y mae nifer yn sefyll allan, a rhoddwyd cyhoeddusrwydd i'r digwyddiadau a gynhaliwyd drwy raglenni radio, yn arbennig rhaglen ddyddiol Sulwyn Thomas.

Trefnodd Sulwyn, gyda chefnogaeth eraill, gyngerdd mawreddog yn Neuadd Pontrhydfendigaid a chafwyd 'marathon' o gyngerdd, yn para deuddeg awr a phawb wedi cael gwledd yn gwrando ar yr artistiaid a'r corau a ddaeth yno o wahanol rannau o Gymru. Wrth fwynhau'r cyngerdd roedd y gynulleidfa hefyd yn cefnogi dioddefwyr dwyrain Affrica.

Roedd un o artistiaid y cyngerdd, Tecwyn Ifan, wedi cyfansoddi cân yn disgrifio cyflwr truenus dioddefwyr y newyn enbyd, ac yn ôl pob tystiolaeth, cyffyrddodd datganiad ysbrydoledig Tecwyn â'r gynulleidfa. Canlyniad canu *Welaist ti'r lluniau?* oedd cynnwys y gân yn albwm nesaf y canwr. Mae'r geiriau'n darlunio sefyllfa echrydus dioddefwyr gwledydd dwyrain Affrica lle'r oedd y newyn wedi eu taro. Agora'r gân gyda chwestiwn a gosodiad:-

> Welaist ti'r lluniau o'r newyn a'i wae,
> Cnawd y baban heb guddio'i esgyrn brau?
> Rhy gryf i farw, rhy wan i fyw
> Yw'r bychan eiddil gwyw ...

Mae'r ail bennill yn ein hatgoffa bod digonedd o fwyd yn ein byd ond bod y penderfyniad i gynorthwyo'r anghenus yn nwylo'r gwleidyddion:

> Ar farchnad y byd mae mynyddoedd o rawn
> Cant eu cadw dan glo nes fydd y pris yn iawn;
> Lliwiau'r llywodraeth sy'n pennu pwy yw pwy
> A ph'un ryn ni'n mynd i'w helpu hwy ...

Yn ei bennill clo mae'r cyfansoddwr yn cyfeirio'n berthnasol fod digon o arian ar gyfer y fasnach arfau ar draul esgeuluso'r di-lais diniwed a dioddefus:

Yn y fasnach arfau mae'r gwleidydd yn siŵr o wneud ei bres
Mae pocedi dwfn ei noddwyr
Yn bwysicach iddo na'th siort di a'th les;
Ond er bo'r diodde'n digwydd mewn gwledydd digon pell
A ninnau'n gallu byw y bywyd gwell …

Mae cân Tecwyn, *Welaist ti'r lluniau?* ynghyd â *Dwylo dros y môr* wedi aros yn fyw ar hyd y blynyddoedd i'n hatgoffa am newyn angheuol yr wythdegau yn nwyrain Affrica.

Mewn seremoni ym Mhontrhydfendigaid rai wythnosau wedi'r cyngerdd, cefais y pleser o dderbyn y swm ardderchog o £11,300 i'w ddefnyddio gan bartneriaid Cymorth Cristnogol yn Ethiopia. Cyflwynwyd hanner arall yr elw i "Arian Byw", mudiad a sefydlwyd yn bersonol gan Osian Wyn Jones, trefnydd yr Eisteddfod Genedlaethol ar y pryd, am fod sefyllfa'r trueiniaid wedi cyffwrdd â chymaint o bobl.

Wrth i amgylchiadau byw miliynau ddod fwyfwy i glustiau a llygaid y cyhoedd taniwyd trwch y boblogaeth yng Nghymru, fel nifer o wledydd eraill, i ymateb yn gadarnhaol drwy roddion haelionus uniongyrchol neu trwy gefnogi pob math o weithgareddau i gynorthwyo'r trueiniaid.

Un o lawer cyngerdd oedd y Cyngerdd Carolau yn Neuadd Dewi Sant, Caerdydd. Ar y bore Sadwrn cyn y Nadolig bob blwyddyn byddai'r BBC yn trefnu cyngerdd carolau i'w gynnal yn y neuadd. Nid oedd tâl mynediad i'r cyngherddau hyn ond gwnaed casgliad gwirfoddol tuag at wahanol achosion dyngarol.

Tua diwedd Tachwedd gofynnwyd i mi gan Mr Iwan Thomas, un o brif swyddogion y BBC yng Nghaerdydd, a fyddai Cymorth Cristnogol yn dymuno derbyn elw'r cyngerdd y flwyddyn honno. Yn naturiol, derbyniwyd y cynnig yn frwdfrydig.

Daeth y bore Sadwrn ac roedd Neuadd Dewi Sant dan ei sang

a hynny ynddo ei hunan yn dangos cefnogaeth gref, ar wahân i'r mwynhad o ganu carolau. Cefais gyfle yn ystod yr egwyl i ddweud wrth y gynulleidfa am y sefyllfa ddiweddaraf yn Ethiopia ac Eritrea a'r modd y byddai eu rhoddion yn cael eu defnyddio. Bythefnos yn ddiweddarach, mewn seremoni yng Nghanolfan y BBC yn Llandaf, cyflwynwyd siec am £1,600.

Ar wahân i gefnogaeth ryfeddol yr oedolion mewn ymateb i'r newyn difrifol roedd brwdfrydedd y plant a'r ifanc hefyd yr un mor syfrdanol, gyda nifer o ysgolion yn cynnal amrywiol weithgareddau tuag at yr apêl. Cyfeiriaf at un cyfraniad nodedig ymhlith llawer am mai dau ddisgybl a benderfynodd drefnu gweithgaredd o blaid y dioddefus. Derbyniwyd galwad ffôn yn ein Swyddfa Genedlaethol gan ddau ddisgybl yn Ysgol Uwchradd Gymraeg Bro Myrddin, yn gofyn a fyddai'n iawn iddynt drefnu gweithgareddau nawdd ymhlith eu cyd-ddisgyblion er mwyn cefnogi'r anghenus yn Nwyrain Affrica.

Edmygwyd eu brwdfrydedd ac yn naturiol rhoddwyd pob cefnogaeth iddynt. Trefnodd y ddau amrywiol ddigwyddiadau yn yr ysgol am bythefnos. Rhyw fis yn ddiweddarach fe'm gwahoddwyd i gyngerdd yng Nghaerfyrddin i dderbyn elw'r gweithgareddau. Pleser arbennig fu mynd yno i dderbyn y swm enfawr a godwyd gan y ddau ddisgybl, Llŷr Hughes Griffiths ac Andrew Rees (Erbyn hyn mae'r naill yn Aelod o'r Cynulliad a'r llall yn unawdydd proffesiynol).

Yn ogystal ag ymateb mewn modd tu hwnt o haelionus i'r argyfyngau, yn enwedig y newyn yn Ethiopia yn 1984, dymunai nifer o bobol yng Nghymru gynorthwyo mewn ffordd wahanol ac ychwanegol i geisio diwallu anghenion gwledydd Affrica, a chryfhau'r berthynas rhwng y gwledydd. Mewn ymateb i hyn, yn hytrach na ffurfio elusen arall, penderfynwyd sefydlu dolen a fyddai'n cydio dwy wlad wrth ei gilydd.

Dewiswyd Lesotho am nifer o resymau. Yn bennaf am ei bod hithau a Chymru tua'r un faint yn ddaearyddol, eu tirwedd yn gyffredin a dwyieithrwydd yn y ddwy wlad. Mewn canlyniad i drafodaethau pellach lansiwyd dolen-ddwy-ffordd ac yn 1985 sefydlwyd Dolen Cymru a Lesotho yn swyddogol.

Trafodwyd y penderfyniad gyda staff Cymorth Cristnogol ac, er yn cefnogi'r berthynas newydd rhwng y ddwy wlad, nid oedd yn bolisi gennym i gysylltu ag un wlad yn fwy nag un arall, ond dros y blynyddoedd bu cysylltiad agos rhwng ein Hysgrifenyddion Rhanbarth a Dolen Cymru/Lesotho. Yn eu tro fe'n cynrychiolwyd ar y Pwyllgor Canolog gan aelod o'n staff a chyflwynwyd adroddiad am weithgarwch y Ddolen mewn cyfarfod o'r Adran bob blwyddyn.

Roedd sefydlu Dolen Cymru yn enghraifft arall o'r modd y bu i drychineb Ethiopia gyffwrdd â phobol Cymru. Dyma lwybr newydd a gwahanol i'w gymryd a thros y blynyddoedd bu'n effeithiol, nid yn unig i glymu'r ddwy wlad at ei gilydd oddi ar 1985, ond mewn amryw ffyrdd. Cyfrannodd hefyd symiau sylweddol tuag at brosiectau yn y wlad, ymwelodd pobol y naill wlad â'r llall, cysylltwyd ysgolion â'i gilydd, a thrwy wahanol weithgareddau adeiladwyd perthynas agos rhwng Cymru a Lesotho.

Wrth ddadansoddi'r ymateb a gafwyd i apeliadau brys, ac yn arbennig newyn Ethiopia – ac er cyn bwysiced y gefnogaeth a roddwyd i'r fath apeliadau mewn argyfwng – sylweddolwyd bod galw arnom o fewn rhengoedd staff Cymorth Cristnogol yng Nghymru a thu hwnt, o hyn ymlaen, i fod yn fwy gwleidyddol ein pwyslais, ac i drefnu ymgyrchoedd i geisio newid byd ac ansawdd bywyd trueiniaid y Trydydd Byd drwy bwyso ar wleidyddion i drafod a phasio penderfyniadau fyddai'n dod â mwy o gyfiawnder i bob gwedd ar fywydau trigolion y Trydydd Byd.

Bu'r ffordd orau i ymlwybro yn destun trafod gennym mewn

cyfarfodydd staff yng Nghymru nifer o weithiau a sylweddolwyd mai'r unig ffordd i sicrhau na fyddai trychinebau ar y lefel yma yn digwydd eto oedd gwasgu ar wleidyddion i weithredu.

Dyna wnaed yn ail hanner yr wythdegau gan i bob adran o'r staff ym Mhrydain ac Iwerddon roi mwy o amser ac adnoddau ar gyfer trefnu ymgyrchoedd a deisebau i bwyso ar wleidyddion i roi anghenion y difreintiedig yn y Trydydd Byd yn uchel ar restr eu blaenoriaethau. Galwyd hefyd ar y cyhoedd yn gyffredinol i ymateb yn gadarnhaol i fwriadau Cymorth Cristnogol a'r asiantaethau dyngarol tramor eraill drwy gefnogi'r ymgyrchoedd a'r deisebau a drefnwyd ganddynt.

Sylweddolwyd bellach nad digon y cyfraniadau ariannol mewn ymateb i apeliadau arbennig a chasgliadau rheolaidd gan fod newidiadau gwleidyddol yn angenrheidiol er mwyn sicrhau hawliau dynol i bawb. Mae'r di-lais a'r di-rym yn haeddu hyn er mwyn iddynt hwy, fel eu cyd-ddyn ledled byd, gael y cyfle i ehangu gorwelion eu bywydau. Ategir hyn yn briodol yng nghân Dafydd Iwan, *O pam na chaf i 'r hawl i fyw?*

Mewnbwn Mudiadau

*G*AN MAI ELUSEN a sefydlwyd ar ran ac yn enw'r eglwysi yw Cymorth Cristnogol roedd disgwyl i ganghennau'r eglwysi a'u gwahanol gysylltiadau enwadol gefnogi Cymorth Cristnogol, ac fe gafwyd eu cydweithrediad.

Yn ogystal â'r sefydliadau enwadol, bu dolen gydiol hefyd gyda mudiadau nad oeddent yn uniongyrchol yn rhan o'r gyfundrefn eglwysig. Un o'r rheiny oedd y Mudiad Addysg Gristnogol a chynhaliwyd nifer o gyrsiau a chynadleddau ar y cyd gyda'r mudiad. Cafwyd cysylltiad tebyg gyda Mudiad Cristnogol y Myfyrwyr er, gwaetha'r modd, lleihau a gwanhau a wnaeth y mudiad hwn yn ystod diwedd y saithdegau.

Ond adeiladwyd perthynas fuddiol ac agos gyda rhai mudiadau y tu allan i'r cylch eglwysig a chrefyddol. Cydweithiwyd ar nifer o achlysuron gydag Urdd Gobaith Cymru gan drefnu rhaglenni addysgu mewn datblygiad byd gyda'u harweinwyr sirol. Cynhaliwyd cynadleddau ar y cyd yn y saithdegau drwy drefniant Dafydd Owen, ei Swyddog Ieuenctid Cenedlaethol, ar themâu megis, 'Ein perthynas â'n cyd-ddyn,' sef ail ran arwyddair yr Urdd.

Un o'r nifer o ymgyrchoedd a gefnogwyd gan yr Urdd oedd yr apêl a lansiwyd ar Sul yr Urdd ym mis Tachwedd 1986. Trafodwyd ymlaen llaw pa raglenni i'w cefnogi a chytunwyd bod yr arian i'w glustnodi tuag at brosiectau yng ngogledd-orllewin Affrica.

Paratowyd a chyhoeddwyd taflenni gwybodaeth ar y prosiectau yng ngwlad Mali: *Timbuktu Waste Disposal Project, The Ke Macina Primary Health Care Programme* a'r *A.E.T.A. Stoves Project.*

Rhoddwyd cyhoeddusrwydd pellach i'r apêl gan gwmni 'Fflic' a gynhyrchodd ffilm, *Yn Ei Enw.* Bu'r criw ffilmio allan yn Timbuktu yng ngogledd-orllewin Affrica er mwyn dangos yr hyn fyddai'r arian o'r apêl yn ei gynorthwyo, a hefyd yn ffilmio dosbarth yn ysgol Gynradd Llangynnwr, Caerfyrddin, oedd yn cael gwers am wlad Mali, un o'r gwledydd ger anialdir y Sahel a dderbyniai gefnogaeth.

Un nodwedd ddiddorol a gwahanol o'r apêl oedd y dull o gyrraedd y nod o £20,000. Bwriadwyd casglu papur newydd ac yna ei werthu i'w ailgylchu, gyda'r elw i'w glustnodi tuag at yr apêl.

Drwy ein perthynas â'r Urdd a'r ysgolion Cymraeg yn benodol cafwyd mewnbwn, hefyd, i'n gweithgareddau gan Fudiad Ysgolion Meithrin Cymru. Yn dilyn trafodaeth a gefais gyda'r Cyfarwyddwr, Mr Bryan Jones, derbyniwyd cynnig y mudiad i drefnu bod hanner elw'r 'marathon meithrin' oedd i'w gynnal ar ddydd Sul Wythnos Cymorth Cristnogol ym Mai 1984 i'w gyflwyno i Raglen Iechyd a Gofal Plant, un o bartneriaid Cymorth Cristnogol yn Vellore, yr India. Derbyniwyd £8,000 mewn canlyniad i elw'r marathon tuag at y rhaglen benodol hon a gwerthfawrogwyd y gefnogaeth ymarferol o eiddo'r mudiad.

Bu'r cydweithio a'r gefnogaeth a gafwyd ar lefel genedlaethol oddi wrth y mudiadau Cymraeg hyn yn sylweddol. Sylweddolai eu harweinwyr mor bwysig oedd ennyn ymdeimlad o gyfrifoldeb ymhlith plant o bob oedran tuag at gyd-ddyn, a'u dysgu i rannu gyda phlant ac ieuenctid eraill er mwyn gwella eu hamgylchiadau byw.

Cafwyd cydweithredu arbennig gyda'r Urdd a'r Ysgolion Meithrin yn ystod Blwyddyn y Plentyn a drefnwyd, fel 'blynyddoedd' neilltuol eraill, gan y Cenhedloedd Unedig. Cynhaliwyd nifer o gyrsiau addysgol ar hyd y flwyddyn honno yn ogystal â chodi arian tuag at brosiectau plant mewn amryw wledydd tlawd.

Hwyrach mai'r rheswm am y mewnbwn a gafwyd gan y mudiadau Cymraeg hyn oedd bod Cymorth Cristnogol wedi uniaethu ei hunan â diwylliant Cymru o'r cychwyn cyntaf, gan ennill ei le fel y mwyaf Cymreig o blith y mudiadau dyngarol tramor oedd â swyddfeydd a staff amser-llawn yng Nghymru.

Rheswm arall am y mewnbwn a gafwyd gan y mudiadau Cymraeg oedd ein darpariaeth o adnoddau Cymraeg mewn posteri, stribedi ffilm, a thaflenni ar gyfer plant o bob oedran. Drwy fuddsoddi yn y cyfeiriadau hyn cafwyd ymateb cadarnhaol a fyddai maes o law yn ehangu gorwelion y plant wrth iddynt dyfu i fyny.

Gyda Chymru yn wlad amaethyddol roedd yn naturiol i ni gysylltu gyda phobol ym maes amaethyddiaeth, yn enwedig ymhlith yr ifanc, i'w goleuo am gyflwr bywyd ieuenctid mewn gwledydd tlawd oedd, fel hwythau, yn dibynnu ar eu tiroedd am eu bywoliaeth.

Cafwyd cydweithio cadarnhaol ar hyd y blynyddoedd gydag arweinwyr y Clybiau Ffermwyr Ifainc sydd wedi eu sefydlu ar hyd a lled y wlad. Yn dilyn trafodaethau â'u harweinyddion lleol a chenedlaethol cafwyd mewnbwn anrhydeddus ganddynt ar fwy nag un lefel. Codwyd symiau sylweddol ar wahanol achlysuron tuag at raglenni amaethyddol a gefnogwyd gan Gymorth Cristnogol.

Ond nid rhoi pwyslais ar gasglu arian yn unig a wnaed, oherwydd byddai'r Ysgrifenyddion Rhanbarth yn ymwelwyr cyson â'u clybiau hefyd gan ddangos ffilmiau ac arwain trafodaethau ar bynciau amaethyddol oedd o ddiddordeb i'r bobol ifanc. Bu'r fath gysylltiadau yn fodd i adeiladu a meithrin cydweithrediad llwyddiannus gyda'r Mudiad.

Nid gyda'r ffermwyr ifainc yn unig ym maes amaethyddiaeth y cafwyd mewnbwn i'n gweithgareddau, ond hefyd gyda'r ffermwyr hŷn. Cafwyd trafodaethau rheolaidd gyda phrif swyddogion eu hundebau yng Nghymru, sef Undeb Ffermwyr Cymru ac Undeb Cenedlaethol y Ffermwyr. Cyfeiriwyd eisoes at y Gynhadledd Amaethyddol Genedlaethol yn Aberystwyth pan drafodwyd nifer o bynciau perthnasol a phasio penderfyniadau i'w danfon at y llywodraeth yn San Steffan.

Yn ogystal â'r mewnbwn a ddaeth o gyfeiriad yr Urdd, Mudiad yr Ysgolion Meithrin, Clybiau'r Ffermwyr Ifanc a'r Undebau Amaethyddol, adeiladwyd perthynas hefyd gyda mudiad hollol wahanol, sef mudiad Gwrth-Apartheid Cymru. Roedd cysylltu â chefnogi'r mudiad hwn yn weithred gwbl naturiol, gyda Chymorth Cristnogol yn cefnogi safiad ein partneriaid, Cyngor Eglwysi De Affrica, yn erbyn deddfau annynol ei llywodraeth. Buom fel Ysgrifenyddion Rhanbarth yn cefnogi'r cyfreithiwr, Mr Hanef Bhamjee, arweinydd yr Ymgyrch yng Nghymru, a'i weithgareddau yn ystod y saithdegau a dechrau'r wythdegau.

Daeth Hanef, a anwyd yn Ne Affrica, i Gaerdydd yn 1972 a bu'n gyfrifol am ffurfio ac arwain ymgyrchoedd, yn bennaf yn erbyn timau rygbi i ymweld â De Affrica. Llwyddwyd yn Rhagfyr 1982 i ddylanwadu ar Undeb Rygbi Cymru i ganslo ei ymweliad â De Affrica, gan adael y clybiau i benderfynu drostynt eu hunain os dymunent fynd yno.

Yna yn 1984 cyhoeddwyd Siarter yn y *Western Mail* yn erbyn *apartheid* wedi ei arwyddo gan aelodau seneddol, aelodau o undebau llafur, cynghorwyr, academyddion, llenorion, cynrychiolwyr yr eglwysi, yn cynnwys Cyngor Eglwysi Cymru a Chymorth Cristnogol, ynghyd â nifer yn cynrychioli meysydd eraill.

Yn ogystal â pherswadio timau rygbi i dorri eu cysylltiad â De Affrica bu Cymorth Cristnogol yn cydweithio hefyd i argyhoeddi'r cyhoedd i beidio prynu bwydydd a gynhyrchwyd ac a fewnforiwyd o'r wlad. Roedd cyflwr bywyd y duon yn ormesol ac anfoesol ac roedd protestio yn erbyn y fath amgylchiadau yn galw am safiad gan gyhoedd Cymru a chymunedau ledled byd.

Er bod ychydig yn anfodlon gyda'n safiad roeddem ninnau, fel aelodau'r staff yng Nghymru, yn argyhoeddedig ein bod yn gweithredu'n unol ag egwyddorion y mudiad roeddem yn rhan ohono. Dyna pam doeddwn i ddim yn edifar am gymryd safiad yn erbyn derbyn cynnig i roi orennau *Outspan* i blant mewn ffair adeg Yr Wythnos yn Ninas Powys ym Mai 1984.

Buom hefyd yn cydweithio gyda mudiad arall, a gododd feirniadaeth o rai cyfeiriadau, sef CND Cymru. Gan fod dolen gydiol rhyngom cafwyd nifer o ymgyrchoedd ar y cyd gyda'r ddau fudiad yn pwysleisio'r angen i fwydo'r newynog a ddioddefai o ganlyniad i frwydrau rhyfeloedd.

Cynhaliwyd ymgyrch arbennig yn Chwefror 1987 o dan y pennawd, 'Bara cyn Bomiau.' Beiciodd dau berson dros 600 milltir o gwmpas Cymru am bythefnos gan ddechrau ym maes awyr Breudeth, sir Benfro, a diweddu eu taith yn Eglwys Gadeiriol Tyddewi – hyn ynddo ei hun yn arwyddocaol! Galwyd y marathon yn 'Wheels around Wales' a rhoddwyd cyhoeddusrwydd i'r fenter gan BBC Cymru ar y rhaglen grefyddol, *Bore Sul*.

Codwyd swm sylweddol o dros £5,000 mewn canlyniad i'w seiclo nawdd a'i rannu rhwng y mudiadau. Ond nid codi arian yn unig oedd y bwriad oherwydd cynhaliwyd nifer o gyfarfodydd addysgiadol gyda'r nos yn y mannau lle arhosai'r ddau feiciwr.

Cafwyd anerchiadau arbennig gan amryw, yn eu plith, Ms Meg Beresford, Ysgrifennydd Cyffredinol CND, a Mr. Derek Gregory, Swyddog Rhanbarthol N.U.P.E. yng Nghymru.

Un o ladmeryddion brwdfrydig cydweithio gyda CND oedd y Parchg. D. R. Thomas ac fel cefnogwr pybyr Cymorth Cristnogol ac CND bu'n traddodi anerchiadau ymhob rhan o'r wlad, gan gynnwys rali wrth-niwclear ar Sgwâr Trafalgar. Rhybuddiai ei wrandawyr trwy ddweud, "Mewn un ystyr mae newyn yn waeth na'r bygythiad niwclear, gan fod newyn yn lladd ar hyn o bryd. Mae pum mil o bobol y byd yn marw o newyn bob awr o'r dydd. Ond fedrwn ni ddim wynebu problem newyn am ein bod yn gwario gormod ar arfau."

Yn y cyfarfodydd a'r cynadleddau a gafwyd ar y cyd pwysleisiwyd yr angen i lywodraethau'r gwledydd cyfoethog fwydo'r newynog yn hytrach na gwario arian ar gynhyrchu arfau, yn enwedig bomiau niwclear. Bu'r fenter ar ei hyd yn llwyddiant gyda mewnbwn adeiladol gan CND yn atgoffa'r cyhoedd am yr angen i ddarparu angenrheidiau bywyd i bobol, fel bara beunyddiol, yn lle eu difa gyda bomiau.

Gwerthfawrogwyd pob cysylltiad â'r mudiadau hyn wrth hyrwyddo a hybu gweithgareddau Cymorth Cristnogol drwy gynrychioli amrywiol weddau o fywyd y genedl. Trwy gyfnewid syniadau a chydweithio buddiol mewn partneriaeth ceisiwyd ehangu gorwelion pobol Cymru.

Her Newydd

Y̶N̶ S̶G̶Î̶L̶ Y̶ C̶Y̶H̶O̶E̶D̶D̶U̶S̶R̶W̶Y̶D̶D̶ a'r ymateb a fu i drychinebau gwelwyd cynnydd sylweddol yn incwm blynyddol Cymorth Cristnogol yn yr wythdegau. Yn 1989 derbyniwyd £28 miliwn o'i gymharu â £5.5 miliwn ddeng mlynedd ynghynt. Yn ystod Yr Wythnos ym Mai y flwyddyn honno casglwyd y swm rhyfeddol o £6 miliwn.

Roedd yr angen am yr arian ychwanegol hefyd yn fwy nag erioed, yn bennaf am fod dirwasgiad economaidd ar lefel byd-eang yn cynyddu, a'r alwad am gefnogaeth yn dod o lawer gwlad.

Yn 1987 rhoddwyd ystyriaeth ddwys a thrwyadl i gyhoeddi o'r newydd priod waith Cymorth Cristnogol ac i atgoffa'r cefnogwyr a'r cyhoedd yn gyffredinol am ymrwymiad gwreiddiol yr elusen, sef y dasg o geisio cefnogi a chynorthwyo'r difreintiedig. Penderfynwyd gwneud hyn yn Ddatganiad o Ymrwymiad, o dan y teitl, "Cryfhau'r Gwan."

Mewn cyfnod o newidiadau cyflym sylweddolwyd bod angen dweud o'r newydd fod Cymorth Cristnogol yn sefyll dros gyfiawnder, ar adeg pan oedd anghyfiawnder mor real ag erioed ac yn effeithio ar fywydau miliynau o bobol.

Roedd hyn yn wir am nifer o wledydd ond yn llawer gwaeth ym mywydau pobol yn y gwledydd tlawd, ymhlith y di-lais a'r di-rym yn y byd. Oherwydd y fath sefyllfa enbydus gwelwyd bod sawl her yn wynebu Cymorth Cristnogol. Er bod cyfleoedd newydd am heddwch a democratiaeth wedi dod i lawer, yn arbennig ar gyfandir Affrica, eto i gyd cynyddu yr oedd nifer y rhyfeloedd. Yn ogystal, gwelwyd cyfalafiaeth y farchnad rydd yn teyrnasu, a lledodd y gagendor rhwng y tlawd a'r cyfoethog fwyfwy, gyda thlodi ar gynnydd mewn llawer gwlad. Ym maes ecoleg sylweddolwyd bod y ddaear mewn perygl o gael ei chamdrin a'i handwyo oherwydd gorgynhyrchu gan y cyfoethogion, yn enwedig y cwmnïau masnachol rhyngwladol, a hynny er mwyn eu helw masnachol.

Bu'n anoddach i gael pobol i gefnogi gyda'u cyfraniadau ariannol tuag at gynlluniau datblygu, cynlluniau oedd mor dyngedfennol i ddyfodol trigolion y Trydydd Byd. Gwelwyd hefyd gynnydd yn y nifer oedd yn barod i feirniadu'n llymach effeithiolrwydd cymorth i'r gwledydd tlawd.

Mewn anerchiad allweddol yng nghyfarfod Pwyllgor Cenedlaethol Cymru yng Ngholeg y Drindod, Caerfyrddin yn Ebrill 1986 amlinellodd y Cyfarwyddwr, y Parchg. Michael Taylor, rai o'r materion fyddai galw ar Gymorth Cristnogol i'w hwynebu yn y dyfodol agos.

Cyfeiriodd at yr hyn a gred llawer mai unig bwrpas y mudiad oedd casglu arian. Er pwysiced hyn, "Dylem," meddai'r Cyfarwyddwr, "fod yn fodlon casglu yn unig yr hyn y medrwn ei ddefnyddio ar brosiectau a chymorth i'r tlodion. Gall gorwario gan asiantaethau tramor fod yn niweidiol i'n partneriaid, gan israddio eu hunan-barch."

Aeth ymlaen yn ei anerchiad i sôn am genhadaeth a datblygiad gan bwysleisio y dylai cenhadaeth olygu'r corfforol a'r ysbrydol, angen yr unigolyn ynghyd â'r gymuned, y modd mae'r asiantaethau datblygu hefyd yn gweithredu o blaid y person cyfan. Rhaid iddynt gydlynu er budd pob gwedd ar fywyd cymunedau'r gwledydd datblygol.

Pwysleisiodd hefyd yr alwad am weithredu'n wleidyddol. Hwyrach, meddai, "Gall y gair *'cymorth'* yn enw'r mudiad godi cwestiwn i rai pobol, gan nad yw rhoi cymorth ariannol yn datrys dim; rhaid dod o hyd i'r rhesymau pam bod yna dlodi ac anghyfiawnder ac y mae hyn yn mynd y tu hwnt i estyn help ariannol."

Dywedodd ymhellach, "Ni ellir newid sefyllfa o dlodi hyd nes y byddwn yn gwneud newidiadau i'n ffordd o fyw yn y byd sydd ohoni. Mae'n amhosibl siarad am ddiddymu tlodi heb drafod newidiadau sylfaenol, sy'n golygu chwyldroi syniadau pobol … Rhaid i Gymorth Cristnogol bellach ystyried y priodoldeb o ymgyrchu'n wleidyddol am fod yn rhaid i unrhyw newidiadau er lles y tlodion fod yn benderfyniadau gwleidyddol."

Gwelai hefyd bod galw yn benodol ar Ysgrifenyddion Rhanbarth Cymorth Cristnogol i sicrhau bod yr eglwysi lleol o bob enwad yn rhoi lle canolog i weithgareddau Cymorth Cristnogol fel rhan annatod o ddiwinyddiaeth yr eglwysi. Wrth gloi ei anerchiad dywedodd Michael Taylor, "Mae diwinyddiaeth Cristnogaeth yn holl bwysig wrth ddelio gyda'r tlotaf o'r tlawd, dylai ffydd effeithio ar weithredoedd a gweithredoedd ar ffydd hefyd."

Cadarnhawyd y pwyntiau a wnaed ganddo rai misoedd yn ddiweddarach pan gyhoeddodd Cymorth Cristnogol, drwy'r Cyfarwyddwr, gredo sylfaenol y mudiad yn y daflen, *Cryfhau y Gwan*, gan danlinellu'r bwriadau ar gyfer cynlluniau'r dyfodol.

O dan gyfarwyddyd goleuedig y Parchg. Michael Taylor, amlinellwyd dibenion y mudiad, yng ngoleuni sefyllfa'r cyfnod mewn nifer o wledydd, wrth osod sylfaen ddiwinyddol gadarn ar gyfer gweithgareddau Cymorth Cristnogol yn y dyfodol.

Bu argyhoeddiadau cadarn y Cyfarwyddwr yn ddylanwadol ac yn allweddol hefyd wrth sefydlu Cynghrair De Affrica. Dyma'r gynghrair a fu'n gyfrifol am uno undebau llafur, grwpiau eglwysig ac eraill i wasgu ar lywodraeth Prydain i gynorthwyo i ddod â diwedd i *apartheid* yn Ne Affrica. Mae'r safiad gwleidyddol hwn yn swnio'n rhywbeth saff a gwan heddiw ond yn y cyfnod hwnnw roedd yn weithred ddadleuol a dewr.

Aed ati i gynllunio a threfnu fod Cymorth Cristnogol yn pwysleisio'r angen am ymgyrchu o blaid y difreintiedig ac, er mwyn sicrhau cefnogaeth gref i gyflawni hyn, bod angen hysbysu'r cyhoedd am y rhesymau dros ymgyrchu oherwydd amgylchiadau annynol miliynau o boblogaeth y gwledydd tlawd. Cyhoeddwyd hefyd fod modd datrys y fath anghyfiawnder drwy weithredu'n wleidyddol gan basio penderfyniadau fyddai'n rhoi tecach cyfleoedd i'r tlodion allforio eu cynnyrch a chael pris tecach am y cyfryw, gyda'r gweithwyr hefyd yn derbyn tâl mwy anrhydeddus am eu llafur.

Gyda *Traidcraft* wedi ennill ei le fel cwmni i dderbyn a dosbarthu nwyddau a bwydydd i'w gwerthu yng Nghymru a gwledydd eraill Prydain ac Iwerddon sicrhawyd bod 'masnach deg' i weithwyr a chynhyrchwyr yn y gwledydd sy'n datblygu.

Bu'r mudiad yn allweddol ac arloesol wrth werthu coffi a the ar y dechrau ac, yn ddiweddarach, bwydydd eraill ac yna nwyddau a wnaed gan y brodorion eu hunain, am bris teg i'r cynhyrchwyr. Wrth weithredu'r broses llwyddwyd i osgoi'r cwmnïau masnachol canolog a fyddai'n mynd â chryn dipyn o'r elw cyn i'r nwyddau gyrraedd y cwsmeriaid.

Yng Nghymru, yn ystod y saithdegau roedd Mrs. Judith Billingham, Caerdydd, yn teimlo i'r byw o blaid cynhyrchwyr bwydydd y Trydydd Byd ac roedd yn dra awyddus i weithredu yn ymarferol o'u plaid. Aeth Judith ati i logi ystafell yn un o gapeli Caerdydd er mwyn gwerthu cynnyrch *Traidcraft* gan hysbysebu a marchnata'r nwyddau drwy eglwysi'r ddinas a thu hwnt.

Yn ddiweddarach cafodd Judith gefnogaeth Mrs. Jan Tucker ac ymaflodd hithau gyda'r un brwdfrydedd i werthu nwyddau *Traidcraft*. Pan ymddeolodd Judith i ddilyn gyrfa arall roedd Jan yn olynydd teilwng iddi. Gweithiodd Judith yn ddiwyd i hyrwyddo'r 'neges' am flynyddoedd yng Nghaerdydd a'r cyffiniau ac yna parhaodd Jan trwy gyflawni gwaith clodwiw yn yr olyniaeth gan agor siop i werthu nwyddau a bwydydd yn enw Masnach Deg oedd bellach wedi ennill ei le ym maes cefnogi masnachu tecach i drigolion y gwledydd oedd yn datblygu.

Yn y cyfnod hwn hefyd roedd Mrs. Janet Barlow yn Wrecsam a'r ardaloedd cyfagos yn 'cenhadu' neges *Traidcraft* drwy werthu eu bwydydd a'u nwyddau. Penodwyd Janet yn drefnydd i'r mudiad yng ngogledd-ddwyrain Cymru gyda'i chanolfan yn Wrecsam gan ennill, fel Jan yng Nghaerdydd, gefnogaeth o blith y cyhoedd yn gyffredinol. Agorwyd siopau tebyg mewn nifer o drefi ledled Prydain wrth i'r cyhoedd dderbyn yr egwyddor o gefnogi'r tlawd i sicrhau marchnad decach iddynt o ran eu nwyddau a'u cynnyrch.

Trwy ddyfal berswâd a buddsoddiad gwelwyd bwydydd a nwyddau yn enw Masnach Deg yn ennill eu lle ar silffoedd yr archfarchnadoedd sy'n britho dinasoedd a threfi'n gwlad. Daeth tro ar fyd gan roi gobaith i gynhyrchwyr o blith trigolion y gwledydd tlawd a modd iddynt hwy, fel miliynau o bobol ddifreintiedig ein byd, i ehangu eu gorwelion.

Dros y blynyddoedd gwelwyd cynnydd yn yr amrywiol gynnyrch a fewnforiwyd drwy'r broses hon i ganolfan *Traidcraft* yn Gateshead a daeth Masnach Deg yn fudiad cyfarwydd i filoedd gan fod yr asiantaethau elusennol tramor yn cefnogi'r gweithgaredd hwn o blaid y tlawd. Trwy gefnogi gwell cyfleusterau ac amodau tecach i'r tlodion rhoddir iddynt y modd i sicrhau cynhaliaeth decach, gyda gwell cyfleusterau i ddefnyddio unrhyw elw a wneir er budd eu cymunedau.

Wrth geisio sicrhau tecach amodau cynhyrchu a gwerthu i drigolion y gwledydd datblygedig medrir ehangu eu gorwelion, gan alluogi unigolion, teuluoedd a chymunedau i feddwl yn nhermau bywyd mwy dedwydd a dyfodol mwy gobeithiol gan ddod â golau newydd i genedlaethau'r dyfodol.

O 1990 ymlaen byddai newidiadau cyfundrefnol ym mheirianwaith ecwmeniaeth Prydain ac Iwerddon. Yn 1986 dechreuwyd trafod y broses gyd-eglwysig, 'Nid Dieithriaid ond Pererinion' a arweiniodd drwy weithgareddau lleol a chenedlaethol at sefydlu cyrff ecwmenaidd newydd i ddisodli'r hen Gynghorau Eglwysig Cenedlaethol a oedd wedi bodoli ers eu sefydlu yn y pumdegau.

Yn eu lle ffurfiwyd Cyngor Eglwysi Prydain ac Iwerddon, Gweithgarwch Eglwysi Ynghyd yn Yr Alban (ACTS) a CYTÛN (Eglwysi Ynghyd yng Nghymru). Sefydlwyd corff hollol newydd yn Lloegr i gyd-drefnu a chefnogi'r gwaith ecwmenaidd ar lefel leol, ranbarthol a chenedlaethol.

Roedd sefydlu'r cyrff newydd hyn yn fwy na newid strwythurol yn unig; byddai'n gwahodd pobol i feddwl mewn ffordd newydd am undod a chenhadaeth ar bob lefel o fywyd eglwys. Gwelwyd y bennod newydd hon yn gyfle i adnewyddu'r eglwysi a'r enwadau mewn ymrwymiad ecwmenaidd.

O hyn ymlaen byddai Cymorth Cristnogol yn asiantaeth o Gyngor Eglwysi Prydain ac Iwerddon, ond yng Nghymru ni fyddai'n Adran o CYTÛN fel y bu cynt yn Adran o Gyngor Eglwysi Cymru. Ffurfiwyd Cyfansoddiad newydd ar gyfer Cymorth Cristnogol yng Nghymru gyda Phwyllgor Cenedlaethol newydd yn gweithredu, yn debyg i'r hyn a fu ar hyd y blynyddoedd.

Sefydlwyd y Pwyllgor hwn trwy wahoddiad gan y Cyfarwyddwr at bob enwad sy'n cefnogi Cymorth Cristnogol yng Nghymru i enwebu dau gynrychiolydd o'u plith i fod yn aelodau ohono. Danfonir adroddiadau am ei weithgareddau yn uniongyrchol at Fwrdd Cymorth Cristnogol.

Cyflwynir adroddiadau am argymhellion y Pwyllgor a gweithgaredd Cymorth Cristnogol i'r enwadau, gyda Chadeirydd y Pwyllgor Cenedlaethol yn un o gynrychiolwyr Cymru ar y Bwrdd Canolog. Gyda dyfodiad y Cyfansoddiad newydd diddymwyd swydd y Trysorydd Mygedol gan mai'r Swyddfa Genedlaethol fyddai yn gyfrifol yn y dyfodol am yr holl weddau ariannol.

Er y newidiadau yn y strwythur yr un fyddai cyfrifoldebau a chymhellion y staff a'r cefnogwyr – ceisio diddymu'r annhegwch a'r anghyfiawnder sy'n rhwystro'r tlodion i fyw bywyd dibryder gan roi iddynt y cyfleoedd a'r cyfleusterau haeddiannol 'i fyw cyn marw.'

Wrth i'r newidiadau yn strwythur newydd yr enwadau ddod i rym gwerthfawrogwyd ymroad staff y mudiad yn ystod ei ddegawdau cyntaf. Cafwyd arweinyddiaeth ddoeth a diogel ar hyd y blynyddoedd gan Gyfarwyddwyr Cymorth Cristnogol, yn eu tro, gyda'u hamrywiol ddoniau a'u cyfraniadau gwerthfawr, o Janet Lacey hyd at y presennol. Cydnabyddwn ein dyled iddynt, a diolchwn am eu llafur cydwybodol.

Yn adroddiad y Cyfarwyddwr cyntaf am y flwyddyn 1965 - 66 mae Janet Lacey yn mynegi ei phrofiad yng Nghynhadledd Cyngor Eglwysi'r Byd yng Ngenefa pan ddaeth 500 o gynrychiolwyr i gynhadledd gofiadwy.

Y digwyddiad syfrdanol, yn ôl y Cyfarwyddwr, oedd pregeth Y Parchg. Ddr. Martin Luther King ar fore Sul cyntaf y gynhadledd. Fe'i rhwystrwyd rhag bod yn bresennol oherwydd terfysgoedd yn Chicago dros y penwythnos ond gosododd ei bregeth ar dâp a'i danfon ar awyren a gyrhaeddodd y bore hwnnw. Wrth wrando ar ei lais o bulpud gwag teimlai'r gynulleidfa eu bod gydag e' yn Chicago.

Seiliodd ei bregeth ar un o ddamhegion Iesu sy'n sôn am fynd at ei gymydog ganol nos a gofyn am fenthyg tair torth oherwydd bod ffrind iddo wedi cyrraedd a doedd ganddo ddim i'w osod o'i flaen. Atebodd y cyfaill o du mewn ei dŷ, "Paid â'm blino; mae'r drws erbyn hyn wedi ei folltio a'r plant gyda mi yn y gwely, ni allaf godi i roi dim i ti."

Meddai'r proffwyd o America, "Mae'n ganol nos yn seicolegol heddiw. Ymhobman mae ofnau pobol yn eu parlysu â phoen yn ystod y dydd ac yn eu haflonyddu yn ystod y nos. Mae cymylau duon o ofidiau ac iselder ysbryd yn hofran uwchben ein hawyr meddyliol. Ceir mwy o bobol yn pryderu'n emosiynol heddiw nag erioed o'r blaen yn hanes dynoliaeth ac mae'n ganol nos o fewn y drefn foesol."

Diweddodd ei bregeth gyda'r gosodiad byr a chynhwysfawr, "*No midnight long remains,*" gan ychwanegu, "*The dawn will come. Disappointment, sorrow and despair are born at midnight, but morning follows.*" Meddai Janet Lacey, "Syfrdanwyd y gynulleidfa mewn mudandod, roedd ei eiriau'n cyffwrdd â phawb a feddyliai am sefyllfa annynol dynoliaeth gan fod ei neges yn codi cwestiynau tyngedfennol."

"A yw'r cysurus ac esmwyth eu byd o dan do eu haelwydydd moethus yn y gwledydd cyfoethog yn dal i wrthod agor y drws i roi yr hyn sydd ganddynt i'r anghenus? A yw pobol heddiw yn ofni sefyll o blaid cyfiawnder cymdeithasol neu a ydynt ond yn taflu crystyn o fara er mwyn tawelu eu cydwybod?"

Dyna'r cwestiynau a boenai Cyfarwyddwr cyntaf Cymorth Cristnogol wedi gwrando neges y proffwyd o America. Mae'r cwestiynau mor berthnasol heddiw â'r bore hwnnw pan glywodd y gynulleidfa hwy yng Ngenefa. Maent yn disgwyl ymateb er mwyn rhyddhau'r miliynau sydd wedi eu cyfyngu a'u caethiwo gan reolau'r llywodraethau cyfoethog.

Tra bod y fath sefyllfa'n dal i fodoli mae'n alwad ar fudiadau fel Cymorth Cristnogol i barhau hyd nes y gwireddir geiriau Waldo:

> Daw dydd y bydd mawr y rhai bychain,
> Daw dydd ni fydd mwy y rhai mawr,
> Daw bore ni wêl ond brawdoliaeth
> Yn casglu teuluoedd y llawr.

Pennod 18

Argraffiadau Arhosol

$\mathcal{B}$U BWRW TREM dros hanes Cymorth Cristnogol yng Nghymru a'r modd y ceisiai weithredu egwyddorion sylfaenol y mudiad o fewn ein gwlad, ac mewn partneriaeth gydag amryw o wahanol bobol yn y gwledydd sy'n datblygu, yn fodd i mi ail-fyw nifer o'r digwyddiadau a'r cyfleoedd a gefais i gyfarfod â phobol o bedwar ban byd.

Braint arbennig fu cyfarfod â llu o bersonoliaethau diddorol a dylanwadol, gan i rai ohonynt adael argraff annileadwy arnaf – pobol o amrywiol gefndiroedd a thraddodiadau. Mae'r atgofion amdanynt yn fythol wyrdd gyda rhai o'u dywediadau wedi aros yn fyw yn y cof.

Mewn awyrgylch aelwyd a chartref y deuir i adnabod personau. Wrth i Nia, fy mhriod, a minnau dreulio oriau a dyddiau yng nghwmni'r ymwelwyr a fu'n aros ar ein haelwyd yng Nghaerdydd bu dod i'w hadnabod yn fraint amhrisiadwy. Deuent o amrywiol gefndiroedd gan iddynt ddod o wahanol wledydd gyda'u traddodiad a'u diwylliant eu hunain. Dyna a wnâi eu hymweliadau yn hynod o ddiddorol a difyr i'r ddau ohonom, ac ymhlith y nifer a arhosodd yn ein cartref mae tri ohonynt yn sefyll allan.

Edgar Davidson

Un o'r cyntaf i aros gyda ni oedd gŵr bonheddig o'r Caribî, Edgar Davidson. Roedd ei wreiddiau yn Tobago, ger Trinidad, cafodd ei fagu ar yr ynys honno ac roedd yn aelod o staff Mudiad Cyd-eglwysig er Datblygiad yn Nwyrain y Caribî, un o bartneriaid Cymorth Cristnogol yn India'r Gorllewin.

Yn rhinwedd ei swydd fel Cydlynydd i'r Mudiad treuliodd dair wythnos ym Mhrydain yn 1976 gan ymweld â nifer o ardaloedd er mwyn adeiladu'r berthynas rhyngom a hefyd i astudio ein dulliau o gynnal Wythnos Cymorth Cristnogol, gan eu bod hwy eu hunain yn bwriadu defnyddio cynlluniau tebyg i godi arian at raglenni datblygu yn y Caribî. Roedd gan Edgar ddiddordeb mewn amryw bynciau ond ei hoff ddiléit oedd cerddoriaeth, ac roedd ei wybodaeth gerddorol yn un eang iawn. Difyr fu gwrando arno'n sôn am hanes canu *calypso* India'r Gorllewin, ac fe'i breintiwyd yntau â llais bâs cyfoethog.

Deufis wedi iddo fod gyda ni byddwn yn ei weld eto, a'r tro hwn yn ei gynefin yn y Caribî. Braf oedd ei gyfarfod yn Barbados. Daeth i oedfa yng nghapel y Morafiaid lle roeddwn yn pregethu ac fe'i gwahoddwyd i ganu unawd. Cyfeiriais eisoes at y digwyddiad, wrth sôn am fy ymweliad â'r Caribî, pan gyfoethogodd a choroni'r oedfa gyda'i ddatganiad gwefreiddiol o'r gân, *Let my people go –* Gad i'm pobol fynd.

Roedd yn amlwg bod geiriau'r gân yn dod o'i galon ac fe'm gwefreiddiwyd innau wrth ei wrando; gyda'r hyn a ganai yn weddi daer trigolion India'r Gorllewin, a hwythau wedi bod o dan ormes yr Ymerodraeth am genedlaethau. Cyffyrddodd geiriau'r gân â mi a meddyliais am eiriau Dafydd Iwan yn ei gân gyfarwydd, *O pam na chaf fi'r hawl i fyw?* – y rhyddid i fyw bywyd o degwch yn ei gyflawnder, heb angen pryderu am amgylchiadau allanol a'r ymdrech barhaus am gynhaliaeth ddigonol i deulu.

Roedd Edgar yn ymgorfforiad o ddymuniad pobol India'r Gorllewin oedd â chymaint o'u teuluoedd wedi profi gormes a chaethwasaeth. Trwy ei bersonoliaeth hawddgar, ynghyd â geiriau'r gân, roedd yn mynegi dyhead brodorion y gwledydd annatblygedig yn gyffredinol. Er caethiwed ddoe dyma bobol oedd yn ymdrechu i sefyll ar eu traed eu hunain ar gyfer y genhedlaeth nesaf, gan fawr hyderu y byddai yfory eu plant yn un teg a dedwydd.

Bilas Das

Person hollol wahanol i Edgar oedd y cyfaill mwyn o'r India. Cyn gynted ag y daeth Bilas Das i'n haelwyd gwyddem fod un nodedig wedi dod i'n plith. Gadawodd y gŵr carismataidd hwn argraff ddofn ar y ddau ohonom ac erys atgofion pleserus am ei ymweliad.

Un o Galcutta oedd Bilas ac yntau'n Ysgrifennydd mudiad cymdeithasol yn y ddinas honno, mudiad roedd Cymorth Cristnogol yn ei gynorthwyo. Hyd at 1970 bu'n weinidog gyda'r Bedyddwyr a'r flwyddyn honno unwyd enwadau'r Anglicaniaid, y Bedyddwyr, y Methodistiaid a'r Presbyteriaid i ffurfio Eglwys Gogledd India, a daeth Bilas yn weinidog o fewn y gyfundrefn newydd, gan gymryd gofal o eglwys Sudder Street, Calcutta. Ar yr un adeg fe'i penodwyd yn Ysgrifennydd Cyffredinol Gwasanaeth Trefol Calcutta – corff sy'n gyfrwng yr eglwysi i gynorthwyo anghenion tlodion y ddinas drwy ei raglenni iechyd ac addysg a cheisio dod o hyd i waith i'r difreintiedig.

Gall cyfarfod â pherson am y tro cyntaf a dechrau sgwrs fod braidd yn anodd a gan nad oeddwn wedi bod yn Yr India, heb sôn am Calcutta, ni fedrwn siarad am unrhyw le penodol. A oedd gennym ryw ddolen gydiol? Meddyliais ymlaen llaw a oedd rhywbeth yn gyffredin gennym i sôn amdano – gwaith, gwlad, diddordebau – unrhyw beth a fyddai'n fodd dechrau sgwrs!

Cofiais am un person â chysylltiad agos â Chalcutta. Roedd y genhades, Mair Davies, â'i gwreiddiau yn Nhalog lle dechreuais fy ngweinidogaeth, wedi treulio cyfnod o ryw ugain mlynedd o'i hamser yn Yr India, yn ninas Calcutta.

Pan ddaeth Bilas atom dyma ddweud wrtho ein bod yn adnabod un person a fu'n byw yn Calcutta – cenhades o'r enw Mair Davies. Cyn gynted imi ei henwi dyma'i lygaid yn gloywi a gwên ar ei wyneb,*"Mair Davies,"* meddai, *"she was a great friend of my father, and came to our house on Sunday evenings."* Byd mor fawr ac eto mor fach, a ninnau'n medru dechrau sgwrsio am un person ymhlith y miliynau oedd yn byw yn y ddinas fawr honno!

O hynny 'mlaen buom yn siarad am dipyn o bopeth, yn arbennig sefyllfa ei wlad a dyfodol Yr India. Buom hefyd yn sôn am gyfraniad Cristnogion a'r modd y gallent fod o ddylanwad mewn amryw feysydd. Llifai perlau o ddywediadau o'i enau a chofiaf un yn fyw iawn, *"You see,"* meddai,*"Christians are too nice. They ought to be a nuisance."*

Gwir a ddywedodd. Onid pobol a fu'n 'niwsans' ar hyd y canrifoedd a fu tu ôl i bob chwyldro yn ein byd? Credai'r gŵr addfwyn o Galcutta y gallai Cristnogion fod yn ddylanwadol, os byddent yn barod i sefyll yn erbyn awdurdodau a sefydliadau er mwyn newid a gwella amgylchiadau dynoliaeth, a'u sefyllfaoedd annheg ac anghyfiawn. Pleser fu ei gael ar ein haelwyd.

Un noson, tra'n aros gyda ni, gwahoddwyd tri gweinidog lleol i'w gyfarfod i gael sgwrs dros baned. Yn ystod y siarad soniwyd am yr hyn oedd yn y newyddion yr adeg yna, trefi yn efeillio â'i gilydd a chyfeiriodd un o'r cwmni at y syniad o efeillio ei eglwys yng Nghaerdydd gydag eglwys yn India. Gofynnodd i Bilas am y posibilrwydd o efeillio ei eglwys gydag un o eglwysi Calcutta. Mae ymateb Bilas i'r awgrym yn fyw yn fy meddwl o hyd, *"Leave the Indian churches to us,"* meddai. *"Twin your church with your own community first of all."* Roedd y neges yn amlwg! Erys ei bersonoliaeth ddengar a'i sylwadau treiddgar yn fythol wyrdd.

Amando Lopez

Ymwelydd arall a gyffyrddodd â'n calonnau oedd offeiriad Pabyddol, Amando Lopez o El Salvador, Canolbarth America. Daeth atom ar adeg pan oedd ei wlad mewn sefyllfa ddifrifol o beryglus. Yn y cyfnod hwnnw byddem yn clywed bron yn ddyddiol am ddigwyddiadau erchyll yn El Salvador. Ceid adroddiadau am filwyr yn niweidio'r diniwed ac yn fynych yn saethu'n farw pobol a wrthwynebai'r llywodraeth.

Bryd hynny, yn yr wythdegau, derbyniai llywodraeth y wlad gefnogaeth ariannol gan America, o dan Arlywyddiaeth Ronald Reagan, i'w harfogi ei hun. Roedd miloedd o drigolion y wlad yn gwrthwynebu hyn yn chwyrn a llawer iawn o'r gwrthdystion yn Gristnogion Pabyddol. Gyda'u daliadau cadarn roeddent yn barod i sefyll yn erbyn y llywodraeth am fod ei pholisi yn amddifadu miloedd o'r trigolion o'u hawliau dynol.

Yn 1980, ddwy flynedd cyn i Amando aros gyda ni, saethwyd yr Archesgob Oscar Romero yn farw pan oedd yn gweinyddu offeren angladd mewn capel i'r gogledd-orllewin o San Salvador. Yn wir rhagwelsai Romero ei farwolaeth gan iddo ddweud, ryw wythnos ynghynt, "Mae erledigaeth yn arwydd ein bod ar y ffordd iawn."

I'r rhai a adnabu'r Archesgob, dyn pleidiol i heddwch ydoedd ac wedi cysegru ei hun i wasanaethu ei bobol, gan sicrhau bod ei staff yn trefnu rhaglenni cymorth i deuluoedd a ddioddefai oherwydd trais gwleidyddol. Derbyniwyd cefnogaeth ariannol tuag at hyn oddi wrth fudiadau eglwysig yn cynnwys Cymorth Cristnogol.

Ni chredai Romero mewn ymwneud â phleidiau gwleidyddol ond yn hytrach mewn sefyll gyda'r tlawd a'r newynog, gan gredu y dylai'r eglwys wario arian ar bobol ac nid ar adeiladau.

Achosodd llofruddiaeth erchyll yr Archesgob don o dristwch,

nid yn unig ym mywyd Eglwys Babyddol y wlad ond hefyd ledled byd. Yr un adeg mynegwyd cefnogaeth gref gan bobol o wahanol rannau o'r byd o blaid y dioddefwyr yn El Salvador a gwledydd eraill Canolbarth America.

O'r foment y daeth yr offeiriad o El Salvador i'n tŷ gwelwyd ei fod yn berson yn byw ar ei nerfau. Codai Amando yn fynych o'i gadair a cherdded o gwmpas a chafodd sawl sgwrs ar y ffôn â rhai o'i ffrindiau yn El Salvador, ac un noson cododd Amando tua dau o'r gloch y bore i gael gwybod am y sefyllfa ddiweddaraf yno.

Roeddwn wedi trefnu ei fod i annerch mewn cyfarfodydd er mwyn iddo siarad am sefyllfa erchyll El Salvador, a phrofiad ysgytwol oedd gwrando arno'n sôn am amgylchiadau dirdynnol trigolion y wlad. Ofnai y byddai'r gwaetha'n digwydd i'w gyd-weithwyr am eu bod yn barod i sefyll o blaid hawliau'r di-lais a'r di-rym.

Dyma, chwedl Bilas Das,"Gristnogion oedd yn niwsans," pobol oedd yn barod i sefyll a hyd yn oed i ddioddef o blaid bywyd tecach a hawliau dynol i'w cyd-ddyn.

Rhyw ddwy flynedd wedi i Amando fod gyda ni daeth y newydd o El Salvador fod milwyr wedi saethu'n farw pum person. Roeddent wedi torri i mewn i dŷ a saethu'r offeiriaid Pabyddol oedd yn byw yno. Un ohonynt oedd Amando Lopez.

Trist a digalon iawn oedd clywed y fath newydd a ninnau wedi cael y fraint o adnabod dyn dewr ac ymroddedig a fu fyw ei ffydd Gristnogol drwy sefyll dros eraill. Erys coffa da amdano, a'r profiad arbennig a gawsom o'i gael ar ein haelwyd – un ymhlith llawer yn ei wlad oedd yn barod i ddioddef o blaid ei gyd-ddyn er mwyn i eraill gael yr hawl i fyw bywyd cyflawn mewn cyfiawnder a heddwch.

I'r pegwn arall, bu ymweld â gwledydd tramor hefyd yn fodd i gyfarfod â phobol a adawodd argraff ddofn arnaf, nid yn unig am eu bod o dras a chefndir gwahanol i mi fel Cymro ond hefyd am eu bod, drwy eu personoliaethau a'u hagweddau, yn ennyn edmygedd sydd wedi para'n fyw ar hyd y blynyddoedd. Yn sicr, buont yn fodd i ehangu gorwelion bywyd.

Er i'm taith dramor gyntaf i'r Caribî fod yn un bleserus ac yn agoriad llygad wrth weld golygfeydd o dlodi difrifol a chyfarfod â nifer o bobol hynod ddymunol a chroesawgar, gan fod pedwar ohonom ar y daith honno, ychydig o gyfle a gawsom i dreulio digon o amser i ddod i adnabod unrhyw un yn dda. Bu'r ddwy daith arall yn wahanol.

Profiadau amheuthun oedd treulio oriau yng nghwmni rhai o bobol Y Gambia a Sierra Leone, a De Affrica yn arbennig, lle buwyd yn siarad, nid yn unig am brofiadau personol, ond am unigolion nodedig. Drwy'r hyn a ddywedwyd wrthyf amdanynt a'r hyn a ddarllenais amdanynt, mae dau yn benodol yn sefyll allan, sef Steve Biko a'r Brydeinwraig a anwyd ac a fagwyd yn Johannesburg, Elizabeth Wolbert.

Steve Biko

Roedd hanes bywyd y gŵr ifanc, Steve Biko, wedi creu argraff annileadwy arnaf cyn i mi ymweld â De Affrica. Ar 12 Medi 1977 roeddwn mewn cynhadledd staff yn Swanwick, swydd Derby, pan daenwyd cwmwl du dros y gweithgareddau gyda'r cyhoeddiad am farwolaeth Steve Biko.

Er nad oeddwn wedi ei weld na'i glywed roedd hanes ei safiad a'i arweinyddiaeth oleuedig yn erbyn trefn felltigedig *apartheid* llywodraeth De Affrica yn gyfarwydd i ni fel staff, gyda sawl un o'n plith wedi ei gyfarfod tra'n ymweld â'r wlad ac wedi bod yn trafod 'rhaglenni cefnogaeth' oedd yn cynorthwyo dioddefwyr tlodi oherwydd *apartheid* y wlad.

Gŵyr y byd erbyn hyn am Steve Biko drwy'r llyfrau a ysgrifennwyd amdano a'r ffilm a gynhyrchwyd gan Syr Richard Attenborough, '*Cry Freedom,*' sy'n rhoi hanes ei fywyd a'i gysylltiad agos â'i ffrind, Donald Woods, y golygydd papur newydd a orfodwyd i ffoi o Dde Affrica er mwyn cyhoeddi'r gwirionedd am ddioddefiadau arwrol y gŵr unigryw hwn. Defnyddiwyd dogfennau a llythyrau oedd ym meddiant Donald Woods yn cynnwys gwybodaeth dyngedfennol am bersonoliaeth a dyheadau Steve Biko a ddioddefodd o blaid cyfiawnder i'w bobol, ynghyd â llythyrau o'i eiddo a ddanfonwyd at Woods.

Tra yn Ne Affrica cefais innau'r fraint o gael ei hanes gan ein lletywyr ar eu haelwyd yn nhref magwraeth Steve, sef Kingwilliamstown. Roedd yn hanes dirdynnol, a dweud y lleiaf. Penderfynodd yn fachgen ifanc i astudio er mwyn bod yn feddyg, ond yn gynnar ar ddechrau ei gwrs ffurfiodd y grŵp, "Mudiad Myfyrwyr De Affrica," a throdd ei olygon o faes meddygaeth i gyfeiriad gwleidyddiaeth. Arweiniodd fyfyrwyr i brotestio yn erbyn rhai o ddeddfau'r llywodraeth ac fe'i cosbwyd a'i gyfyngu i'w dref enedigol. Er hynny, llwyddodd i ffurfio Rhaglenni Cymunedol y Duon yn Durban. Oherwydd hyn cyhoeddodd y llywodraeth reol newydd oedd yn ei wahardd rhag gweithio i Fudiad y Myfyrwyr, a ffurfiwyd ganddo. Fe'i cadwyd yn y ddalfa nifer o weithiau ac unwaith bu mewn carchar am gan niwrnod, heb ei gyhuddo o unrhyw drosedd.

Yna yn Awst 1977, o dan Ddeddf Teroristiaid, fe'i cymerwyd i garchar a'i holi'n ffiaidd gan yr heddlu, gyda'i draed a'i ddwylo mewn cyffion. Ymhen mis bu farw yn un o gerbydau'r heddlu. Dyfarniad y cwest o ganlyniad i'r post-mortem oedd iddo farw *o 'niwed i'w ymennydd.'* Dywedwyd yn y cwest iddo gael ei gadw am gyfnod yn noeth tra'i fod o dan ofal yr heddlu. Mae'r modd y bu farw yn parhau'n ddirgelwch.

Blwyddyn wedi ei farwolaeth cyhoeddwyd ei lyfr, *Steve Biko – I Write What I Like,* ac mae'n drysor o gyfrol i goffadwriaeth gŵr ifanc galluog ac ymroddedig, un a aberthodd ei fywyd i geisio hawliau i'w gyd-ddyn. Yna yn 1988 dangoswyd y ffilm *'Cry Freedom,'* am y tro cyntaf ac yn rhifyn 13 Ionawr 1988 o'r *Western Mail* cyhoeddwyd erthygl amdano ac am y ffilm, a welwyd yng Nghaerdydd ar 19 Chwefror yr un flwyddyn. Roedd y ffilm yn dangos arwriaeth unigryw Steve Biko a rhan allweddol Donald Woods, gan mai drwy ei benderfyniad digyfaddawd y llwyddwyd i gynnal cwest o gwbl.

Mae fy edmygedd uchel o'r dyn ifanc hwn a fu farw dros ei argyhoeddiadau yn ddeg ar hugain oed yn cael ei grynhoi mewn brawddeg gynhwysfawr yn llyfr yr Archesgob Desmond Tutu, *Hope and Suffering,* pan ddywedodd yn ei angladd, "Fel disgyblion Iesu gynt, rŷm ninnau wedi'n syfrdanu gan farwolaeth dyn ifanc arall yn ei dridegau. Dyn ifanc yn gwbl ymroddedig yn ei ymchwil am degwch a chyfiawnder, am heddwch a chymod, am newidiadau radical yn ein gwlad annwyl."

Bydd haneswyr De Affrica, wrth groniclo digwyddiadau'r ugeinfed ganrif yn eu gwlad, o reidrwydd yn sôn am y gŵr ifanc galluog a aberthodd ei hun dros hawliau dynol ei gyd-ddyn.

Fel y bu "gwaed y merthyron yn had i'r eglwys" yn y cyfnod cynnar bu marwolaeth Steve Biko yn gyfrwng i ysbrydoli ymgyrchwyr cyfiawnder a heddwch yn ei wlad.

Elizabeth Wolbert

Fel y soniais eisoes, mewn sgwrs gydag arweinydd Chwiorydd Zamani yn Soweto y clywais am Elizabeth Wolbert ac, yn ddi-os, dyma un o brif storïau Ellen Kuzwayo i mi y diwrnod hwnnw. Clywais fel y bu i Elizabeth Wolbert ddod i'r swyddfa yn ddirybudd ac mewn brys un bore yn 1979 a soniwyd wrthyf yn fanwl a diddorol am y modd y sefydlwyd '*The Maggie Magaba Trust*.' Stori ydoedd hon a bortreadai bersonoliaeth gwraig o ddaliadau a gweithredodd unigryw yn ceisio gwneud iawn am droseddau ddoe mewnfudwyr gwyn i Dde Affrica ac ymddygiad cenhedlaeth ei thad tuag at frodorion y wlad.

Pleser oedd clywed Ellen yn mynegi ei hedmygedd a'i gwerthfawrogiad o gefnogaeth a chymorth anhunanol un a roddodd obaith iddynt fel gwragedd a'u galluogi i weld rhyw fymryn o olau y pendraw i'w twnel tywyll. Un felly oedd y wraig o Lundain a ddaeth i'w swyddfa un diwrnod gydag un bwriad penodol yn ei meddwl.

Dymunai gwrdd â rhai o wragedd Soweto. Yn ffodus, roedd cyfarfod o Gyngor y Chwiorydd wedi ei drefnu drannoeth a daeth yno a'u hannerch.

Er mai teulu Prydeinig oeddent ganed Elizabeth yn Johannesburg, a'i magu yno, gan fod ei thad mewn swydd bwysig yn y ddinas. Bu farw ei mam pan oedd hi'n faban a threfnodd ei thad iddi gael ei magu gan un o forynion croenddu ei thad, gwraig o'r enw Maggie Magaba.

Ymhen blynyddoedd, a hithau'n ferch yn ei harddegau, daeth Elizabeth i Brydain a byw yn Llundain, gan briodi a magu teulu yno. Yn dilyn marwolaeth ei thad etifeddodd hithau'r cyfoeth a gasglodd drwy ei fywoliaeth fras yn Ne Affrica.

Roedd Elizabeth wedi clywed am sefyllfa pobol ddu De Affrica a deddfau llym y llywodraeth yn eu herbyn. Teimlai'n anesmwyth iawn am y modd y bu i'w thad drin ei weithwyr, yn enwedig y forwyn a'i magodd. Penderfynodd geisio gwneud iawn am ymddygiad annynol ei thad. Yn hytrach na gwario'r cyfoeth a etifeddodd arni hi ei hunan, dymunai gyflwyno'r miloedd o bunnoedd a enillodd ei thad ar draul y duon a sefydlu ymddiriedolaeth i gynorthwyo gwragedd Soweto.

Enw'r ymddiriedolaeth fyddai, 'The Maggie Magaba Trust,' er cof am y wraig groenddu a'i magodd. Wrth sefydlu'r ymddiriedolaeth dymunai Elizabeth Wolbert fynegi edifeirwch ar ran ei thad am y modd y bu iddo yntau a llawer o rai tebyg ymddwyn tuag at y bobol ddu. Drwy ei gweithred ceisiodd unioni'r cam hwnnw.

Dymunai fod gwragedd yn gyfrifol am holl weddau ariannol yr ymddiriedolaeth a threfnwyd hyfforddiant ar gyfer rhai ohonynt i weinyddu'r cyfrifon, a thrwy eu dycnwch a'u dyfalbarhad datblygodd y fenter. Torrodd gwawr obeithiol yn hanes y mudiad, a bu rhodd hael Elizabeth Wolbert yn fodd i adeiladu gwell dyfodol i gannoedd o ferched Soweto. Er na chefais y pleser o'i chyfarfod, creodd yr hyn a glywais amdani argraff ddofn arnaf, sef y modd y ceisiodd wneud 'iawn' am y camymddwyn a'r cam-ddefnyddio gan rym imperialaidd drwy fanteisio ar bobol ddu ei mamwlad.

Bu gweithred iawnol Betty, fel y dymunai Ellen ac eraill ei galw wedi dod i'w hadnabod, yn fodd i roi gobaith a hyder newydd i gymuned o wragedd yn Soweto a'u galluogi i fyw'n ddedwyddach oherwydd bod yr Ymddiriedolaeth a sefydlodd wedi gosod seiliau cadarn i fywydau eu teuluoedd a sicrach dyfodol i gannoedd tebyg yn Soweto.

Yn ychwanegol at ei chyfraniad i wragedd Soweto sefydlodd, hefyd, Ymddiriedolaeth Elusennol i Wragedd Duon yn Llundain i alluogi'r gwragedd hyn i deithio a chymryd rhan mewn rhaglenni creadigol o gwmpas y byd, gan hyderu y byddai hyn yn cael effaith a dylanwad ar fywydau gwragedd duon yn Ne Affrica. Haelioni'r elusen hon fu'n gyfrifol am gostau'r Chwiorydd Zamani a ymwelodd â sir Fôn a gwledydd eraill y cyfeiriwyd atynt eisoes.

Dangosodd gweithred Betty Wolbert werthfawrogiad o'i magwraeth wrth geisio gwneud iawn am agweddau ei thad ac eraill tuag at dduon y wlad. Bu gwybod am ei gweithred a'i hymddiriedaeth yng ngwragedd Soweto yn un o uchel bwyntiau fy ymweliad â De Affrica.

Er mai gwybodaeth drwy bersonau oedd fy nghysylltiad â phobol fel Steve Biko ac Elizabeth Wolbert, braint arbennig i mi'n bersonol oedd treulio amser yng nghwmni rhai unigolion nodedig yn ystod fy ymweliad â De Affrica a Sierra Leone. Bu cyfarfod â'r rhain yn ysbrydiaeth wefreiddiol gan adael argraff arhosol yn fy nghof – profiadau a drysoraf.

Desmond Tutu

Bu cyfarfod â'r gŵr unigryw hwn yn goron ar fy ymweliad â De Affrica. Yn 1983 wrth ymweld ag amryw fannau a chyfarfod â phartneriaid Cymorth Cristnogol yn Ne Affrica roedd treulio tri diwrnod yng Nghynhadledd Cyngor Eglwysi De Affrica yn brofiad cofiadwy. Yn ystod y dyddiau hynny cefais y fraint o fod yng nghwmni un o broffwydi pennaf yr ugeinfed ganrif, yr Esgob Desmond Tutu, Ysgrifennydd y Cyngor ar y pryd.

Roedd ei adroddiad i'r Cyngor yn bregeth. Profiad nas anghofiaf oedd gwrando arno gyda'i angerdd garismataidd yn ennill cymeradwyaeth y cynadleddwyr, a'i sgyrsiau diymhongar rhwng y sesiynau yn drysorau ynddynt eu hunain.

Tua blwyddyn cyn i mi fynd i Dde Affrica roedd y Cyngor Eglwysi yn y wlad wedi ei gyhuddo gan y llywodraeth ynglŷn â materion cyllid y Cyngor. Trefnwyd Comisiwn Barnwrol a galwyd ar Desmond Tutu i roi tystiolaeth i'r Comisiwn. Defnyddiodd yr achlysur i draddodi gwirioneddau diwinyddol gan gondemnio *apartheid* fel gweithred satanaidd a bod y fath drefn o eiddo'r llywodraeth o'r diafol.

Rhoddwyd cryn sylw i'w dystiolaeth yn y wasg gan iddo bwysleisio nad dihangfa yw crefydd y Cristion, ac nad Duw sy'n sancteiddio'r *status quo* ydyw Duw. I'r gwrthwyneb mae'n Un sy'n disgwyl i bobol sefyll yn erbyn pob math o annhegwch a cheisio chwyldroi pob sefyllfa anghyfiawn ac annynol. Dyna'r hyn a gyhoedda'r Beibl. Cafodd ei dystiolaeth gerbron y Comisiwn gymeradwyaeth frwd gan ei gefnogwyr a eisteddai yno i wrando tra bod ei eiriau'n destun trafodaeth gan lawer o'i wrthwynebwyr.

Mae'n debyg, wrth annerch cynulleidfa yn Cape Town un tro, gyda'r eglwys yn orlawn, iddo gyfeirio ei olygon at yr heddlu oedd yn bresennol, fel y byddent yn fynych mewn cyfarfodydd o'r fath yn Ne Affrica. Dywedodd wrthynt, *"Come and join us, for you'll be joining the winning side!"* Gyda'i hiwmor iach medrai daro negeseuon trawiadol a phroffwydol.

Ond nid un i siarad yn unig ydoedd. Gweithredodd Desmond Tutu ei ffydd yn ddewr a hyderus drwy brotestio yn erbyn y llywodraeth a llawer o gynghorau lleol oherwydd eu deddfau a'u rheolau dieflig.

Yn ystod y gynhadledd roeddwn yn bresennol ynddi, cyhoeddwyd un o'i lyfrau, 'Hope and Suffering' ac fe'i cefais i lofnodi'r ddwy gyfrol a brynais, gan sgrifennu, *"Thank you for what you are – Desmond Tutu"*.

Mewn gwirionedd, fi ddylai ddiolch iddo ef am yr hyn ydoedd, nid yn unig am yr hyn a olygai i mi'n bersonol ond am yr hyn a gyflawnodd ar hyd ei oes o blaid pobol De Affrica a'r *"world community"* y soniai'n aml amdani wrth gyfeirio at y gefnogaeth a dderbyniodd ei wlad gan wledydd ar bum cyfandir.

Roedd bod yn ei gwmni a gwrando ar ei sylwadau treiddgar yn brofiad unigryw. Dair blynedd yn ddiweddarach cafodd y miloedd a ddaeth i faes y Sioe Genedlaethol yn Llanelwedd y fraint o wrando arno yng Ngŵyl Cyngor Eglwysi Cymru a thrannoeth mewn oedfa yn Rhydaman.

Yn ogystal â'i ymweliad y penwythnos hwnnw â Chymru bu

yma ar nifer o adegau eraill pan gafwyd y pleser o'i groesawu i'n plith. Cyflwynwyd iddo raddau er anrhydedd gan Golegau Prifysgol Cymru a derbyniodd ryddfreiniau rhai o'n trefi a'n dinasoedd. Bob tro yr ymwelai â Chymru ni pheidiai â diolch am y gefnogaeth a roddwyd gan y Cymry i ymdrechion y bobol ddu dros eu rhyddid o grafangau dieflig *apartheid*.

Un o'r ychydig bersonau prin ar lwyfan hanes yw Desmond Tutu. Bu'n hynod ddiwyd ei weithredoedd wrth annerch, pregethu, llefaru ar ran pobol ddu ei wlad, dadlau eu hachosion gyda gweinidogion y llywodraeth, gohebu â hwy, arwain nifer o orymdeithiau protest, heb sôn am yr holl lyfrau a ysgrifennwyd ganddo. Yn ychwanegol at hyn i gyd, teithiodd wledydd byd ar ran ei bobol gan lwyddo i daro nodyn o optimistiaeth yn ei negeseuon.

Mewn cwmni, ac yn gyhoeddus, gadawodd Desmond Tutu argraff ddofn ar bobol ymhob rhan o'r byd, a'm braint innau yw bod yn un o'r dyrfa aneirif honno.

Beyers Naude

Un arall o wŷr mawr De Affrica a adawodd argraff ddofn arnaf oedd y Parchg. Ddr. Beyers Naude. Braint aruchel oedd treulio ryw ddwy awr yn ei gwmni tra yn Johannesburg, ar ein hymweliad â De Affrica. Ar y pryd, yn 1983, roedd yn derbyn cosb llys barn am ei ran mewn protestiadau o blaid y duon yn erbyn y llywodraeth. Gorchmynnwyd iddo dreulio cyfnod o dan 'house arrest' ac felly y bu am sawl blwyddyn ar ddechrau'r wythdegau.

Roedd Dr. Beyers Naude yn ddyn nodedig. Fe'i ganed i deulu breiniol o Afrikaners a'i dad, Jozuaa, fu'n gyfrifol gydag eraill am sefydlu'r mudiad cyfrinachol a gwleidyddol, y *Broederbond Afrikaner*, ac ef oedd y Cadeirydd cyntaf. Bu yntau, fel ei dad, yn weinidog Afrikans a'i ordeinio yn 1939. Roedd yn gefnogol iawn i'r *Broederbond* a ymrwymodd i sicrhau bod polisi *apartheid* yn cael ei weithredu er mwyn diogelu ffordd o fyw'r Afrikaner.

Ymunodd Dr. Naude â'r Mudiad pan oedd yn bump ar hugain oed, a daeth yn arweinydd eglwysi a berthynai i Eglwys Ddiwygiedig yr Iseldiroedd (*Dutch Reformed Church*) yn Johannesburg. Bu hefyd yn Llywydd Synod Deheuol ei enwad yn y Transvaal.

Yna yn 1963 gwnaeth ddewis tyngedfennol. Datgysylltodd ei hun oddi wrth ei enwad gan ufuddhau yn hytrach i'w gydwybod drwy ddatgan ei argyhoeddiadau i gefnogi'r duon, o blaid eu hawliau dynol, ac i geisio newid deddfau a rheolau'r llywodraeth oedd yn gwahardd i'r du a'r gwyn gyd-fyw'n gytûn yn y wlad.

Cyhoeddodd ei benderfyniad i'w gynulleidfa ar derfyn oedfa un nos Sul, gan ddweud, "Rwy'n gadael yr enwad gan fod yn rhaid i mi ddangos mwy o deyrngarwch i Dduw nag i ddynion," ac yna cerddodd allan o'r capel. Fe'i beirniadwyd yn llym gan arweinwyr ei enwad ac yn naturiol collodd bob braint ac anrhydedd roedd wedi eu hennill o fewn i rengoedd ei enwad, a threuliodd dros 30 mlynedd yn yr 'anialwch' yn dioddef oherwydd ei ddaliadau Cristnogol.

Wedi iddo ymadael â'i enwad ac ymuno â gwrthwynebwyr *apartheid* a chymryd rhan mewn protestiadau fe ddioddefodd droeon rym a chosbau'r llywodraeth oherwydd ei safiadau ac ymddangosodd mewn llysoedd barn nifer o weithiau a'i ddedfrydu i '*arestiad tŷ*' ar lawer achlysur.

Er ei gosbi am ei safiadau cadarn yn erbyn deddfau a rheolau'r llywodraeth ni fu'n llonydd. Ffurfiodd Beyers Naude fudiad i geisio dod â phobol yn nes at ei gilydd, sef "Sefydliad Cristnogol Deheudir Affrica" (Christian Institute of Southern Africa), mudiad ecwmenaidd i hyrwyddo cymod, ond fe'i gwaharddwyd gan y llywodraeth.

Pan aeth Tony, fy nghyd-deithiwr yn Ne Affrica, a mi i'w weld aed â ni drwy ei dŷ i'w ardd lle'r oedd yn ein disgwyl. O fod yno ni fyddai unrhyw weiren gudd o fewn cyrraedd i glustfeinio ar ein sgwrs, gan fod perygl fod ei dŷ wedi ei *fygio*.

Gwibiodd yr oriau heibio yn ei gwmni wrth wrando arno'n adrodd ei brofiadau a'i argyhoeddiadau. Pan ofynnwyd iddo paham y gadawodd ei eglwys a'i enwad, meddai wrthym, "Fy ffydd Gristnogol a'm cymhellodd i weithredu dros y duon." Aeth ymlaen i ddweud, "Mae'n iawn i berson, os yw'n dymuno, siarad am ei ffydd ond mae galw arnom i weithredu, sy'n brawf o'n ffydd Gristnogol."

Prynhawn cofiadwy oedd bod yng nghwmni gŵr mor ddiymhongar a diymffrost, yr ysgolhaig a'r Cristion a weithredodd ei ffydd gyda didwylledd gostyngedig.

Ellen Kuzwayo

Roedd yr wythnosau a dreuliais yn Ne Affrica yn brofiad nodedig am nifer o resymau. Pennaf braint bod yn y wlad oedd nid yn unig i weld sefyllfaoedd erchyll a'r modd y dioddefai'r bobol ddu ond hefyd i gyfarfod â phobol yn meddu ar bersonoliaethau hynod hawddgar gyda'u gallu i arwain a chynghori. Dyna i mi oedd yn nodweddu dawn Ellen Kuzwayo, y wraig arbennig honno y soniais amdani eisoes wrth ymweld â Chwiorydd Zamani yn Soweto.

Ellen oedd arweinydd y mudiad. Dwy flynedd wedi ei chyfarfod cyhoeddwyd llyfr o'i heiddo, '*Call Me Woman,*' yn olrhain hanes ei bywyd ynghyd â'i hargyhoeddiadau a'i gweithgaredd ymhlith grwpiau o wragedd Soweto, y faestref enfawr ar gyrion dinas Johannesburg.

Ysgrifennwyd rhagair i'r gyfrol gan y nofelydd a'r llenor enwog yn Ne Affrica, Nadine Gordimer, a enillodd Wobr Nobel am Lenyddiaeth. Bu hi ei hun yn gefnogol iawn i fudiad gwrth-apartheid gan ddioddef llawer o'r herwydd.

Mae ei brawddegau agoriadol yn y rhagair yn crynhoi cyfraniad clodwiw y wraig ryfeddol hon am ei bod hi hefyd yn cynrychioli gwragedd mewn cyffelyb sefyllfaoedd, fel y dywedir, *"Ellen Kuzwayo is history in the person of one woman, a life lived as a black woman in South Africa, with all this implies, but it is also a life of that generation of women anywhere – in different epochs in different countries – who have moved from the traditional place to an industrialised world in which they had to fight to make a place for themselves"*

Wrth reswm, pan ymwelais ag Ellen roedd y geiriau hyn amdani heb eu hysgrifennu, ond medraf ategu mor wir yw'r disgrifiad ohoni, er nad oeddwn ond am ran o ddiwrnod yn ei chwmni.

O'i hadnabod yn dda medrai Nadine Gordimer ddweud bod Ellen yn un o'r bobol hynny sy'n rhoi ffydd iddi yn y De Affrica newydd a gwahanol y maent yn mynd i'w greu. Roedd y wraig ryfeddol hon wedi gorfod wynebu treialon bywyd, fel miloedd o wragedd eu gwlad, ond fe'u goroesodd gyda chefnogaeth ei theulu a'i ffrindiau ynghyd â'r dyfalbarhad amyneddgar hwnnw oedd mor nodweddiadol o gynifer yn Ne Affrica.

Bu'n athrawes am gyfnod ond treuliodd y rhan fwyaf o'i bywyd yn weithwraig gymdeithasol, ar wahân i fod yn wraig briod a mam. Yn 1977 fe'i carcharwyd am bum mis a'i rhyddhau heb unrhyw gyhuddiad yn ei herbyn. Cyfrannodd mewn ffordd nodedig o blaid y difreintiedig ond, yn benodol ymhlith gwragedd De Affrica, yn arbennig yn ninas Johannesburg. Roedd ei gweithgarwch yn hysbys ledled y wlad ac yn 1979 fe'i dewiswyd yn 'Wraig y Flwyddyn' gan bapur dyddiol Johannesburg, *The Sun.*

Y flwyddyn honno hefyd fe'i penodwyd yn ymgynghorydd i Gyngor Chwiorydd Zamani yn Soweto – ac yn 1979 etholwyd hi yn Gadeirydd Ymddiriedolaeth Maggie Magaba – swydd, fel y dywedodd wrthyf, a gyfrifai yn goron ar ei bywyd cymdeithasol.

Roedd Ellen Kuzwayo yn meddu ar y ddawn brin o fedru arwain grwpiau o wragedd mewn ffordd ddiymhongar a medrai hefyd weld potensial mewn unigolion, gan adnabod talent gwraig yn gyflym ac ymddiried cyfrifoldeb iddi i'w gyflawni. O fod yn ei chwmni teimlwn 'mod i'n cymdeithasu gyda pherson nodedig ar gyfrif ei phersonoliaeth a'r modd y soniai am dreialon ei bywyd, a hyn heb unrhyw falais na dicter yn erbyn swyddogion y llywodraeth a'r heddlu cudd.

Yn ôl Ellen, fedrwch chi ddim beio'r swyddogion yn bersonol gan mai gweithredu gorchmynion y sefydliad cenedlaethol oeddent. Ac eto gwelai, er yr anawsterau, y byddai dydd eu rhyddid yn dod i'r bobol ac y byddai gwawr newydd yn dod â'i golau newydd a'i chyfle newydd i genedl yr enfys.

Yn ddiamau person hynod ostyngedig a gwylaidd oedd Ellen Kazwayo, un a gyflawnodd ddiwrnod arbennig o dda o waith ar hyd ei bywyd, ac 'rwy'n siŵr bod ei phersonoliaeth yn dal i ddylanwadu ar nifer o wragedd Soweto heddiw.

Sally Formeh Karma

Tra'n ymweld â Sierra Leone yng ngogledd-orllewin Affrica yn 1987 cefais y fraint o gyfarfod â gwraig ddiymhongar iawn, Sally Formeh Karma, y cyfeiriwyd ati wrth sôn am fy ymweliad â Sierra Leone. Tra'n treulio hanner diwrnod yn ei chwmni dywedodd wrthyf am ei chefndir, ei magwraeth a'i hanes wedi iddi symud o'r ardal i fyw yn y ddinas.

Ganwyd a magwyd Sally yng nghanol y wlad, ond erbyn hyn roedd wedi treulio'r rhan helaethaf o'i bywyd yn Freetown. Roedd ei phriod yn aelod seneddol a hithau wedi sefydlu busnes llewyrchus mewn prynu a gwerthu brethyn, gyda siop yn y ddinas.

Ond yn 1984 penderfynodd ddefnyddio ei chyfoeth mewn ffordd ymarferol, gan iddi ddychwelyd i bentref diarffordd Kasassi, lle ganwyd a magwyd ei thad.

Dychwelodd gydag un uchelgais, sef helpu'r trigolion i wella eu hamgylchiadau byw a'u gosod ar ffordd amgenach a dedwyddach. Ond yn anorfod, roedd rhwystrau, a'r pennaf oedd prinder cyllid digonol i gwrdd â'r costau i dalu am yr holl welliannau angenrheidiol.

Drwy ei haelioni personol roedd yn awyddus ac yn barod i gynorthwyo pawb, pa grefydd bynnag roeddent yn ei harddel, neu pe baent heb arddel unrhyw grefydd o gwbl. Golygai hyn y byddai'n cynorthwyo'r Moslemiaid ynghyd â'r Cristnogion, a'r sawl nad oedd yn arddel y naill grefydd na'r llall. Dymunai fod yn bont rhyngddynt.

Yn y fath sefyllfa daeth y wraig hon â gobaith i'r pentrefwyr drwy sefydlu'r fenter a fyddai'n sail i ddatblygu bywydau'r rhai oedd yn byw yno, ynghyd â chenedlaethau'r dyfodol, yn yr ardal ddiarffordd hon.

Fel llawer pentref arall yn Sierra Leone doedd dim dŵr glân na charthffosiaeth yno, dim ffordd ar gyfer unrhyw fath o gerbyd, dim offer modern i drin y tir ac, o'r herwydd, prin iawn oedd y llysiau a'r ffrwythau ar gyfer y deuddeg teulu oedd yn byw yno. Ond daeth Sally yno a galw'r teuluoedd ynghyd. Sefydlwyd grŵp gweithredol o wragedd a threfnodd iddynt gael hyfforddiant i wneud dillad iddynt eu hunain. Trefnodd hefyd fod ffordd i'w hadeiladu er mwyn cysylltu'r trigolion â'r byd mawr y tu allan fel y medrent gludo nwyddau ac offer ar eu cyfer. Pan oeddwn i yno roeddent newydd ddechrau ar eu tasg, dair blynedd wedi ymweliad cyntaf Sally â'r pentref.

Wrth wrando arni'n siarad am ei chefndir, ei bywyd yn Freetown, ei chynlluniau a'i nod, dywedais wrthi ei bod yn berson arbennig, yn aberthu eu hamser er mwyn y pentrefwyr tlawd. Gallai, pe bai'n dewis, barhau i fwynhau bywyd y ddinas ac ennill mwy o arian iddi ei hunan drwy ei busnes a pheidio dod yn agos i'r pentref i roi arweiniad a gwario ei heiddo ar y trigolion.

"Na, dwi ddim yn arbennig," meddai, "nac yn gweithredu'n fwy Cristnogol nag eraill, dim ond gwneud yr hyn fedraf drwy ddefnyddio fy enillion o'm busnes i wella ansawdd bywyd, o barch i'm magwraeth a'm hynafiaid." "A beth bynnag," meddai ymhellach, "dyma'n union a ddysgwyd i mi gan fy rhieni ar yr aelwyd slawer dydd."

Fel rhai o'r bobol eraill y cefais y fraint o'u cyfarfod yn ystod fy nghyfnod gyda Chymorth Cristnogol yn ddi-os roedd Sally Formeh Karma yn halen y ddaear. Roedd wedi rhoi blas ar fyw i bobol dlawd y pentref gan oleuo eu llwybrau i ddyfodol mwy llewyrchus a phleserus gyda chynhesrwydd ei phersonoliaeth a'i hymddygiad boneddigaidd.

Kenith David

Yn 1973 creodd Cymorth Cristnogol swydd newydd pan benderfynwyd bod angen penodi person i gysylltu â phrifysgolion a cholegau addysg bellach ym Mhrydain. Teitl y swydd oedd, 'Ysgrifennydd Diwinyddiaeth', er bod nifer yn amau bod gan Gymorth Cristnogol ddiwinyddiaeth! Rhan o gyfrifoldebau'r swyddog fyddai perswadio athrawon a darlithwyr yn y Prifysgolion a'r Colegau Diwinyddol i gynnwys diwinyddiaeth datblygiad byd a diwinyddiaeth gyd-destunol (*contextual theology*) yn eu cyrsiau.

Y person a benodwyd oedd y Parchg. Kenith David, Anglican o ran enwad ond o ran ei ddaliadau yn ecwmenydd a'i rychwant diwinyddol yn hynod eang. Fe'i magwyd yn Ne Affrica, yn nhref Pietersmarizberg.

Daeth yn aelod blaenllaw o staff Cymorth Cristnogol gan ennill parch ac edmygedd yn fuan gyda'i bersonoliaeth hoffus. Fel rheol, mewn cynadleddau staff y cyfarfyddem, a hefyd pan ddeuai i Gymru, gan i mi ei wahodd yn fynych i arwain seminarau mewn cynadleddau a drefnwyd ar gyfer myfyrwyr neu ddisgyblion ysgolion uwchradd.

Roedd Kenith yn gyfathrebwr heb ei ail a'i neges bob amser yn faeth i'r meddwl. Yn fuan wedi iddo gychwyn yn ei swydd fe'i gwahoddais i ddod i gynhadledd ar gyfer myfyrwyr diwinyddol a gynhaliwyd ym Mihangel Sant, Llandaf, a chafwyd sesiynau goleuedig ganddo.

Edrychwn ymlaen at gynadleddau staff er mwyn cael cyfle i fod yn ei gwmni i sgwrsio ar amryw o faterion. Ymhlith ei brofiadau gyda myfyrwyr cofiaf am un digwyddiad iddo sôn amdano, sef pan aeth i ymweld â grŵp yn un o brifysgolion Lloegr.

Aethai yno i annerch ar wahoddiad Cymdeithas Gristnogol y Myfyrwyr a chyn y cyfarfod bu'n sgwrsio gyda rhai ohonynt dros baned o goffi. Er mwyn agor y sgwrs gofynnodd iddynt, o ran diddordeb, beth oeddynt yn ei wneud yn y coleg. "Oh," meddai dau neu dri ohonynt, "we're reading theology." "Reading it?" meddai Kenith, "in my country, we're doing it."

Pan oeddwn yn Ne Affrica yn 1983 cefais y fraint a'r cyfle i gyfarfod â llawer o bobol fel y rhai y cyfeiriodd Kenith atynt, a bu siarad gyda nhw a chlywed am y modd roeddent yn sefyll o blaid eu daliadau ac yn dioddef dros eu ffydd yn ysbrydiaeth ac yn ennyn edmygedd.

Doedd dim ymffrost yn perthyn iddynt, ond eto i gyd roeddynt yn gweithredu eu diwinyddiaeth wrth wynebu eu hanawsterau – rhai wedi colli eu hanwyliaid, rhai â'u teuluoedd mewn carchar, eraill â'u pobol ifanc 'ar goll' heb wybod ble roeddent a nifer wedi gorfod gadael eu cynefin a'u teuluoedd i gael gwaith neu hyd yn oed ffoi o'u gwlad. Yn ôl eu geiriau hwy eu hunain roedd nifer ohonynt, wrth wynebu her eu sefyllfaoedd, yn profi grym ysbrydol mewnol, gyda'u hargyhoeddiadau Cristnogol yn eu galluogi i fyw eu ffydd, un dydd ar y tro.

Cafodd llawer ohonom ninnau yng Nghymru, drwy ein magwraeth a'n haddysg grefyddol yn ein gwahanol ardaloedd, ein hyfforddi yn ABC y ffydd Gristnogol. Ein dymuniad yn awr yw ceisio gwireddu dyhead Gwili yn un o'i emynau:

> Gad im ddeall dy ddysgeidiaeth
> Arglwydd, wrth ei gwneuthur hi.

Mae'n hanfodol bwysig troi ffydd yn weithred.

Llyfryddiaeth

Croesi Ffiniau, Erastus Jones, Gwasg Tŷ John Penri, 2000
Meeting Human Need, Janet Lacey, Edinburgh HousePress, 1965
No Life of My Own, Frank Chikane, CIIR Publications, 1988
Hope and Suffering, Desmond Tutu, Skotaville Publishers, 1983
Call Me Woman, Ellen Kuzwayo, The Womens Press Ltd., 1985
Y Dewis Olaf, D. R.Thomas, Gwasg Tŷ John Penri, 1982
Yr Arweiniad, D. R. Thomas, Cyngor Eglwysi Cymru, 1981
A Future and a Hope, Mike Hollow, Monarch Books
North-South, The Report of the Independent Commission on International
    Development Issues under the Chairmanship of Willy Brandt, Pan Books
    Ltd., 1980

Dogfennau a Ddefnyddiwyd

Adroddiadau Blynyddol Cymorth Cristnogol
Cofnodion cyfarfodydd staff Cymorth Cristnogol yng Nghymru
Cofnodion cyfarfodydd Pwyllgor Cenedlaethol (Yr Adran) Cymorth Cristnogol
    Cymru
Cofnodion cyfarfodydd Pwyllgor Datblygu Cyngor Eglwysi
Cofnodion cyfarfodydd Pwyllgor Datblygiad Addysg Cymorth Cristnogol yng
    Nghymru
Adroddiadau Ysgrifenyddion Rhanbarth Cymorth Cristnogol yng Nghymru
Cofnodion Cyngor Eglwysi Cymru (1972 -1989)
Gohebiaethau rhwng Ysgrifennydd Cenedlaethol Cymorth Cristnogol Cymru a
    swyddogion ym Mhrif Swyddfa Cymorth Cristnogol, Llundain

Ffynonellau dyfyniadau

Cerddi'r Bwthyn, Dewi Emrys, Gwasg Aberystwyth
Gwreiddiau, Gwenallt, Gwasg Aberystwyth
Dail Pren, Waldo Williams, Gwasg Gomer
Cerddi'r Gaeaf, R. Williams Parry, Gwasg Gee
Caneuon Fydd, Pwyllgor y Llyfr Emynau Cydenwadol
"Welaist ti'r lluniau?", Albwm Caneuon, Tecwyn Ifan
Call me Woman, Ellen Kuzwyo, The Women Press Ltd.
Croesi Ffiniau, Erastus Jones, Gwasg Tŷ John Penri
Ysgrif, Parchg. Meirion Lloyd Davies, Western Mail

Cydnabod lluniau

Diolchaf i'r canlynol am roi benthyg lluniau a chaniatáu eu defnyddio:-
Catrin Evans, Gareth Richards, Thomas Eirwyn Evans, Llyfrgell ac Archifau
Roderic Bowen Prifysgol Cymru y Drindod Dewi Sant, Roy Doxsey, Aneurin
Owen, Twynog Davies, Mair Lloyd Davies, Noel Davies, Undeb Bedyddwyr
Cymru, Muriel Powell, Maisie Rees, Llywodraeth Cymru, Rhaglen Cymru o
blaid De Affrica, Hydref 2012.